Journal of International Chinese Education

汉语国际教育学报

（第三辑）

张旺熹 主编

科学出版社
北京

图书在版编目(CIP)数据

汉语国际教育学报. 第三辑 / 张旺熹主编. —北京：科学出版社，2018.3

ISBN 978-7-03-056676-8

Ⅰ. ①汉… Ⅱ. ①张… Ⅲ. ①汉语–对外汉语教学–教学研究–学报 Ⅳ. ①H195.3-55

中国版本图书馆 CIP 数据核字(2018)第 042357 号

责任编辑：王洪秀 / 责任校对：邹慧卿

责任印制：张欣秀 / 封面设计：铭轩堂

科学出版社 出版

北京东黄城根北街 16 号

邮政编码：100717

http://www.sciencep.com

北京京华虎彩印刷有限公司 印刷

科学出版社发行 各地新华书店经销

*

2018 年 3 月第 一 版 开本：720×1000 B5

2018 年 3 月第一次印刷 印张：15 3/4

字数：242 000

定价：78.00 元

(如有印装质量问题，我社负责调换)

《汉语国际教育学报》编委会

目　　录

汉外对比研究

汉语教学研究

汉语本体研究

汉语习得研究

“一带一路”专题研究

汉外对比研究

汉韩条件句类型特点刍议*

崔　健　姜至恩

摘　要　本文考察了韩汉条件表达式的类型差异，并探讨了造成差异的原因。汉语条件标记成员多，但属性和分工不同，典型性程度低，因而造成表达类型的多样化；而韩国语条件标记单一且典型程度高，可以说只有无标记的典型表达式。这种差异作为语言类型特点的一种具体反映，也见于汉藏语和阿尔泰语。

关键词　条件表达式　联系项　强制性　语序类型　汉韩对比

条件-结果关系是人类语言的共性范畴。跨语言调查表明，主从关系和并列关系通常要用某种手段来连接，但语言之间连接手段的属性和分布存在差异，因而具体的表达式呈现异同，汉韩条件表达式也有同有异。

例（1）、（2）、（3）分别代表汉语条件句的三种类型。

（1）他实在不愿意去的话，不要太勉强。

（2）假若他愿意的话，她可以帮他的忙。（《骆驼祥子》）

（3）你要是改了主意，不让我走，我还可以不走！（《茶馆》）

例（1）中，条件标记“的话”在从句句末；例（2）中，从句句首和句末各有条件标记“假若”和“的话”；例（3）中，条件标记“要是”位于从句句首。我们分别称作居中式、配套式和居端式。[1]

韩国语条件表达式分为居中式和配套式两类，居端式空缺。例（4）和（5）分别代表两种类型：

（4）nɛ　ka　ʧhəŋhonhɛtta ***mjən***　na　ɯl　pata　ʧwəssɯl？kkajo?

* 北京语言大学校级项目（中央高校基本科研业务费专项资金），项目批准号为 17PT03。

（《고등어》）

我 主格 求婚 做-条件标 我 宾格 接受 给过去时 疑问标

‘我向你求婚的话，你会接受吗？’

（5）***<u>manil</u>*** jəkjəŋ i ʧaʧaonta***<u>mjən</u>*** kɯ nɯn malha ljə hɛtta.

（《그남자네집》）

如果 如京 主格 找来-条件标 他 话题标 说 意愿标 过去时

‘如果如京找来的话，他还是想表白。’

例（4）是居中式，条件词尾“-mjən”在从句末尾[2]；例（5）为前后配套式，连词[3]“manil”和条件词尾“-mjən”分别在从句句首和从句句末。汉韩条件表达式类型差异见表 1。

表 1 汉韩条件表达式类型差异

	居中粘接式	前后配套式	居端依赖式
汉语	+	+	+
韩语	+	+	−

汉韩条件表达式不仅类型存在差异，而且使用频率也存在明显差异。我们在《茶馆》《骆驼祥子》《活着》《许三观卖血记》和电视连续剧《情深深雨蒙蒙》（1～12 集）、《亮剑》（1～12 集）中共收集到 1478 例条件句，三种类型的频度分别为居中式 620 例，居端式 485 例，配套式 373 例。我们在韩文小说《고등어》和《그남자네집》中共收集到条件句 802 例，其中，居中式有 754 例，配套式有 48 例。汉韩各类条件句的使用频率差异见表 2。

表 2 汉韩条件表达式使用频率差异（＞表示多于）

汉语：居中式（1478：620）＞居端式（1478：485）＞配套式（1478：373）
韩语：居中式（802：754）＞配套式（802：48）

跨语言调查研究表明，连词的分布与语序类型之间存在蕴含关系，OV 型语言后置连词（词尾）发达，VO 型语言前置（句首）连词发达，但这是共性倾向，不是绝对倾向。OV 型语言也可以使用前置连词，VO 型语言也

可以使用后置连词，但对具体差异关注相对少一些。本文试图比较汉韩条件表达式的类型特点，并探讨造成差异的原因。条件句有广义和狭义之分，本文所说的条件句指狭义条件句，即假设条件句。

一、居中式的差异

根据 Dik 的“联系项句中原则”，联系项包括连词、介词、格标记、各种从属小句引导词、修饰语标记等。联系项的共同作用是将两个有并列或从属关系的成分连接成一个更大的单位，并且标明两个成分之间的关系。Dik 还专门提出了联系项的语序原则：一是在两个被联系成分之间，二是如果联系项在某个被联系成分上，则它会在该联系成分的边缘位置（转引自刘丹青，2003：69），边缘位置即指前端或末端。联系项居中原则不仅对介词而且对连词的语序也有强有力的制约作用（刘丹青，2003：317）。周刚（2002：247）指出，居中位置是连接两段话的最佳位置，最便于理解和记忆。储泽祥、陶伏平（2008）通过跨语言的分析指出，因果句的关联标记“联系项居中原则”是不同语言的一个倾向共性。居中式也是汉韩条件表达式中最常见、最重要的类型。但有区别。

汉语居中式根据连接标记的属性和分布可分为后附从句式和前附主句式两小类。

后附从句式：从句＋的话，关联副词＋主句

有时间的话，就去一趟。

前附主句式：从句，关联副词＋主句

有时间，就去一趟。

两类居中式里，条件连接标记都在从句和主句中间，但位置不同，“的话”后附于从句句末，“就”则位于主句句首。韩国语居中式只有后附从句式。

后附从句式：从句＋条件词尾＋主句

Sikan i na***mjən*** kaketta.

时间 主格 出-条件标 去 未来时

‘有时间的话，就去。’

先看“的话”和“-mjən”。仅就分布而言，“的话”和“-mjən”可谓完全一致，二者都后附于从句句末，连接从句和主句。分布相同，功能相通，但属性不同，功能一定有别。韩国语学界公认“-mjən”是典型的粘着性专用条件词尾，而汉语的“的话”则是跨属性的多功能标记，且主要见于口语。王维贤（1994：158-159）认为“的话”和“如果”等呼应，加强假设语气；周刚（2002：238）、刘丹青（2003：148）将“的话”视为后置连词；《现代汉语八百词》（2008：163）则视为助词；谢晓明、陈琳（2012）认为“的话”是凸显话题，同时又表委婉的语气词。可见，“的话”是一个功能并不稳定的手段，因而也就不是强制性的。例如：

（6）a. 他不愿意来的话，我去找他。

b. 他不愿意来，我去找他。

从强制性角度来说，“的话”至多可视为形成中的后置连接手段。“的话”虽然不是专用条件标记，但隐去有时会造成多重解读。例如：

（7）a. 明天没事的话，我一定去。（《现代汉语八百词》，2008：163）

b. 明天没事，我一定去。

（7）b 既可以理解为因果关系，也可以理解为条件关系。可见，“的话”虽然典型性差，但仍有标明条件关系的功能。与“的话”不同，韩国语的“-mjən”是典型的粘着性手段，因而是强制性的。例如：

（8）a. mas issɯ***mjən*** mani məkə la!

味 有-条件标 多 吃 祈使标

‘好吃的话，多吃点。’

b. *mas iss ta. mani məkə la!

味 有 终结式 多 吃 祈使标

‘好吃，多吃点。’

（8）b 可以说，但属于独立的两个句子，和（7）b 不同，有可能只理解为因果关系。可见，“的话”和“-mjən”分布相同，但典型性程度即黏着性强度有强弱之分。黏着性强度和语序类型密切相关。跨语言调查研究表明，后附的功能词更加倾向于成为黏着成分，人类语言有更优先使用后缀的倾向，造成的相关后果之一是，前置词语言远比后置词语言更允许介词悬空状态。人类的语言成分更容易紧附于其前而非其后。（刘丹青，2003：332-333）这就不难理解“-mjən”和“的话”的典型性差异了。

从历史演变的角度来看，“的话”尚未获得独立的典型后置连词的地位。江蓝生（2004）将“的话”视为话题标记，认为假设从句和话题具有同质关系，“的话”的假设功能由话题标记扩展而来。在共时平面上，“的话”仍兼有话题和条件功能，一身二职自然阻碍语法化为典型的黏着标记的进程。韩国语的情形不同。根据구현정（1999）和구현정、이성하（2001）的考察，韩国语“-mjən”是时间连接词尾“-mjə”与话题标记“-nɯn”组合而成的，박호관（2013）认为“-mjə”是时间副词，即“-mjən”是“时间成分＋话题标记”。可见，“的话” 和“-mjən”来源和语法化程度都不同，“-mjən”已经彻底固化并语法化为条件标记，如果要凸显条件从句的话题性，另可添加话题标记“-nɯn”。例如：

（9）a. kakjək i nəmu pissa***mjən*** satʃi mal la！
价格 主格 太 贵-条件标 买 别 祈使标
‘要是价格太贵，就不要买了。’
b. kakjək i nəmu pissa***mjən*** **ɯn** satʃi mal la！
价格 主格 太 贵-条件标 话题标 买 别 祈使标
‘要是价格太贵的话，就不要买了。’

（9）a 只表示条件，（9）b 有话题标记，自然凸显话题性。

下面再看“就”和“-mjən”。汉语中的副词也可以用来连接相关的分句。（朱德熙，1982：216）在我们收集的 253 例韩汉居中式对应语料（即“-mjən”在汉语的对应）中，有 210 例对应于“就”，占 83%，占绝对优势。例如：

（10）a. itʃe hɛ kɑ orɯ***mjən*** kion i orlɑkɑl kətɑ.

现在 太阳 主格 升起-条件标 气温 主格 上 去 估测语气

‘过一会太阳升起来，气温就会回升。’

b. iltʃuil issɯ***mjən*** tshət wəlkɯp ɯl thɑ jo.

一周 有-条件标 首次 月薪 宾格 领 语气词

‘再过一周，就领到第一份薪水。’

语言之间不同质的手段互相对应是常见现象，但不等于完全等价。其实，“-mjən”和“就”有重大差别。“-mjən”属于粘着性后附专用语法性手段，但“就”属于跨属性的多功能词，虚化程度远没有“-mjən”高，有动词、副词、介词等用法，而且不仅可以和条件连词“如果”呼应，还可以和“只要”、“因为”、“为了”等其他连词呼应（《现代汉语八百词》2008：317）。例如：

（11）a. 如果你不愿意，我就不去了。

b. 只要你同意，我就不去了。

c. 因为他，我就不去了。

d. 为了你，我就不去了。

可见，“就”连接条件从句和主句只是其扩展功能之一，因而也不是绝对强制性的。例如：

（12）a. 哪天有时间，（就）过来坐坐。

b. 有闲钱，（就）买个房车呗。

“就”因其位置还兼有很强的连贯功能和其他功能。《现代汉语八百词》（2008：317）中“就”的第 7 个用法是“表示承接上文，得出结论”，可见，“就”的主要功能是连贯，条件义和整个表达式的句法环境相关。汉语学界普遍认为有些副词起到连接分句的作用，这无疑是孤立语特点所致。汉语缺乏类似韩国语的黏着性专用连接标记，“就”等副词恰好占据从句后、主句前的位置，这就有可能承担连接（关联）的功能。这种情况不仅见于条件表达式，也见于其他复句。可见，副词和“的话”虽然都占据居中的位置，但功能差别很大。

上面说“-mjən”和“就”对应，其实，这种说法并不严谨，实际上是条件句之间的对应，而不是标记手段之间的对应。句法上的证据是，韩国语居中式虽然也可以用副词，但因有典型条件标记，副词只能起到修饰功能，没有必要也不可能扩展出连接功能。例如：

（13）sikan I na***mjən*** paro kaketta.
时间 主格 出-条件标 马上 去 将来时
‘有时间就去。’

（13）中的条件由“-mjən”来标明，“paro”只表示很短时间内即将发生某种事件，没有其他功能，“-mjən”和“paro”属性不同，分布不同，各司其职。不难看出，对应关系虽然往往取决于句法环境，但还受其他条件的制约。

“mjən”是韩国语中最典型、最常用的条件标记，但韩国语居中式有时可以不用 “mjən”，而用“kjəŋu（情况、时）”、“ttɛ（时）”等时间词。例如：

（14）a. pi kɑ nɛli***mjən*** hwaŋsa kɑ ssikkjə nɑkanta.
雨 主格 下-条件标 黄沙 主格 洗 被动 出去
‘一下雨，黄沙就被冲刷干净。’
b. pi kɑ nɛlil***kjəŋu*** e nɯn hwaŋsɑ kɑ ssikkjə nɑkanta.
雨 主格下 时候 位格 话题标 黄沙 主格 洗 被动 出去
‘一下雨，黄沙就被冲刷干净。’

（15）a. pi kɑ nɛli***mjən*** nakaʧ imɑ lɑ.
雨 主格 下-条件标 出去 别 祈使标
‘下雨的话，不要出去。’
b. pi kɑ nɛlil ***ttɛ*** nɯn nakaʧi mala.
雨 主格 下 时候 话题标 出去 别 祈使标
‘下雨的时候，不要出去。’

例（14）和（15）的“-mjən”可与“kjəŋu（时候、情况）”和“ttɛ（时候）”替换。事实上，“-mjən”和这些时间词替换是有原因的。如上所说，历史上韩国语条件词尾“-mjən”经历了时间到条件的演变过程，这就为二者互相替换提供了可能。其实，这是一种比较常见的现象，例如英语中 if 引导的条件状语和 when 引导的时间状语句可以互换。例如：

（16）a. If the two lines are parallel，they never intersect.

‘如果两条直线平行，那么它们永远不会相交。’

b. When two lines are parallel，they never intersect.

‘当两条直线平行时，它们永远不会相交。’

刘丹青（2003：148）认为从句末尾的“时”也有后置条件连词的功能。在我们的对应语料中，有 125 例 “时”、“以后”、“等……（时候）”和“mjən”对应。例如：

（17）（当）他进来时，我已经做完了。（刘丹青，2003：148）

kɯ ka tɯlə wassɯl ***ttɛ***, na nɯn imi kkɯtnɛtta.

他 主格 进 来过去时 时候 我 话题标 已经 完成过去时

在近代汉语中，“时”经常用来表示条件。根据余志鸿（1999）的统计，《老乞大》中“时”字共出现 236 次，其中，作为后置连词表示假设关系的有 166 处。例如：

（18）a. 你不识银子时，逗别人看。

b. 若过去了时，那边有二十里地，没人家。

刘坚、曹广顺、吴福祥（1995），龙国富、叶佳郴（2005）等都认为“时”具有假设条件功能。根据董秀芳（2000），“时”经历了“名词→后置词→假设标记→话题标记”的演变过程。江蓝生（2002）认为表示假设的助词“时”是从表示将然、未然的时间名词虚化而来，具体演变过程为：时间名词→时间名词或假设语气助词两可→假设语气助词→一般停顿语气助词→名词话题标记。条件关系和时间密切相关（吕叔湘，1944[1982]：409），但因时间词本身的原型功能是表示时间位置，其条件功能自然没有条件标记那样明显，加之其他条件手段的兴起，在现代汉语和韩国语中，时间词的条件标记功能都明显弱化。

二、配套式的差异

从理论上来说，居中式可以完全承担条件关系的表达，但汉语和韩国语却都还有配套式。这显然不符合语言的经济原则，但有其自身的原因。从表面上来看，汉韩前后配套式可比性最强，但其类型、功能和使用频率都有较大的差别。

汉语前后配套式，根据连接手段的分布可再分为三小类：

完全配套式：连词＋从句＋的话，关联副词＋主句

如果想去的话，就去。

居端-居中配套式：连词＋从句，关联副词＋主句

如果想去，就去。

居末-居中配套式：从句＋的话，关联副词＋主句

想去的话，就去。

韩国语只有局端-居中配套式：连词＋从句＋条件词尾，主句

manjak ka ko sipɯ***mjən*** ka to kwentʃhanta.

如果 去 接续标 想-条件标 去 也 可以

‘如果想去，去也可以。’

韩国语的配套式只有一种类型，汉语内部则复杂得多。其实，这种一对多的不对称情况也见于其他语言中。刘丹青（2003：147-148）注意到汉语、英语、日语的差异，并从语序类型学的角度进行了分析和解释。汉语中，连词和介词具有高度的相关性，一是二者都作为联系项，倾向于用在所连接的前后两项之间，二是所处的语序类型环境相似。正如前置词无法在 PP 和动词之间一样，介引偏句的前置连词也无法用在两个分句之间，这就促使采用前后配套式的策略，即在前后分句之间使用其他连接手段。这是汉语配套连词远多于英语、日语的一个原因。英语偏句以后置为常，前

置性连词恰好在偏句和主句中间。日语主要使用后置性连词（接续助词），而偏句都在主语之前，偏句连词自然也就在中间位置。英语和日语虽然也有配套形式，但仍然有别于汉语。OV型语言里，后置介词（助词）和后置连词（词尾）都天然地一边倒，一概后置于从句末尾、主句前的位置，其结果是没有必要或可以不使用句首连词。需要说明的是，韩国语句首也可以用条件连词，但均借自汉语，且数量少，常见的有“manil（万一）”和“manjak（万、若）”，也就是说，韩国语的配套式是非原生的。配套式的产生并不是结构上的逼迫所致，即居中连接标记的使用，并非句首连词的管辖能力不足所致，而是语言接触的结果。汉韩前后配套式不仅类型呈现多对一的差异，使用频率上也形成鲜明的对照，汉语前后配套式的使用频率为1478∶373，韩国语仅为802∶48。韩国语的配套式作为非原生表达式，只是辅助性的形式，使用频率自然低于居中式，也低于汉语的配套式。

表达手段的数量和位置与假设强度有关。汉语的完全配套式同时使用句首连词、后附手段“的话”和关联副词三种不同质的手段，假设强度和连贯性自然最强；居端-居中配套式使用句首连词和关联副词，假设强度次之；居末-居中配套式使用后附手段和关联副词，假设强度相对弱。比较：

（19）a. 如果你想走，就走吧。

b. 如果你想走，如果你想走的话，就可以走。（网络语料）

（19）b中，说话人先用居末-居中配套式，后用完全配套式，意在提高条件程度。使用的表达手段越多，条件强度越强。因果句的情形也如此。（储泽祥、陶伏平，2008）

汉语三类配套式因条件标记的属性不同还呈现语体差异。完全配套式和居末-居中配套式因其有“的话”，经常见于口语中，连词也多用“要”、“要是”、“要不（然）”等口语性连词，以及中性的“如果”；居端-居中配套式语体限制相对少一些。条件表达式类型多，且有语体分布差异，这也是汉语条件表达式的一个特点。韩国语的配套式虽然有助于提高条件强度，但作为非原生表达式，对条件强度和语体风格的影响没有汉语那么敏感和明显。汉语缺乏典型专用标记，但又要区别条件强度和语体分布差异，因此，必然造成类型差异和使用频率的差异。

三、居端式的“有”和“无”

汉语条件表达式有居端式，韩国语中却空缺。先看汉语的例子：

（20）a. 如果你不听话，我会翻脸不认人。(《骆驼祥子》)

b. 如果只对研究成果申请中国专利，造成的损失同样不小。(网络新闻)

例（20）只有连词，没有其他条件标记。句首是最容易引起注意的位置，居端式虽然只有连词一种手段，但连词占据从句句首的位置，因此有助于提示和标明从句和主句之间的语义关系。但句首又离后面主句的距离相对远，粘合强度自然降低。储泽祥、陶伏平（2008） 指出因果关系表达式排斥居端式是一种相当普遍的倾向，居端式恰恰是关联标记不居中的模式。条件关系表达式也呈现类似的倾向。因此，采用句首连词和关联词配套使用的策略来提高从句和主句之间的关联。《现代汉语八百词》（2008：469）说，“如果”经常和“那么、那、则、就、便”等呼应，这时“如果”可以省略。《现代汉语八百词》虽然没有明说，但实际上间接地指出了居端式的局限性。比较：

（21）a. 如果有紧急任务，下命令吧。

b. 有紧急任务，就下命令吧。

c. 如果有紧急任务，就下命令吧。

（21）a 虽然可以成立，但没有居中式（21）b 和配套式（21）c 顺畅。可见，居端式有“先入为主”地提示或表明语义关系的优势，但也有缺陷。

韩国语中居端式空缺是其类型特点的必然结果。韩国语作为粘着性语言，连接从句和主句要强制性地使用条件词尾，句首连词不能自足地引导条件从句，因此条件关系只能用前后配套式或居中粘接式来表达。例如：

（22）a. ****manjak**** tʃettɛ e tolaotʃi motanta，tarɯn saram ɯl ponɛ la.
如果 按时 位格 回来 不能 别 人 宾格 送 祈使标
‘如果不能按时回来，就派别人来吧。’

b. **manja**k tʃettɛ e tolaotʃi mota**mjən** tarɯn saram ɯl ponɛla.
如果 按时 位格 回来 不能-条件标 别 人 宾格 送祈使标
‘如果不能按时回来，派别人吧。’

（22）a 单用句首连词，前后逻辑关系不明。如果不使用条件词尾，可以使用篇章连接词来连接，但连接的是两个独立的句子。例如：

（23）a. **manjak** nɛ ka kanta ko tʃhitʃa，
如果 我 主格 去 间接引用标 认为估测标
kɯrəmjən suksso ka ttaro piljohata.
那么条件标 宿舍 主格 另 必要
‘如果我去，那么要另外安排住处。’

b. **manjak** tʃitʃin I ilənatta ko hatʃa
如果 地震 主格 起来过去时 间接引用标 形式动词估测标
kɯrəmjən tɛpijorjəŋ e ttala umtʃijəja hanta.
那么条件标 躲避要求 位格 跟着 动 要 做
‘如果发生地震，那么一定要按避险指南行动。’

（23）a 和（23）b 由两个相对独立的句子构成，第一个句子末尾都没有连接词尾“-mjən”，因此，第二个句子句首要强制性地使用词汇化了的“kɯrəmjən（那样＋条件词尾）”来连接。我们注意到，这一类表达式中前一句经常使用“tʃhita（算）”、“言说动词＋hata（做）”等推测性动词来表示“姑且认定”，因此，这种形式多见于说理性语境，类似汉语的“[假设 V＋事件]，那么/就，[结果]”。例如：

（24）a. 假设中国有十几亿人，假设每人每月节约一斤粮食，就是十几

亿斤。(《应用汉语词典》)

b. 假设不能彻底根治雾霾，人的寿命肯定受很大影响。

我们看到，居端式还有特殊的功能。例如：

(25) a. 假如有一天地球毁灭

b. 假如我是市长

c. 如果人间没有爱

d. 假如你离我而去

居端式的从句通常不自足，一般不能单用，例（25）属于特例，而特例自然有其特殊的功能，即隐去结果，以凸显假设。值得注意的是，单用的居端式以极端性事件为常，如“地球毁灭”、“我是市长”、“人间没有爱”等都是实现概率极小的极端事件，因而能够起到“吸引眼球”的轰动效应。“你离我而去”属于生活中常见的现象，但对说话人而言，也是一种极端事件。这种用法多见于标题，若换成常规现象或口语体连词就不大适合做标题。例如：

(26) a. 如果你去买菜

b. 要是你吃面条

“买菜”、“吃面条”都是生活中常见的现象，无须凸显。

四、居端连词的功能差异

如上所说，汉语和韩国语条件句句首都可用连词，但不是强制性的，不过仍有较大差别，下面进一步考察。

汉语中，“你去，我也去”可以有多重解读：

(27) a. 如果你去，我也去。

b. 既然你去，那我也去。

c. 因为你去，所以我也去。

a句表示假设关系，b句表示让步关系，c句表示因果关系。邢福义（1985：10～11）指出，汉语中关系词语（即连词，笔者）有显示、转化和强调功能。“如果”“既然”“因为” 使不同逻辑关系得以固化。

条件表达式里从句和主句的常规位置是从句在前，主句在后，但也可以倒装。朱德熙（1982：218）认为倒装的从句是临时想到追加的话。《现代汉语八百词》（2008：469）说，这种情况多见于书面语，而且后置的从句连词一般不能省略。例如：

（28）a. 我明天再来，如果你现在有事。（《现代汉语八百词》）

b. 我明天再来，你现在有事。

（29）a. 他今天该到了，如果昨天动身的话。（《现代汉语八百词》）

b. 他今天该到了，昨天动身的话。

（28）b隐去“如果”后，有可能理解为因果关系，（29）b有“的话”，条件关系不受影响，但条件强度没有a句强。

我们注意到，说理性文章尤其是法律法规和合同等文本对句首连词的要求更严格。例如：

（30）a. 如果没有教育所实现的科学知识的再生产，每一代新人都将从零开始。

b.？没有教育所实现的科学知识的再生产，每一代新人都将从零开始。

（引自北京大学中国语言学研究中心语料库）

（31）a. 与本合同有关的或因执行本合同发生的一切争议，均应通过友好的方式解决。如果协商不能解决，应提交中国国际贸易促进委员会对外贸易仲裁委员会。

b.？与本合同有关的或因执行本合同发生的一切争议，均应通过友好的方式解决。协商不能解决，应提交中国国际贸易促进委员会对外贸易仲裁委员会。

（《应用文写作》）

例句中一旦隐去“如果”，就影响前后语义关系，（30）b 中省去“如果”，那么“没有教育所实现的科学知识的再生产”和“每一代新人都将从零开始”之间很难理解为条件关系。

（31）b 中省去“如果”，导致“协商不能解决”和“应提交中国国际贸易促进委员会对外贸易仲裁委员会”之间的关系费解。可见，汉语中的句首连词虽然是非强制性的，但影响语义关系，而且还受语体的限制。事实上，这是缺乏典型语法性标记所致的必然结果。汉语可谓是刚柔相济。

韩国语的情况完全不同。如前所说，从句和主句之间的语义关系主要靠条件词尾来显化，因此，句首连词的隐现并不影响解读。比较：

（32）a.（***manjak***）ne ka masi***mjən*** na to masiketta.

如果 你 主格 喝-条件标 我 也 喝 将来时

‘如果你喝，我也喝。’

b.（***manjak***）ne ka masitə***lato*** na nɯn an masiketta.

如果 你 主格 喝-让步标 我 话题标 不 喝 将来时

‘即使你喝，我也不喝。’

（32）a 使用条件词尾“-mjən”，（32）b 使用让步词尾“-lato（即使）”，因此，即便隐去句首连词也不会造成理解上的困难。连接词尾数量多是韩国语一个鲜明的特点，不同的语义关系和不同的手段相配。（남기심、고영근，1985[2005]29）

我们看到，近代韩国语的情况也如此。《翻译老乞大》（1507～1517 年）、《老乞大新释》（1761 年）和《重刊老乞大》（1795 年）中，韩国语句首连词的使用也不是非强制性的。例如：

（33）a. 若讨时讨五两，老实价钱四两，拿银子来便是。（《翻译老乞大》）

b. 若讨价要五两银子，老实价钱只要四两，拿银子来就卖给你。（《老乞大新释》）

c. 若讨价要五两银子，老实价钱只要四两，拿银子来就卖给你。（《重刊老乞大》）

manil o***mjən*** tanjaŋɯl ojəniwa kotisik kapassɯn nəknjaŋ ini ɯnɯl katʃəəomi kosolnira.

（34）a. 他若有福分，长大了官儿要做的。(《老乞大新释》)

b. 若有福分，官儿也做得了。(《重刊老乞大》)

ʧe poppun iui***mjən*** kɯanɯonto tɛenira.

（33）原文句首一概使用“若”，对应译文句首也使用对应的汉源连词“manil”，与后面的自源条件词尾“-mjən”呼应，但（34）中，只有自源条件词尾 “-mjən”，汉源句首连词被隐去。

其实，其他黏着语中句首连词也都不是强制性的。例如：维吾尔语。

（35）(***Ägür/Mubada***) menibirsiizdä-p

如果把我 有人 找 ADVL

Käl -sä， saqla-p tur-sun

来 COND 等 ADVL 留 IMP

‘如果有人来找我，让他/她等着我。’

（力提甫・托乎提，2012：217）

力提甫・托乎提教授（私人交流）认为维吾尔语条件句中，句首的条件连词均可隐去。

例如：

（36）(***kerbe***) terekümünyabu ***bal*** bide basayabuy-a.

如果 那 人 走-条件标 我们 也 走

‘如果他走，我们也走。’

（清格尔泰，1992：472）

据蒙古语母语者阿茹汗同学讲，(35)句首的“kerbe”也不是强制性的。

张定京（2003：183-184）认为，哈萨克语中有“eger，eger de，zæwede，mubada，æjtpese/Øjtpese，æjtpegende，olajbolmasa/bolmasa”等 7 个借自其他语言的条件连词，其中“eger”最常用。“eger（如果、假如）、”“eger de（要是、如果）”、“mubada、zæwede（假若、倘若、若是、如果）”

的分布环境为“eger…-sa，……”格式中，但并不是强制性的，因为假设关系意义主要由动词假设式词尾“-sa”来承载，只用“eger”等而不用“-sa”时假设关系复句就不成立；反之，只用“-sa”而不用“eger”等并不影响句子的合法度。“eger”等词实际上起的只是强化假设关系，使其更突出、鲜明的作用。例如：

（37）***eger***（de）eʃqandajmymkindigibolma***sa***，ondaqojajəq.

‘要是没有任何可能，那就算了。’

维吾尔语、蒙古语、哈萨克语和韩国语呈现高度的平行性。句首连词的非强制性是语言类型特点使然的必然结果。后置的语法性手段属于粘着性手段，因而必然可以覆盖句首连词的功能。

汉藏语系的OV型语言和VO型语言也存在类似的差别。例如：

（38）毛南语：***jy^{6}kɔ^{3}*** tɔk^{7} fin^{1}，ɦe^{2} tsu^{6} kam^{3} pa:i^{1} ljeu^{6}.

如果 下 雨 我 就 不 去 了

‘如果下雨，我就不去了。’

（孙宏开、胡增益、黄兴，2007：1272）

（39）黎语：***la:i^{3}*** tsau^{2} tshia^{1}，han^{3} kom^{3} tsoŋ^{3} tshia^{1} hei^{1}.

如果 有 车 那么 就 坐 车 去

‘如果有车，那么就坐车去。’

（孙宏开、胡增益、黄兴，2007：1353）

（40）傈僳语：nu^{33} ʤi^{33}phɯ^{31}mɑ^{31} do^{33}ŋu^{44}***bɛ^{44}***，lɑ^{31}tʃɑ^{55}do^{33}.

你 酒 不 喝 （连词） 茶 喝

‘假如你不喝酒的话，就请喝茶。’

（孙宏开、胡增益、黄兴，2007：284）

（41）柔若语：ȵɑu^{31} lye^{33}ʔɑ^{31}tho^{53} ***nɛ^{31}***，ŋo^{55} lye^{33} ɑ^{31}tsu^{53}！

你 背 不 动 （连词） 我 背 （助词）

‘你如果背不动的话，就让我背吧！’

（孙宏开、胡增益、黄兴，2007：466）

VO 型的毛南语和黎语都用句首连词，OV 型的傈僳语和柔若语都用后置连词，我们可以预测这些语言之间也存在类似汉语和韩国语的差别。

五、结语和余论

汉韩条件表达式都遵循“联系项句中原则”，即以居中式为主，但有差别。手段属性不同，功能可以相通，但不一定必然相同。韩国语的“**-mjən**”是强后置连接手段，汉语的“的话” 属于准后置连接手段，前者的功能自然远比后者强大。同时使用后附性成分和副词两种不同质的手段，这是汉语居中式的一个鲜明特点。汉语缺乏典型后置连接手段，副词因其位置也有可能承担起连接功能，而韩国语因有典型后置连接手段，副词没有必要也不可能扩展出连接功能。汉韩时间词的条件标记功能已经逐渐被条件标记所替代。

汉韩配套式在类型、强度等方面形成鲜明的对照。汉语句首连词有助于标明条件关系，但远离主句，不太能介引结果主句，这就必然促使采用由不同质的手段构成的配套式，并以此来满足条件强度差异和语体差异。韩国语中条件标记天然居中，居中式的功能远比配套式强大，配套式作为非原生的产物，只有辅助性的功能，使用频率自然远低于汉语的配套式。

汉语句首连词虽然因其位置，黏接强度有所减弱，但其功能仍然远比 OV 型语言的连词强大。这是缺乏典型后置手段的一种必然结果，即可以单独引导条件从句。汉语中句首连词虽然是非强制性的，但隐去有可能影响语义关系的理解，因此有时要强制性地使用连词来显化和固化条件关系。韩国语中后置的黏着性手段天然地覆盖句首连词的功能，因而必然造成居端式的空缺，句首连词的隐现自然比汉语自由。

总之，汉语条件表达式兼有 VO 型语言和 OV 型语言的一些特征，但都不典型，韩国语条件表达式虽有 VO 型语言的特征，但 OV 型语言的特征占绝对优势。汉语刚柔相济，韩国语则以刚为主。概而言之，这种差别是基因—表达手段的属性差别所致。

汉语中还存在零形条件句（紧缩式条件句），从对应表现来看，零形条件句占相当大的比例。在我们收集到的 1031 例韩汉对应条件句中，零形条件句有 423 例，占 41%之多。零形条件句是汉语特有的一种类型，由于篇幅所限，本文没有讨论，有待于进一步考察和分析。

我们注意到条件句和因果句虽然都属于主从关系，但有些语言中两种表达式之间存在较大区别，如在韩国语和日语中，因果句既缺乏自源句首连词，也缺乏汉源句首连词。和条件句一样，韩国语因果句也强制性地使用专用连接词尾，没有必要发展出句首连词。因果句可以用连接手段，但属于“文章副词”，连接的是两个完整的句子，而不是原因从句和结果主句。蒙古语、维吾尔语也类似，根据清格尔泰（1992：170-474），蒙古语中从比格“ača”和“učirni（事情＋第三人称领属）”、“eimü-eče（这样的＋从比格）”等形式也表示“由于”义，据阿茹汗同学说，后一种形式连接的是两个完整的句子。根据力提甫·托乎提在《现代维吾尔语参考语法》中的论述以及与之私下交流，维吾尔语有结果连词和原因连词，但原因连词“čünki/säwäbi ”连接的也是两个完整的句子。可见，因果句比条件句更加严格遵循联系项居中原则。[4]汉语无论哪一类复句都有相应的句首连词。

附注

[1] 储泽祥、陶伏平（2008）根据标记的分布把因果句的关联标记模式分为居中粘接式、居端依赖式和前后配套式等三类。因果句和条件句都属于广义的主从复句，条件句也可以分为相应的三类。本文简称为居中式、居端式和配套式。周刚（2002）、刘丹青（2003）对条件句也有类似的表述和分类。

[2] 近代韩国语条件连接词尾有“**-mjən**”和“-kətɯn”，根据구현정（1999）的考察，现代韩国语中“**-mjən**”使用频率占绝对优势，“-kətɯn”不仅使用频率低，而且已扩展出其他功能。因此，本文只讨论“**-mjən**”。

[3] 韩国语中，对应于汉语复句句首连词的词，通常称作“文章副词”，专指句际连接分句或篇章连接成分，为了方便起见，本文一律称作连词。

[4] 我们注意到语言接触是导致这种差异的原因之一，如韩国语、日语和哈萨克语条件句的句首连词均借自其他语言，蒙古语和维吾尔语的情况尚不清楚。储泽祥教授（私人交流）认为，因果关系作为最基本的逻辑关系，其表达手段被借用或借用的可能性都不大。

参考文献

储泽祥, 陶伏平. 2008. 汉语因果复句的关联标记模式与“联系项居中原则”. 中国语文, (5): 410-422.

董秀芳. 2000. 论“时”字的语法化. 钦州师范高等专科学校学报, (1): 48-54.

董秀英. 2012. 汉语后置假设标记与“联系项居中原则”. 华文教学与研究, (3): 60-65.

董秀英, 徐杰. 2009. 假设句句法操作形式的跨语言比较. 汉语学报, (4): 64-74.

江蓝生. 2002. 时间词“时”和“後”的语法化. 中国语文, (4): 291-301.

江蓝生. 2004. 跨层非短语结构“的话”的词汇化. 中国语文, (5): 387-400.

力提甫·托乎提. 2012. 现代维吾尔语参考语法. 北京: 中国社会科学出版社.

刘丹青. 2003. 语序类型学与介词理论. 北京: 商务印书馆.

刘丹青. 2008. 语法调查研究手册. 上海: 上海教育出版社.

刘坚, 曹广顺, 吴福祥. 1995. 论诱发汉语词汇语法化的若干因素. 中国语文, (3): 161-169.

龙国富, 叶桂郴. 2005. 中古译经中的假设语气助词“时”. 古汉语研究, (1): 74-78.

吕叔湘. 1944/1982. 中国文法要略. 北京: 商务印书馆.

吕叔湘. 现代汉语八百词. 北京: 商务印书馆：469.

毛利可信. 1982. 英语の语用论. 东京: 大修馆书店.

清格尔泰. 1992. 蒙古语语法. 呼和浩特: 内蒙古人民出版社.

史有为. 1986. 汉语连词的功能、界限和位置. 中央民族学院学报, (3): 50-72.

孙宏开, 胡增益, 黄兴. 2007. 中国的语言. 北京: 商务印书馆.

王春辉. 2009. 汉语条件句的结构与功能. 中国社会科学院博士学位论文: 66-99.

王维贤. 1994. 现代汉语复句新解. 上海: 华东师范大学出版社.

谢晓明, 陈琳. 2012 . “的话”的话题标记功能及相关问题讨论. 语言研究, (4): 31-35.

邢福义. 1985. 复句与关系词语. 哈尔滨: 黑龙江人民出版社.

余志鸿. 1992. 元代汉语的后置词系统. 民族语文, (3): 1-10.

余志鸿. 1999. 元代汉语假设句的后置标记. 语文研究, (1): 38-42.

张定京. 2003. 现代哈萨克语虚词. 北京: 民族出版社.

周刚. 2002. 连词与相关问题. 合肥: 安徽教育出版社.

朱德熙. 1982. 语法讲义. 北京: 商务印书馆.

구현정, 이성하. 2001. 조건표지에서 문장종결표지로의 문법화. 담화와인지, (8): 161-188.

구현정. 1999a. 범언어적으로본조건범주의문법화. 한국어의미학, (4): 1-10.

구현정. 1999b. 현대국어에나타나는조건형태의문법화. 어문학연구,(8): 1-13.
남기심, 고영근. 1985[2005]. 표준국어문법론. 서울: 탑출판사.
박호관. 2013. 연결어미 '-(으)며' 와 '-(으)면' 의인지언어학적의미해석. 우리말글, (58): 53-80.
송경안, 이기갑 외. 2008. 언어유형론 2. 서울: 도서출판월인.
안기섭. 2011. 중국어접속표현(Connectives)의유형론적특징. 중국인문과학, (49): 73-110.
연재훈. 2012. 유형론적 관점의 한국어 관계절 연구. 국어학, (63): 413-457.
이동혁. 2000. '만약' 의의미와연결구성에대하여. 어문논집, (44): 91-123.

The Typological Differences of Conditionals in Chinese and Korean

Abstract This paper investigates the difference in the expressions of conditionals in Korean and Chinese, and discusses the source of the pattern. In Chinese, there are multiple markers of conditionals, each with distinct properties and functions. But none of the forms are conventionalized as the default, which leads to the diversity of expressions of conditionals. In contrast, Korean has a single marker of conditionals, which is highly conventionalized, and thus the language has only the unmarked expression of conditionals. This multiple as single difference reflects the typological characteristics of the two languages in respect, and is detected between Sino-Tibetan languages and Altaic languages in general.

Key words Conditional Sentence, Type Relator, Syntactic Compulsion, Word Order Type, Comparison Between Chinese and Korean

崔健
北京语言大学，教授
电子邮箱：cuijian5382@126.com
[韩]姜至恩（Jiang Zhien）
北京语言大学，博士生
电子邮箱：pusanyj@hotmail.com

现代汉语“有”字句的句法结构分析

——与越南语的“có”字句对比

阮氏青蕙

摘　要　汉语是世界上独特的语言，不但汉字难写、难记而且词汇意义丰富多彩，语法现象复杂。其中动词尤其是动词“有”在不同的情况下就有不同的含义，与越南语的“có”有一定的差异。若不能弄清两者的异同就容易出差错。实际上，在语言应用时，由于越南学生凭自己的母语习惯来推测、模仿“有”字句而造成了一些偏误现象。深入研究“有”字句可以给汉、越两种语言的学习者与研究者提供一份比较全面的、有系统性的参考资料，从而更好地了解并掌握两种语言的语法点。

首先本文界定“有”字句的范围。我们赞同大多语法研究者对“有”字句狭义的观点，认为“有”作句中谓语或谓语中心词的肯定句及其由与“有”对立的“没有”、“没”作谓语或谓语中心词的否定句才能成为“有”字句。“有”字句的句式系统也很丰富。我们将“有”字句分为简单“有”字句及复杂“有”字句两类。本文集中分析简单“有”字句。简单“有”字句又根据“有”后面成分的性质而分为体词性简单“有”字句及谓词性简单“有”字句。体词性简单“有”字句进一步分为“A+有+B”、“有+B”、“A+有”、“A+B+有”、“B+A+有”等五小类，谓词性简单“有”字句分为“A+有+Vp”及“A+有+Adj”等两小类。

关键词　“有”字句　“có”字　句法结构　对比

1 引　言

在现代汉语中，“有”字句是一种形式多样、表义丰富、使用频率很高的句式。从《马氏文通》（1898）开始，人们就已着手对“有”字进行分析。1942 年吕叔湘在《中国文法要略》一书正式提出“有”字句，首次把它作为一种句式进行研究。其后很长时间，人们的研究多注重“有”字的用法分析和某种“有”字句式的句法描写，但对“有”字句的语义、语用诸方面缺乏系统的研究。20 世纪 50 年代以后，特别是 20 世纪 80 年代以来，“有”字句的研究有了进一步的发展，然而由于研究者们的语法体系、语法观不同，因此他们在“有”字句的范围、结构以及“有”字的性质、特点、意义等问题上持有不同的观点。

现代汉语里的“有”及越南语的“có”一直被学习者看为简单之词，是学习者在学习初期最早接触的、使用频率也很高的语法点。但通过调查我们发现学习者不管是越南学生还是中国留学生对“有”及“có”的了解还不太深刻，所以他们犯的偏误比例都不低。对现代汉语“有”作为动词及“有”字句，许多语法研究者已经做过不少研究，但至今尚未有全面、系统地将现代汉语“有”和越南语的“có”进行比较研究的专著。因此本人在前人的理论基础上，将现代汉语的“有”及“有”字句进行全面研究并跟越南语的“có”进行对比，希望能够为越南汉语教学工作提供一份参考资料。

2 “有”字句的界定

语法学界对“有”字句范围的理解有两种：一为狭义“有”字句，一为广义“有”字句。狭义“有”字句是以“有”包括和“有”对立的“没有”、“没”为谓语或谓语中心词的句子。持这种观点的有黎锦熙（1924、1957），刘世儒（1957），吕叔湘（1942），易正中（1994），曾常红（2004）、王佳毅（2004），张豫峰（2002）等。范晓 （1987） 等明确地把“有”字句定义为 “‘有’和‘有字结构’用做谓语的句子”，易正中（1994）也说“有”字句是“‘有’字用作动词并在句中充当谓语的句子”。广义“有”字句是指句中含有“有”的句子，即不仅把“有”作谓语或谓语中心词的句子看做“有”字句，而且把不作谓语或谓语中心词的句子也看做

“有”字句。持有这种观点的有詹开第（1981），他认为“含有动词‘有’及其否定形式‘没（有）’的句子都称做‘有’字句”，“有些”出现在主语位置上的句子也是“有”字句。吕叔湘（1942）在论述“有”字句式时，把“户内一僧”、“对林一小陀”、“舟尾一小童”等句子也称为“有”字句。吕先生认为，这些句子虽然不带“有”，但它们是不出现“有”的“有”字句。龙果夫（1957）认为这些句子是“有”字句的省略形式。范方莲（1963）更加明确地提出，“‘有’字句中也不一定出现‘有’，特别是在后面的名词带有数量词的情况下”。黄自由（1985）、陈建民（1986）等人也同意此种看法。对于这类句子的归类，杜瑞银（1982）持有不同的意见，他认为这类句子不属于“有”字句，它们是由定语及其中心语组成的偏正结构充当谓语的句子，他把这些句子称为“定名谓语句”。宋玉柱（1982）也指出这些句子同“有”字句是两种不同的句式，叫做“定心谓语存在句”。

目前，语法学界很多研究者都赞同狭义“有”字句的观点。依照这个观点可以规范“有”字句的范围，可以澄清许多模糊的看法。首先，句子中不含“有”的句子如前面“户内一僧 ”、“对林一小陀”、“舟尾一小童”等句子不能称做“有”字句或省略式“有”字句，因为我们不能从句法上分析出“有”为全句的谓语中心词。其次，含有“有”的句子，“有”在句中不作谓语或谓语中心词的句子也不能称做“有”字句。目前多数语言学家认为只有动词“有”作谓语或谓语中心词的句子才是“有”字句。以此作为研究对象比较合理而且具有科学性。

本人在前人研究的基础上，对“有”字句进行深入而全面地探讨和研究。所研究的“有”字句圈定为狭义的“有”字句，即“有”作谓语或谓语中心词的句子及其否定句——由与“有”对立的“没有”、“没”作谓语或谓语中心词的句子。

然而有些词或短语因处于词汇化过程等原因而介于词和短语两种状态，因而以下几种情况是值得注意的：

（1）“有的东西、有的时候、有的人”等句子中的“有的”我们认为已经词汇化了，“有的”整个修饰后面的名词，因而该类句子不是“有”字句。

（2）我们认为“有些冷、有点冷；有些水、有点水”等中的“有些、有点”处于词汇化过程，当“有些、有点”后带名词时，该“有”便成了动词，因而充当了句子的谓语，此时我们把它列入“有”字句当中。而当“有些、有点”后带形容词时，该“有”字与其后的“些、点”结合紧密，“有些、有点”已经词汇化为一个词，它们整体表达一种程度低或量少的意义，因而不将其列入“有”字句中。

（3）“有”用作一个 V-O 复合词的第一个成分，比如：“有用、有毒、有意思、有意、有效”等中的“有”字因其结合能力很强，导致它跟后面的粘着成分结合后意义已经专门化了，因而本文不将其视为“有”字句。

（4）“我有的是钱”中的“有的是”既表领有又表数量多，可以理解为“我有很多钱”，但因其主要用于口语当中，并且具有词汇化的倾向，因而也不将其列入本文考察范围。

3 “有”字句的句式系统

我们把“有”字句的句式系统分为简单的“有”字句和复杂的“有”字句两类。简单的“有”字句又能分为体词性的简单“有”字句及谓词性的简单“有”字句。复杂的“有”字句包括“A+有+B+VP”及“A+有+B+Adj”两种。为弄清“有”字句有哪些句子结构，我们对鲁迅、老舍、巴金、茹志鹃、凤凰等的 18 个作品进行了考察，基本情况可归纳如下：“有”字句的句式系统可以先根据其结构分为简单的“有”字句和复杂的“有”字句。在所收集的 549 个“有”字句里就有 417 个简单的“有”字句，占 75.95%，128 个复杂的“有”字句，占 23.32%，4 个其他情况占 0.73%。因研究范围的原因，此论文我们只研究简单“有”字句的句式系统。

简单的“有”字句包括体词性的简单“有”字句及谓词性的简单“有”字句两类。其中，体词性的简单“有”字句出现频率最高，在 417 个简单的“有”字句中，它出现了 396 次，出现率达到了 95%；谓词性的简单“有”字句出现了 21 次，出现率为 5%。体词性的简单“有”字句包括“A+有+B”、“有+B”、“A+有”、“A+B+有”、“B+A+有”

等五类；谓词性的简单“有”字句包括“A＋有＋Vp”及“A＋有＋Adj”两类。在这些小类里，“A＋有＋B”句式的使用率最高(在417个简单的“有”字句中出现285次，占68.3%)，其次“有＋B”句式的使用率也比较高（出现84次，占20.1%)，其他各类句式的出现率都只在10%以下（“A＋有”句式出现8次，占1.9%；“A＋B＋有”句式出现19次，占4.6%；“B＋A＋有”句式没有出现一次，占0%；“A＋有＋Vp”句式出现14次，占3.4%；“A＋有＋Adj”句式出现7次，占1.7%)。具体考察情况如表1所示：

表1　简单的“有”字句的句式统计

简单的“有”字句		数量	比例/%
体词性：396次（95%）	A＋有＋B	285	68.3
	有＋B	84	20.1
	A＋有	8	1.9
	A＋B＋有	19	4.6
	B＋A＋有	0	0
谓词性：21次（5%）	A＋有＋Vp	14	3.4
	A＋有＋Adj	7	1.7
总计		417	100

“有”字句的句式系统如图1所示：

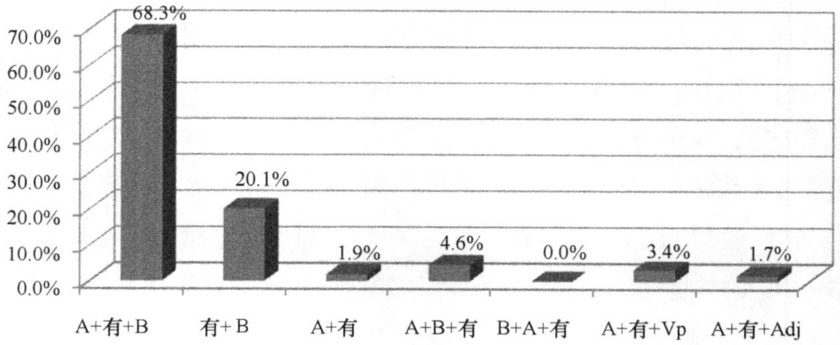

图1　简单“有”字句的句式统计

汉语“有”字句的越南语的相对应表达形式是“có”字句。对于越南语“có”字句的句式，我们从南高（Nam Cao)、武鹏（Vu Bang)、阮光创（Nguyen Quang Sang)、武仲奉（Vu Trong Phung)、石蓝（Thach Lam)、金邻（Kim Lan)、阮公欢（Nguyen Cong Hoan）等的22个作品中找出了414

条“có”字句实例。通过对实例进行详细分析及归类，得出的结果如下：

“có”字句的句式跟“有”字句一样归类为简单的“有”字句和复杂的“有”字句。在所收集的 414 个“có”字句里就有 273 个简单的“có”字句，占 65.9%，129 个复杂的“có”字句，占 31.2%，12 个其他情况占 2.9%。这个分布比例跟汉语差不多是一样的。将简单的“có”字句分为体词性的简单“có”字句及谓词性的简单“có”字句。跟汉语不一样的是，体词性的简单“có”字句及谓词性的简单“có”字句的出现频率的差距不太大(前者出现 156 次占 57.1%，后者出现 117 次占 42.9%)。体词性的简单“có”字句包括“A＋có＋B”、“có＋B”、“A＋có”、“A＋B＋có”、“B＋A＋có”等五类；谓词性的简单“có”字句包括“A＋có＋Vp ”及“A＋có＋Adj ”两类。在这些小类里，“A＋có＋Vp”句式的使用频率最高（在 273 条实例里出现 96 次，占 35.2%）。这点跟汉语有所不同，这是受汉语和越南语的表达方式的影响。在各个语言环境里，“có”常站在动词前边而差不多没有受到什么限制，汉语里的“有”又不一样，在“有”后边的动词会受到严格的限制，因而“A＋有＋Vp”句式的出现频率比较低(3.4%)。其次“A＋có＋B”及“có＋B”句式的出现比例都比较高（前者出现 78 次占 28.6%，后者出现 71 次占 26%）。其他各类句式的出现频率都只在 10%以下（“A＋có”及“A＋B＋có”句式都出现 2 次占 0.7%；“B＋A＋có”句式出现 3 次占 1.1%；“A＋có＋Adj”句式出现 21 次占 7.7%）。

请再看一下表 2：

表 2　简单的“có”字句的句式统计

简单的“có”字句		数量	比例/%
体词性：156 次（57.1%）	A＋có＋B	78	28.6
	có＋B	71	26
	A＋có	2	0.7
	A＋B＋có	2	0.7
	B＋A＋có	3	1.1
谓词性：117 次（42.9%）	A＋có＋Vp	96	35.2
	A＋có＋Adj	21	7.7
总计		273	100

“có”字句的句式系统如图 2 所示：

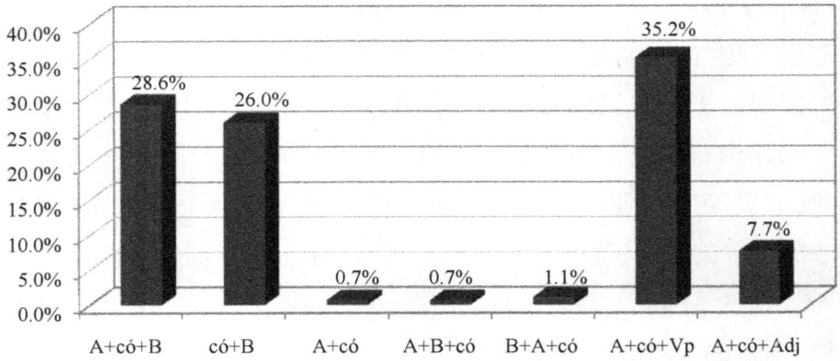

图 2 简单的“có”字句的句式统计

每一句式的详细讲解如下：

1. 体词性的简单的“有”字句

所谓体词性的简单的“有”字句，是指位于“有”后面的 B 部分的词性是体词性的，它可以是名词、代词及其词组等。根据 A、B 两个部分的位置或省略情况又能分为几小类：

1）A＋有＋B

“A＋有＋B”结构的 B 部分的词性是体词性的，它可以是名词、代词、数量名短语等。

B 为名词或代词。B 可以是具体名词，也可以是抽象名词。有时候“A＋有＋B”句式也可以连用。例如：

（1）他没有自己。（老舍《骆驼祥子》）

（2）她也有这样的想法。（巴金《怀念萧珊》）

（3）他对高妈有相当的佩服。（老舍《骆驼祥子》）

（4）他身上没有一个钱，没有一点干粮。（老舍《骆驼祥子》）

这点跟越南语一样。越南语的“có”字句的普遍形式就是“A＋có＋B”。这个句式里的 B 可以是具体名词；也可以是抽象名词。有时，B 也可以是代词。例如：

（5）*Mày có ti ền không?*（“Thằng ăn cắp”- Nguyễn Công Hoan）（你有钱吗？（阮公欢《小偷》））

（6）*Trong câu nói ấy có ám hi ệu.*（“Chiếc lược ngà”- Nguyễn Quang Sáng）（那句话有暗号。（阮光亮《象牙梳子》））

（7）*Nhà không có ai ư bà?*（“Dưới bóng hoàng lan ”- Thạch Lam）（奶奶，家里没人吗？（石蓝《黄兰影子下》））

B 为数量名短语。数量名短语的形式比较多样，包括：①数词＋个体量词＋名词；②数词＋集合量词＋名词；③数词＋不定量词＋名词；④量词重叠形式＋名词。但并不是所有的“量词重叠形式＋名词”都可以进入“有”字句。光杆的量词重叠形式绝对不能出现在“有”字句中，出现在“有”字句中的只能是“一＋量词重叠形式”结构；⑤概数词＋个体量词＋名词。例如：

（8）这几日里，进城去的只有一个假洋鬼子。（鲁迅《阿 Q 正传》）

（9）他的书库里只有一套《五虎平西》。（老舍《正红旗下》）

（10）他没有一点经验。（老舍《正红旗下》）

（11）秋天了，树叶黄了，有风吹来总是有一片片树叶飘下，用不了多大会儿就会飘满一院子。（张继《遍地羊群》）

（12）门外有几个女人的声音。（鲁迅《故乡》）

越南语 “A＋có＋B ”句式的 B 部分也可以是数量名短语。跟汉语不一样，很多场合“数量名”短语不用“量”而只用“数名”短语。有时候“数量名”短语又不用“数”而只用“量名”，“量名”结构里就包含了“一”数词，这点跟汉语一样。有时候“数量名” 短语又没有“名”而只用“数量”，这点跟汉语一样。越南语没有量词重叠的场合所以汉语里的“A＋有＋数＋量词重叠形式＋名”句式，越南语没有对应形式。例如：

（13）*Điền có b ốn cái gh ế mây.*（“Trăng sáng” - Nam Cao）（阿田有四把竹椅。（南高《明月》））

（14）*Hắn đã có một gia đình.* （“Vợ nhặt”- Kim Lân）（他已有个家庭。（金邻《拾到的妻子》））

（15）*Con Hiên không có cái áo à?* （“Gió lạnh đầu mùa” - Thạch Lam）（小轩没有衣衫吗？（石蓝《季初冷风》））

（16）*Mười lăm phút nữa, mìn h s ẽ có sáu hào.* （“Ngựa người và người ngựa”- Nguyễn Công Hoan）（再十五分钟就有六毛。（阮公欢《马人与人马》））

2）有+B

有很多情况“A+有+B”结构的 A 不出现形成了“有+B”结构。这一句式可以作为单句出现。这点跟越南语一样。例如：

（17）只有去诊何小仙这一条路了。（鲁迅《明天》）

（18）*Có ti ếng nói c ủa những người đi chợ.* （“Chí Phèo”- Nam Cao）（有上集的人声。（南高《志飘》））

更多的则是出现在复句的句首或句尾，此时主语往往是承前文或者是承前一分句而省略。有很多情况 B 又在“有”前边形成了“B+有”句式。在汉语里，这种情况要比越南语多得多。基本上“有+B”句式里的 B 的特点也跟“A+有+B”里的 B 一样。B 可以是名词、代词也可以是数量名短语。“有+B”也可以连用。例如：

（19）一天的下半天，没有一个顾客，我正合了眼坐着。（鲁迅《孔乙己》）

（20）*Không có người đàn bà, nhà c ửa thế đấy!* （“Vợ nhặt”- Kim Lân）（没有女人，家里这么乱七八糟。（金邻《拾到的妻子》））

（21）什么响动也没有。（老舍《骆驼祥子》）

（22）*Xưa nó có, nó b ị đốn, chặt mất rồi, vì nó đẹp nên v ẫn còn lưu luyến.* （“Cái gáo mù u” - Nguyễn Quang Sáng）（以前它存在，然后被砍了但因为它很美所以还留恋。（阮光创《一个瓢》））

（23）没有悼词没有吊客，只有一片伤心的哭声。（巴金 《怀念萧珊》）

3）A+有

有时候“A+有+B”句式又可以转换出另一句式——“A+有”。“有”后面的成分常根据上下文才能确定。越南语的相对应形式是“A+có”。“A+có”句式常出现在对话里，那时候说话者和听话者都知道“có”所表达的后面成分是什么。例如：

（24）这里没有……到山里去……。（鲁迅《白光》）

（25）*ở Hà Nội, chứ ở đây làm gì có.*（“Gió lạnh đầu mùa”- Thạch Lam）（河内有，这儿怎么能有？（石蓝《季初冷风》））

4）A+B+有

将句式“A+B+有”中处于宾语位置的B前移到谓语“有”的前面，形成了“A+B+有”句式，目的在于强调宾语B，如“父亲脸上一点笑容也没有了”。从收集到的例句中，不难发现这一句式都是否定句。用来强调否定的“A+B+有”句式，我们常见的有“连……也/都没有”、“A+什么也没有”或“A+一点儿+B+有”等。越南语也有相对应的形式但也不常使用。“A+B+có”若独立使用常是用于强调没有宾语 B 的否定句。例如：

（26）她连叹口气的权利也没有！（老舍《正红旗下》）

（27）*Nó vợ con chưa có.*（“Lão Hạc”-Nam Cao）（他还没有妻子。（南高《老鹤》））

5）B+A+有

“B+A+有”句式与以上句式一样的是宾语 B 移到了谓语“有”的前面，不同的是它还移到了主语 A 的前边，处在了句首的位置，如“这种货×××超市也有”，“汉语词典、英语词典我都有”。实际上，这种句式的出现比例很低。在鲁迅、老舍、巴金、茹志鹃、凤凰等的 18 个作品里，“B+A+有”句没有出现一次，占 0%的比例。越南语的对应形式是“B+A+có”。说话者使用“B+A+có”句式的目的常是强调宾语。例如：

（28）*Những tiếng quen thuộc ấy hôm nào ch ả có.* （“Chí Phèo”– Nam Cao）（那些亲切的声音哪天也有。（南高《志飘》））

2. 谓词性的简单的“有”字句

简单的“有”字句的第二大类可以看作为谓词性的，也就是说“有”后跟上了动词、形容词之类的谓词。

1）A＋有＋Vp

在这一句式当中，A 仍然是体词性的词语。B 则由动词或动词性词组充当了。根据“有”后边的动词的音节数量，又可以分成以下两种：

a）Vp 为双音节动词

朱德熙先生在《语法讲义》里谈到了，“有”带动词是有限制的，不能说“有看”、“有写”、“有去”、“有反对”、“有喜欢”、“有同意”，“有”后只可以接“名动词”。例如：

（29）但是半个月以后，她的病情**有了发展**。（巴金 《怀念萧珊》）

（30）咱们的事**有盼望**！（老舍《骆驼祥子》）

（31）开刀不一定**有把握** ，也许中途出毛病。（巴金 《怀念萧珊》）

“发展”、“盼望”、“把握”它们都是朱先生所说的名动词，既有名词的功能（可以受名词的直接修饰）又有动词的功能（后面能带宾语）如“发展经济”、“盼望父母”、“把握命运”等。但是出现在“有”之后，这些“名动词”的后面就不能再接宾语。VP 作“有”的宾语，不表示动作、行为本身，而是“事物化”了的动作、行为。这里的“有” 表示“领有、存在”之义。

有些双音节动词放在“有”的后面，前面必须加上一个单音状语。例如：

（32）这条路上**只有死亡**。（老舍《骆驼祥子》）

（33）女大夫态度仍然生硬，但比刚才**稍有缓和**。（路遥《平凡的世界》）

不难发现，这些动词都是表示动作行为的动词，动作性较强，不像本身不表示动作、 行为的“名动词”，所以必须在“有”之前加状语。再看下面的句子：“我对这件事**多有忽视**”，“他对这件事**似有觉察**”，“刘院长**另有考虑**”，“她会**别有选择**”。这些句子如去掉“有”字前面的状语句子就不成立。从以上这些例子我们可以发现，既具名词功能又具动词功能的“名动词”跟在“有”后，不受其他限制，它可以直接跟在“有”后，也可以在“有”前加状语，但是表示动作行为的非“名动词”，跟在“有”后，必须在“有”前加单音节状语，如“早、多、时、似、另、别”等，以表示动作的方式、情态、程度、动作发生次数多，或者强调动作在很早以前就发生等等。这些词语在句法结构中属于次要成分，但是它们不是可有可无的，而是具有重要的意义。

b）Vp 为单音节动词

下面是 Vp 为单音节动词的两个例子：

（34）一旦**有卖**，立即就排起长队。（王安忆《妹头》）

（35）周密却说道:“你**有完没完**?”（陆天明《大雪无痕》）

在这些“有＋单音动词 ”的格式中，动词也不是指动作行为本身，而是转指与动词相关的事物。“有卖”转指“有卖的东西”，“有完”转指“有完的状态或可能”等。可以直接跟在“有”的后面的动词常见的有“坐、躺、拿、摘、扶、拍、戴、搬、穿、拣、按、骑”等。

现代汉语里的这种 “有＋单音动词＋宾语（补语）”的结构，是古汉语在现代汉语普通话里的保留。“有”已经虚化，没有实际意义，表达重心在“有”后的“单音节动词＋宾语(补语)”。“有＋单音动词＋宾语(补语）”结构里的“单音动词”只局限于为数不多的一些动词，而且多数都是带有消极意义的动词。例如：

（36）教外孙去买花生瓜子什么的，未免**有失身份**；作较大的生意吧，又没那么多的本钱。（老舍《四世同堂》）

另外，我们发现，“有”字加在单音动词前，可以凑足音节，这类表达带有一定的文言色彩，在现代汉语普通话里，“有＋单音动词＋宾语（补语）”结构在语体上多用于书面语，表达效果文雅、庄重。

c）有X有Y

这种对称形式的“有X有Y”在范晓等看来，大都具有熟语性。我们发现这种对称形式的“有X有Y”有它特定的使用规律和表意功能。X、Y的关系可以是类义关系、同义关系，也可以是反义关系。例如：

（37）哎，按说咱**有职有位**，**有吃有喝**，可是国家搞成这个样子，个人满嘴砂糖嚼起来都是苦的！（路遥《平凡的世界》）

（38）我们知道，从田润生的家境来说，虽然不可能找个端公家饭碗的城里姑娘，但要在农村找个对象，那的确不必发愁；甚至可以**有挑有拣**。（路遥《平凡的世界》）

（39）您看，太阳就是**有升有落**嘛。没有落，也就没有升。有什么可叹的呢？（王学冬《绿色》）

动词“có”在别的动词性词组前边就是越南语的一个特征。但在使用过程中也跟汉语里的有点儿不同。“có”在别的动词前边已经虚化了，没有自己的本意，全句的内容跟“có”的意义没有相关联系。例如：

（40）*Chào c ụ, cụ **có bi ết** tôi là ai không* ？（“Kép Tư Bền”– Nguyễn Công Hoan）（您好，您知道我是谁吗？（阮公欢《四边男演员》））

（41）*Anh **có thích** đọc“Tam Quốc” không*？（“Đôi mắt” - Nam Cao）（你喜欢看《三国演义》吗？（南高《看法》））

这些例子里的“có”已虚化成虚词，在句子里出不出现都不影响本句的意义。“*Chào c ụ, cụ có bi ết tôi là ai không*”的基本意义就是“*Chào c ụ, cụ biết tôi là ai không*”、“*Anh có thích đọc “Tam Quốc” không*？”也就是“*Anh thích đọc “Tam Quốc” không*？”。中国越南语学习者和越南汉语学习者因为弄不清这一点所以常常产生有关的偏误。

有时候“có”虽不影响句子的意义但如果没有“có”就不成句。例如：

（42）Kẻ làm r ồi **có ch ết** cũng là cam tâm.（“Chí Phèo”– Nam Cao）（已

作了死也不后悔。(南高《志飘》))

(43) Thế này **có chết** không… ("Con Mã Mái" - Kim Lân)(这样死我妈? (金邻《马埋》))

跟汉语里的“有 X 有 Y”结构一样，“có”也能组成“có X có Y”结构。X、Y 都是单音节动词，常见的有“ăn”（吃)、“mặc”（穿)、“đi”（去)、“lại”（来）等。“có”放在这些动词之前又有点儿不同。“có”在“ăn”（吃)、“mặc”（穿）两词前面的时候又使它们名词化，变成“吃的东西”和“穿的东西”。例如：

(44) *Nên thợ nên thầy nhờ* ***có học, Có ăn có mặc*** *bởi hay làm.* (Nguyễn Trãi)(因刻苦学习而成才，因勤劳而有吃有穿)

“có”还用在“đi”（去)、“lại”（来）前面，但又不使这两个动词虚化而还保存原义。例如：

(45) *Tình cảm thường bao giờ cũng* ***có đi có lại*** *mà.* (http://ftin247.com)(情感常有来有去嘛)①

2) A+有+Adj

B 部分除了动词或动词词组之外，还可以是形容词及形容词词组。多数形容词及形容词词组之前使用了程度副词“多、多么”；也可以用疑问代词“怎、何”，但这些疑问代词在此处并不表示疑问。谓词性简单“有”字句中的“A+有+Adj”可以用来表示 A 所代表的人或物的性质及状态的程度。例如：

(46) 雪并**没有多么厚**，大概在半夜里就不下了。(老舍《祥子骆驼》)

(47) 祥子的身上**没有任何累赘**。(老舍《祥子骆驼》)

越南语也有“A+có+Adj ”这一对应形式。“A+có+Adj ”结构中的“có”也已虚化了，没有本义所以出不出现都不影响全句的意义。例如：

① 在 http://vnexpress.net 网站发表的“最重要的是婆媳之间的善意”。

（48）***Có đắt*** *mới đến năm hào*.（"Trăng sáng"- Nam Cao）（贵才是五毛（南高《明月》））

虽然"có"不影响句子的意义，但有些情况"có"不出现句子就不成立。例如：

（49）*Lấy một con vợ cho con，**có dễ** đâu?*（"Một đám cưới"- Nam Cao）（给儿子娶妻哪是容易的事？（南高《一个婚礼》））

（50）*Anh nghĩ **có buồn** không？*（"Đôi mắt"- Nam Cao）（你想一想，值得愁闷吗？（南高《看法》））

从上述例子的分析可见，谓词性的简单"有"字句虽然话说简单，但其实很复杂。相比之下，汉语的"有"字句与越南语的"có"字句有异有同，而最大的差异就在于越南语的"có"有时已经虚化成为一个助词，导致越南语的"có"出现频率特别大，有时候越南语常用"có"而汉语却不用"有"，甚至越南语的"có"在答话中可以替代大多数其他具体的动词。

4 结 论

在本文里，我们对现代汉语里简单的 "有"字句进行句法结构分析并跟越南语的"có"字句进行对比，找出两者的异同。

本文已界定"有"字句的范围。本人跟很多语法研究者一样赞同狭义"有"字句的观点，即"'有'作谓语或谓语中心词的句子及其否定句—由与'有'对立的'没有'、'没'作谓语或谓语中心词的句子"才能成为"有"字句。"有"字句的句式系统也很丰富。它被分为简单"有"字句及复杂"有"字句两种，但简单"有"字句的出现频率比复杂"有"字句的高得很（前者是75.95%，后者是23.32%）。

简单"有"字句又根据"有"后面成分的性质分为体词性简单"有"字句及谓词性简单"有"字句。特别的是体词性的简单"有"字句出现频率最高，出现率达到了95%；谓词性的简单"有"字的出现率只达5%。

体词性的简单“有”字句包括“A＋有＋B”、“有＋B”、“A＋有”、“A＋B＋有”、“B＋A＋有”等五类；谓词性的简单“有”字句包括“A＋有＋Vp”及“A＋有＋Adj”两类。在这些小类里，“A＋有＋B”句式的使用率最高，占 68.3%，“A＋有＋Vp”句式的出现率只占 3.4%。跟汉语不一样，越南语中的“A＋có＋Vp”句式的使用频率却最高，占 35.2%。其次“A＋có＋B”及“có＋B”句式的出现比例都比较高（前者为 28.6%，后者为 26%）。其他各类句式的出现率都只在 10%以下。所有这一切使得“有”字句和“có”字句成为汉语和越南语教学的重点、难点，需要我们在教与学的过程中必须弄清两者的不同之处才能正确地运用这一句式进行语言交际。

参 考 文 献

陈建民. 1986. 现代汉语句型论. 北京: 北京语文出版社.

丁声树. 1999. 现代汉语语法讲话. 北京: 商务印书馆.

范晓. 1998. 汉语句子的类型. 大同: 书海出版社.

刘月华, 潘文娱, 故铧. 2001. 实用现代汉语语法. 北京: 商务印书馆.

黄章恺. 1987. 现代汉语常用句式. 北京: 北京教育出版社.

朱德熙. 1997. 现代汉语语法研究. 北京: 商务印书馆.

LêQuang Thiêm. 1988. “*Nghiên c ứu đối chiếu các ngôn ng ữ*”, NXB ại học Quốc gia HàN ội.

Nguyễn Kim Thản. 1999. “*Động từ trong Tiếng Việt*”, NXB Khoa học Xãh ội.

Nguyễn Thiện Giáp. 1998. “*Từ vựng học Tiếng Việt*”, NXB Giáo d ục.

Nguyễn Văn Chiến. 1992. “*Ngôn ng ữ học đối chiếu và đối chiếu các ngôn ng ữ Đông Nam Á*”, NXB Đại học Sư phạm ngoại ngữ.

Analysing the Syntax Structure of Sentence Including “*You*” (Have) in Modern Chinese (Compared with Sentence Including “Có” in Vietnamese)

Abstract Chinese is the most unique language in the world. In Chinese, there are not only a large number of characters which are difficult in writing and remembering but also a variety of wide and deep vocabulary and complicated structure system. In different situations, the Chinese verb has distinct meaning, especially the verb "*you*", which the most common meaning is "*have*". Also, it is not similar to "có" (have) in Vietnamese.

In this paper, at first, we define the range of sentence in which "you" plays the role as predicate. We agree with the opinion of many researchers about narrow meaning of this type of sentence. Specifically, that sentence is defined as a sentence in which "you" is predicate or center predicate and "mei" or "mei you" is predicate or center predicate in the negative sentence. The types of this sentence system is also various. It is divided into two main kinds: simple and complicated one. This paper mainly focuses on the simple kind. Furthermore, based on the paths of speech which follow "you", this simplesort can be divided into two specific forms including the first form in which "You" is followed by Noun or NounPhrase andthe secondform in which "You" is followed by Verb or Adjective. The first simple form continues to be divided into five manners: "A+you+B", "you+B", "A+you", "A+B+you" and "B+A+you". The second simple form continues to be divided into two manners: "A+you+Vp" và "A+you+Adj".

Key words "you" Sentence, "có" Sentence, Syntax Structure of Sentence, Compare and Contrast

阮氏青蕙

越南—河内首都大学，讲师

电子邮箱：ntthue@daihocthudo.edu.vn

汉语教学研究

明德中文学校对汉语教学的启示

顾利程

摘　要　自从 1966 年建立以来，明德中文学校已经拥有六十年，一个甲子的经历，积累了宝贵丰富的先进教学经验。通过沉浸式教学方法，在人为创造的汉语语言环境中学习和生活两个月，明德中文学校帮助学生完成在一般学校一年的汉语学习任务。明德中文学校不仅每年夏天可以培训出一批优秀的汉语学生，同时也能在教学实践中培训出一批优秀的汉语教师。而这些汉语教师返回各自的学校后，把从明德中文学校学来的行之有效的教学方法用于自己的学校并且发扬光大。明德的语言誓约、教学方法、师资培训不但已经被众多美国学校采纳，而且也被众多美国在华汉语项目模仿。因此要研究美国的汉语教学，首先要研究明德中文学校。明德中文学校成功的经验对中国国内的外语教学，特别是汉语教学有一定的启示作用。

关键词　明德模式　语言誓约　沉浸式教学方法　教师培训

一、引　　言

著名的明德中文学校隶属于明德大学（Middlebury College）。该校地处美国东北部佛蒙特州的明德小镇。明德小镇山清水秀，远离大都市的喧嚣，没有什么酒吧、迪厅、电影院等娱乐场所，暑期校园里甚至连英文报纸、杂志、广播、电视都受到了控制，是一个安心读书、学习外语的好地方。明德中文学校可以在这里创造出一个类似中国的语言环境，让学生在沉浸式的环境中说汉语，写汉字，用汉语交流，甚至用汉语思维。经过几代人的努力和开拓，明德中文学校创造出了一套行之有效的、速成的“沉浸式汉语教学法”，为构筑中美沟通的桥梁教出了一批又一批合格的学生，帮助他们在各行各业通过汉语做出贡献。

在培养出优秀学生的同时，明德中文学校同时培养了一代又一代的精英汉语教师。随着一年年教师的轮换，它的血脉延伸到了各地。他们像种子一样播撒在美国各个汉语项目，在美国各地又培养出了更多具有用汉语交流能力的学生。明德模式同时也被美国其他汉语项目模仿，给在美国建立暑期中文学校甚至在中国建立暑期项目都提供了宝贵经验。分析研究美国大学汉语教学动态不得不了解明德中文学校的历史、现状、变化及未来。可以说了解了明德中文学校的汉语教学的历史、现状及未来，就基本上了解了美国精英汉语项目的汉语教学，因为它们是相互连接、一脉相承，向着同一个方向发展的。

二、历 史 背 景

建立于 1800 年的明德大学是美国东部一所私立文理学院。该校历史悠久，以重视人文教育、多元文化教育享誉全球。该校的暑期外语学校更是闻名。早在 1915 年，明德大学就成立了德语学校。随后又成立了法文、西班牙文、俄文、意大利文、阿拉伯文、日文等学校。明德中文学校是 1966 年创建的。当时明德大学的校长是从普林斯顿大学过去的研究生院副院长詹姆斯·阿姆斯特朗博士（James Armstrong）。他意识到汉语学习在美国将逐步兴起。特别是当时中国正处于“文化大革命”发起的时候，整个世界都在关注急剧变化的中国，而世界各地的左派人士，包括美国的左派人士，对中国、对毛泽东奉若神明。他们急需学习汉语，以便进一步了解中国。但是由于自从朝鲜战争以来中美对抗，越战又使两国关系急剧恶化，“文化大革命”期间极左思潮使中国国门对西方紧闭，美国人到中国学习的可能性微乎甚微。所以要找一个良好的学习汉语的环境，只能自己在美国创造一个环境。于是乎，阿姆斯特朗校长就找到了他在普林斯顿的老朋友，中国通牟复礼教授（Fredrick Mote）。

牟复礼教授早年在哈佛大学学习汉语。第二次世界大战期间任职于中国美军战略服务中心，即中情局的前身。从 1944 年至 1946 年的两年间，牟复礼穿梭于国民党统治区和八路军统治区，跟当时的八路军干部战士从交流中学习汉语。他发现以前在哈佛学习汉语的传统方法没有能帮助他与中国人沟通。在实践中，牟复礼逐渐发现只有在特定的语言环境中通过口语反复练习，才能掌握汉语。第二次世界大战结束后，牟复礼考入南京大学，攻读中国历史。在南京读书期间，牟复礼继续认真学习汉语，并结识了年轻学者陈大端等人。牟复礼于 1948 年从南大毕业，然后在司徒雷登手下工作，直至美国大使馆撤离中国，牟复礼才回到美国。

1954 年从华盛顿大学获得博士学位以后，牟复礼来到普林斯顿大学教授中国历史，同时开设新型的汉语课程。当明德大学阿姆斯特朗校长向他请教如何建立明德中文学校的时候，他立即推荐了他南京大学时的良师益友陈大端。秉承情景教学、听说领先的基本原则，陈大端先生为建立明德中文学校花费了大量心血。作为筹委会的重要成员，陈大端先生帮助设置了第一年的课程，选定了首任校长，招收了第一批学生，聘任了第一批教师，为成立明德中文学校立下了汗马功劳。甚至明德大学的中文名字也是陈大端先生亲自选定的。陈大端先生把“Middlebury”翻译成“明德”，取自《大学》中的“大学之道，在明明德”。“明德”听起来颇似 Middle 的音译，但同时又有不违背中庸之道、不走极端的意思，所以既符合音译，又符合意译，堪称神来之笔。笔者 1992 年在普林斯顿大学任教时见过陈大端先生，曾问起过当年这件事情。老先生谦逊地一笑了之，推说那是集思广益，是众人的智慧。

明德中文学校的第一任校长为刘君若教授，第二任校长为陈大端教授，第三任校长为林戴祝悆教授，第四任校长为周质平教授，第五任校长为齐德利教授，第六任校长为凯宴学院的白建华教授。笔者 1991 年夏天有幸在明德中文学校第四任校长周质平教授麾下工作过，随后也曾尝试把明德中文学校相关的教学方法移植到美国西北大学，也根据明德模式建立了西北大学北京暑期项目。明德的经验给了笔者极大的帮助，其中，可复制性的成功与教训值得与国内读者分享。

为了写好明德中文学校的经验，笔者采访了多位在那里工作过的老师，如季晶晶老师、李恺老师、刘芳老师等，并数次采访了明德中文学校第六任校长白建华教授。白建华教授自 2002～2017 年在明德中文学校担任校长，是明德中文学校历史上在位时间最长的校长。明德中文学校历任校长虽然可能管理方法不同，教学理念各异，但是他们都忠实地秉承了一个理念，那就是代表明德精神的全天候沉浸式教学方法及严格的教师及学生管理方法。

三、教学方法

所谓沉浸式教学，也就是在精心设计的汉语语言环境内，实施 24 小时高强度渗透。夸张一点说，那就是希望学生睡觉时做梦也要用汉语来做。学生每天的时间表都排得满满的。他们上午 8：00 到 12：00 点分别上大班小班的汉语课。中午跟老师同学一起一边吃午饭，一边用汉语聊天。下午 1：00 至 2：00 之间有一个跟老师的一对一个别谈话，每人至少 20 分钟。下午还可以参加由汉语老师组织的各种文化体育活动。晚上 5：30 跟老师同学一起共进晚餐。晚上 8：00 到 10：00 是老师辅导和答疑时间。每个年级会有两到四位老师在两个教室内值班。学生可以找老师问问题，练习还没有完全掌握的语言点，并且预习第二天的新课。没有问题的同学在图书馆、教室或者宿舍做功课。当然，除了如上规定的时间可以跟老师练习汉语以外，学生可以随时随地在课间、在吃饭时跟老师交流，在洗衣服的时候问老师问题。有时候夜里 10：00 或者 11：00 学生还在跟老师讨论问题。因为老师和学生同住一个宿舍楼，同在一个食堂吃饭，同在一个洗衣房洗衣服。

沉浸式教学的特点之一是学生在学习期间只能讲汉语，不可以讲英语，违者将受到惩罚，例如口头警告、书面警告，甚至勒令退学。学生到校以后的第一件事是在语言誓约上签字。语言誓约如下：

“In signing this Language Pledge, I agree to use Chinese as my only language of communication while attending the Middlebury Language School. I understand that failure to comply with this Pledge may result in my expulsion from the School without credit or refund.”

明德中文学校语言誓约译成汉语应该是：

“本人自愿在此语言誓约上签字。在明德中文学校学习期间，本人同意只使用汉语与人交流。本人明白一旦违反该语言誓约，可能会被开除出校，并且不会得到学分或者退款。”

来明德中文学校的学生都是非常认真的学生。他们认真执行自己签过字的语言誓约。1991 年的那一个夏天，笔者不仅没有听到一个学生说英文，也没有听到其他语言学校的学生说英语。

记得那一年明德中文学校的学生和意大利学校的学生同住一座宿舍楼。那是刚刚开学不久，一个显然是讲意大利语的学生拿着一筐衣服找洗衣房时碰到了我，跟我说我听不懂的外语。看到他拿着一筐脏衣服，我猜想他一定是在找洗衣房，就用中文跟他说“洗衣房在地下室”，他当然也听不懂我的汉语。最后没有办法，我只好把他带到了地下室的洗衣房。

虽然一句英语就能解决的问题，但是我们都严格遵守誓约，不说英语。更有意思的是，每次跟其他语言学校的同学比赛足球，我们明德中文学校的学生老师组成的啦啦队会喊“加油！加油！一二三四五六七，中文学校数第一！”别的学校的啦啦队就用他们所学的语言喊他们的加油口号。不同语言此起彼伏，一浪高过一浪，好不热闹。为了进一步贴近所学语言的文化，日文学校上场队员头上一律戴着颇似神风敢死队的白带，意大利语学校的上场队员都穿上了不知从哪里搞来的意大利足球队的队服。这种现象绝对是明德各个语言学校一道亮丽的风景线。

明德中文学校的中文课分为大班小班。所谓汉语大班课，充其量每班人数不超过 15 名学生。根据学生人数，每个年级会有一个或者两个大班。大班课一般由有一定明德经验的主任老师执鞭。老师一般会在课上把本课的主要语言点及文化背景介绍给学生，并且通过例子及问答让学生理解运用本课的新内容。大班课上教师也会随时与学生就本课所涵盖的内容沟通问答，检查学生是否已经理解掌握。所以即使在大班课上，每一个学生都会在一个小时之内有三至四次被点名发言的机会。学生可以自己举手提问或者发言。但是在大多数情况下，老师会点学生的名字发言，特别是还没有主动举手发言的学生。所以在大班课上，不可能有被遗忘的学生。在大班课上，当然也绝对看不到教师在讲台后面侃侃而谈。他们总是在用学生听得懂的汉语做简单解说，用例子佐证，并且在设定好的情景或者选定专题下组织学生讨论、问答。所以大班老师就像一个 15 人乐队的指挥。他要把所有人都调动起来，让每一个学生在每一分钟都在积极参与练习或者讨论。老师也会当堂回答学生的问题。但是这种情况不是特别多，因为明德中文学校的老师早已预知学生可能会有什么问题了。在上课时，老师已经把新的语言点解释清楚，练习透彻了。每天大班课早上 7：50 上课，50 分钟后休息一下，然后再上 50 分钟。

学生上完两节大班课以后接着再上两节小班课。一个大班的学生通常会分成三个小班，所以每个小班课里面最多只有五六名学生。小班老师会根据早已准备好的教案，把刚刚大班老师讲过、练过的课文和语言点再重新组织学生在设定的情景下操练。在大班课上，一个学生可能对一个语言点只有一次开口练习的机会。而在小班课上，每一个学生对每一个语言点会有多次练习的机会。小班课的节奏通常都非常快。学生在课上会针对每一个语言点反复练习。老师不会用很多时间讲解什么。他会利用寥寥几句话就创造出一个语境，在此语境当中组织学生问答、讨论。老师会以飞快的速度分配问题，让每一个学生有相同的练习时间，不会留下一个死角。一个学生回答好以后，老师会立即转向下一个学生。他们最常用的一句话是“你呢？你呢？……”所以小班课上同学更是异常紧张活跃，随时随地在用中文沟通。小班课上，学生不仅可以跟老师问答，也可以与同学问答。而他们的任何对话都在老师的监控当中。小班老师上课时要求眼观六路，耳听八方，密切注意学生的发言质量。他们会特别注意学生中文四声及变调是否掌握，轻声及儿化音是否使用得当，发音吐字是否准确，句法结构是否正确，用法及情景是否符合中国人说话的习惯。学生所出现的任何差误都会立即得到老师的纠正。学生保证会有机会改正错误，直至改好为止，掌握为止。小班老师不仅帮助学生练习本课中的语言点，而且随时会加上前面课文学过的单词，并在此基础上扩展。温故知新，让学生有机会用刚学过的语言点，表达自己的意见，解释自己的意图，完成自己的学习任务。

大班课讲好，小班课练好，大小班课二者相辅相成。学生通过反复练习，与不同对象，在不同场合多次实践，基本上都能掌握课程所规定的内容。

上午紧凑的四节大小班中文课后是午饭时间。学生和老师一起在一个餐厅吃饭。每天都有一个学生负责在餐厅门口的黑板上用中文写出当天的菜谱。吃饭的时候，老师也主动和自己班里的学生一起吃。一边吃饭，一边用刚刚学过的语言点聊天。

午饭过后 1：00 开始是师生一对一对话的时间。根据时间表，每一个学生有一个 20 分钟跟老师一对一的对话时间。学生排队来教室跟老师谈话。他们可以向老师问问题，谈作业，或者共同关心的政治、经济、宗教等文化问题。一般情况下，低年级的学生跟老师谈课文及语言点等层面的问题。而中高年级的学生则选择跟老师谈一些中国、美国或者世界上发生的时事。学生如果没有什么可以说的，老师会随时提出自己早已准备好的话题，让 20 分钟的谈话时间充满内容。一般情况下老师操控一对一谈话，事前准备好扩展话题。老师在跟学生的讨论过程中，根据学生的兴趣点及水平随时调整话题。

学生下午做完一个一对一谈话以后就自由了。他们可以自己或者跟同学一起做功课，参加各种文艺或者体育活动，譬如练气功，打太极，学麻将，下象棋，唱民歌，练书法，打乒乓球，踢足球，学诗歌朗诵，等等。每一项活动都有老师组织安排，学生都可以根据兴趣参加。各种有关中国文化的活动一般持续到晚饭时间。

晚饭后学生可以继续做功课。每天他们都有大量的复习或者预习的功课要做。如果需要帮助，他们可以随时找自己班的老师，或者到教室找值班老师问问题。每天晚上 8：00～10：00，每个年级都有两个老师在各自的教室内值班，保证学生可以得到需要的帮助。有的学生就会利用这段时间找老师继续练习自己还没有完全掌握的语言点，或者搞清楚还不懂的问题。

明德中文学校每个夏天从众多的申请者中录取 120 名左右的学生。这些学生大部分是美国及加拿大在校大学生。当然也有 15%左右的在职学员。他们可能是政府的工作人员，如联邦调查局、中央情报局、在职军人等。

当然也有跟中国有密切业务往来的公司职员。笔者在明德中文学校教书的那个夏天，竟然有两名以色列女军人及一名美军陆战队军官在明德中文学校学习。每年招收的一百多名学生根据他们各自的中文水平被分成四个年级。每个年级会根据学生人数分成一个或者两个 15 人左右的大班。每个大班又分成三个小班。每个年级在秉承沉浸式教学原则的同时，根据学生的水平和实际情况制定自己的教学安排。

四、课 程 设 置

1. 一年级汉语课

一年级的学生入学时汉语水平基本上是一张白纸，一切从零开始。所以老师需要先教学生一些生活和课堂用语，并且修改以前在不同场合学到的一些不规范用法。具体步骤是听说领先，读写跟上。汉语拼音与汉字同时起步，但汉字的掌握稍微滞后一些。目的是要在最短的时间内集中精力，让学生能够开口讲话，用汉语沟通。所以一年级的大小班课上皆采用情景教学法。

老师事先精心设计好语境，用汉语跟学生沟通，经过反复演练，让学生在使用中掌握发音、生词、句法及语言点。除了每天学一些日常用语以外，一年级从声母、韵母、声调开始，逐步发展到词汇、汉字、短句、长句、简单句、复合句，最后到小短文，小演讲。一步一个脚印，扎扎实实，不放过任何一个发音不准确、声调不对、用法不当、笔顺有误的错误。希望每一个学生暑期八周汉语训练结束时，完成美国大学一年的课程，都能够发音字正腔圆，书写笔顺规范，都能够用中文做简单的交流，譬如自我介绍，讲自己的家庭，讲自己的爱好，在商店买东西，在餐馆点菜等日常生活用语。为他们将来上二年级的汉语课打下良好的基础。为了辅助教学，一年级大量使用多媒体教学方法，借助录音、录像、图片、甚至实物等影像资料辅助教学。根据 OPI 测试的结果，学生已经达到美国外语教师协会制定的《外语水平准则》ACTFL Proficiency Guidelines（ACTFL 2012）中“初级高”Novice High 或者“中级下”Intermediate Low 的水平，有的优秀学生甚至会达到“中级中”或者“中级上”的水平。

2. 二年级汉语课

该年级的学生大部分在所在大学已经学完一年的汉语课程，所以来明德中文学校的目的是在短期内提高自己的汉语水平。但是由于学生来自于不同学校，在自己学校每周上汉语课的课时长短不一，所以水平和基础难免参差不齐。所以二年级入学的第一天就总结提高他们的汉语基础水平，帮助他们纠正一些错误，然后在同一水平上带领学生提高汉语水平。在发音方面，老师注重纠正声母、韵母、四声、变调及轻声等问题。在交流方面，帮助学生巩固日常和课堂语言。在书写方面，帮助学生熟悉汉字的基本知识，如偏旁、部首、部件、笔顺。总结复习之后，学生会根据专题一课一课地学习讨论。如住房，交友，医疗，餐饮等问题。从语言的角度讲，二年级仍然非常重视语言点的教学。教师会把每一个重要的语言点设计在特定的语境当中，通过对话形式帮助学生掌握。比如像动词＋着，难怪……，原来……，除了……以外，还……等语言点，学生都是在老师设计好的情景对话中初步掌握，然后又放在模拟的真实语境中反复演练，逐步掌握的。笔者当年使用的就是周质平教授（1992）编写的《现代汉语中级读本》（试用版）。该课本中的对话生动有趣，包括了二年级学生需要掌握的语言点，能够很好地帮助学生完成学习任务。

二年级教学的另一个特点是开始培养学生的语篇能力，即培养学生如何做好口头或者笔头的作文，包括一篇文章主题的介绍，观点的阐述，论据的支持，段落间的转折连接，关联词的使用，及结尾的总结。除了选词和句法以外，学生会逐步学会注意自己的文章或者演讲框架是否合理，主题是否明确，转折是否流畅，总结是否全面。

3. 三年级汉语课

三年级教学的主要目标是培养学生逐步从日常用语阶段过渡到正式语体阶段。教师注重培养学生在听说读写四个方面的全面发展。教师给学生准备的材料既有书面的形式，又有录音的形式。这样学生即可以通过先听后阅读，或者先阅读后听的顺序反复接触语料。既锻炼了阅读，又锻炼了听力。写作是三年级教学的重头戏。一个暑期每个学生都要写五至六篇作文。每篇都要上交老师等待修改。老师修改后还给学生。学生需要根据老师的建议重新修改，然后在全班面前做口头报告。然后其他学生可以提问，并根据报告讨论。有时老师甚至在课余时间跟学生一起改他的作文。这样老师可以给学生解释为什么他的这个部分不够好，改成什么样子会更好。这样的教学效果更佳。学生写出的书面文章经过老师的修改以后，应该更加书面化了。学生根据自己书写的文章所做的口头报告所用的语言自然也越来越正式。而通过互相观摩班内同学的口头报告，同学们可以练习听力。在向报告人提问时，同学又能锻炼比较正式语体的口语表达。

三年级的主要教材为《今日台湾：中级汉语课程》和《乐在沟通》。除此以外，教师给每篇主课文都准备了相关的链接，让学生最大程度地接触当代的真实语料。

主持三年级教学多年的姚瑜雯老师针对三年级的实际情况带领她的团队从情景式教学中创造出了“故事教学法”。根据姚瑜雯老师的解释，该教学法“利用事前设计的故事剧情，将语言结构、词汇等做有意义的连接，不仅能让学习者专注于内容，更能让学习者跳出主课文，接触语言在不同语境中的使用情况，同时也能让学习者增加更多的链接网络，帮助他们经由联想方便记忆。”

4. 四年级汉语课

四年级学生的汉语代表明德学生最高的水平。但是学生们刚刚进校时水平也是参差不齐。虽然已经在各自的学校学了三年汉语，能够说或者写不少汉语了，但是，低级错误仍然出现，基本功亟待提高。针对每班学生的具体情况，四年级的老师们精心设计教程，编写适合四年级学生的教材，通过大班课串课文，介绍文化背景，再加上小班课精讲勤练，使学生开口时错误越来越少，讲话质量越来越高，越来越有内容，越来越有深度。四年级使用的教材是明德老师自己编写的教材。主持四年级教学多年的吴凤涛老师（2013）称赞这套教材“内容丰富，贴近生活，既有时事、政治方面的话题，也有传统社会问题；既有文学色彩浓厚的作品，也有夹叙夹议的议论文”。通过这套教材，四年级的学生，接触到了文史哲各个专题的文章。学生从这种语料中掌握了中国语言，了解了中国文化。

写作是四年级教学的重中之重。为了帮助学生提高写作水平，教师们首先给学生介绍典型的范文，让他们了解什么是好文章，好在哪里。然后布置学生写他们自己选定的题目。作文交上来以后，老师们只评不改。也就是只把不对的词汇划出，把不通顺的句子划出，把不典雅的部分划出，把不合理的框架划出，把不清楚的主题用红笔一一划出。第二天交还给学生，让他们自己考虑为什么不对，自己想办法改进，然后再交给老师。老师再重新进行评判，找出不足。老师甚至给学生当面讲解为什么还不够好，直到学生能够自己把文章改好为止。这样做虽然环节多了一些，周转期稍微长了一些，但是每篇文章都是学生逐渐自己改进的，所以收效更大，进步更明显。老师们非常清楚授之以渔与授之以鱼之间的区别。通过师生的共同努力，学生们的写作在选词造句方面，书面语使用方面，文章布局方面，上下文承上启下方面，思想表达方面都有了长足的进步。八个星期以后，学生们不但掌握了语言知识，而且领悟到了中华文化的精髓。

5. 硕士研究生课程

明德中文学校的硕士研究生班开创于 2007 年，旨在给美国的学校培养合格的汉语师资。每位研究生需要修满 12 门研究生课程。既可以在职培训，也可以全职培训。在职培训的学生可以每年夏天来明德中文学校学习。每个夏天修三门课，连续四年完成。另外也可以走速成的道路，即两个夏天加一整年。可以是第一个夏天在明德中文学校学习，第二年在明德大学的蒙特若瑞分校修课，最后一个夏天再回到明德中文学校学习。目前明德中文学校硕士研究生班有 35 人。每年 5～8 名学生入学，5～8 名学生毕业。

研究生课程注重应用语言学的基本理论，特别是二语习得的理论，配之以语音学、语用学、实用语法、文学、文化学等理论课程。比如 2013 年夏天研究生可以选修如表 1 所示：

表 1 明德中文暑校研究生课程

中文 6503	中文教学法
中文 6504	中文教学实用语法
中文 6510	中国语用学概论
中文 6618	社会语言学
中文 6624	汉语教学中的话语分析
中文 6625	如何教好词汇
中文 6633	梦游中国文学
中文 6661	中国古代思想史
中文 6670	如何设计汉语阅读课

明德中文学校硕士研究生班的一大特点是基础理论扎实，同时紧密配合教学第一线。学生们每天可以接触最好的汉语老师，最认真的汉语学生，随时可以去听不同级别的汉语课，观察不同的教学方法，感受不同的教学理念。所以学生们既可以学习理论知识，又可以通过实践检验理论，摸索出自己的路子。

五、师 资 培 训

明德中文学校的学生很忙，明德中文学校的老师更忙。一般的老师每天上午四个小时在课堂里面与学生一起度过。前两个小时听主任老师的大课，了解他教什么，怎么教。后两个小时上小班课，组织学生开口讲话，帮助他们掌握当天所学的内容。中午跟学生共进午餐，同时帮助同学练习口语。午饭后立即跟学生做一对一个别谈话。然后是和学生一起参加文化体育活动，譬如练书法、唱中文歌曲、踢足球、打羽毛球，等等。晚饭后教师轮流在教室值班到夜里十点。如果没有学生来问问题的话，这才可以休息。这就是明德暑期中文学校中文老师繁忙的一天。

明德中文学校每个夏天都请培训专家对老师做严格的岗前及在岗培训。开学之前，全体教师会有三天的集中培训。一般情况下，明德中文学校请有经验的优秀教师专程来学校十天。前三天集体讲述明德中文学校的教学理念，介绍教学方法，传授教学技巧，讨论测试手段；后七天培训专家单独评议每位教师的教学实践，手把手帮助教师改进教学。

三天集中培训之后培训专家继续跟踪每一个汉语老师，听他们讲大班或者小班汉语课，给他们录像，然后跟每位老师一起分析点评哪里做得好，哪里做得不好。培训专家不仅给老师们指出哪里有问题，更主要的是帮助老师怎么解决问题，怎么教得更好。使每个老师从不怎么会教课变得会教课，从讲得一般变得讲得精彩，从一点一滴中逐步改进。近年来到明德暑期中文学校的培训专家有张曼荪教授、崔颂仁教授、宋如渝教授、朱俐教授、汪洋教授及梁新欣教授。他们扎实的专业理论及诲人不倦的工作精神打动了老师们，所以深受老师们的欢迎。

另一个使老师们受益匪浅的就是各年级每周两次的集体备课，一次是周一下午 2：00 至 5：30，另一次是周五下午 1：00 至 5：30。这可不是一般意义的大家在一起讨论教什么，怎么教，而是由一位老师事先准备好备课会的内容，带领大家讨论这一课的主要教学目的，哪些语言点要讲要练，怎么讲，怎么练，哪个先讲，哪个后讲，学生会出现什么问题，怎么解答，怎么口试，怎么笔试等等。初级阶段是大课老师带领大家一起备课，然后所有老师轮流。不是负责的老师告诉大家如何去做，而是大家讨论如何做好，群策群力，大家的智慧集中起来，然后带到课堂上去实践。所以负责教师经常问大家的问题是“你怎么教这个‘要不然’？‘仍然’与‘还’有什么区别?”每周两次集体备课时间是三四个小时，时间虽然很长，但是老师们备课非常认真，有时还觉得时间不够。

明德中文学校的教师很辛苦，没有每天八小时工作的概念，从早到晚都是在围绕着学生工作，而他们的报酬并没有比别的暑期学校高。但是为什么老师们义无反顾地、一年又一年回到明德中文学校工作呢？笔者采访过曾在明德中文学校工作过多年的老师，如李恺老师、刘芳老师、季晶晶老师。他们都说明德中文学校最吸引人的地方是巨大的成就感。学生入学时的水平一般，甚至是零起点，但是经过八个星期的魔鬼式训练，学生的水平突飞猛进，从不会说到能够字正腔圆地开口讲话，能够连续成段地表达自己的思想，这种成就感不是金钱能够换来的，是别人无法理解的。白建华校长说，明德中文学校之所以能够吸引老师们一年又一年夏天回来是因为它有一个友好的工作氛围。明德中文学校有一个以老带新、相互帮助、相互配合的好传统，好的团队精神。除了帮助教师提高教学水平以外，明德中文学校还组织教师搞科研，每年都有新的科研课题请老师们参与。教师们每年在教学上、科研上都有收获，所以很多教师都愿意回来，一些教师一教就是十个夏天。

六、动 态 趋 势

明德中文学校并不是一个墨守成规的地方。与时俱进，随着情况的变化，学校也在发生着变化。总结起来，明德中文学校在如下方面发生着变化：浓缩化、标准化、理论化、扩展化及提高化。

1. 浓缩化

自从 1966 年建校以来，明德中文学校就是从六月初到八月中的九个星期。近年来考虑到学生在短期内的承受能力及吸收能力，也考虑到其他国内外暑期学校都是八个星期，所以决定把时间缩短为八个星期。但是为了保证质量，维护品牌，保证一个夏天完成其他学校一年的正常教学内容，明德中文学校没有减少课时量，只是浓缩了暑期学校的时间。手段之一是取消了暑期学校的第四周与第五周之间的长周末休息，缩短了复习和考试的时间。这样总共的授课时间与以前完全一样，以保证教学质量。对此明德专门对八周学生进行了标准测试。数据显示，现在八周学生所取得的进步与以前九周学生所取得的进步大致相同。

2. 标准化

近年来明德中文学校注重了对学生水平测试的标准化。每个学生入学时，都要参加 OPI 考试，即口语水平考试。这是美国外语教师协会设计的标准口语考试。除了口语考试以外，还要参加姚道中教授设计的 CART（Computer Adaptive Reading Test），即阅读水平考试。这两个考试都是以全美外语教师协会学生水平大纲为标准设定的，所以其可靠性、准确性及稳定性都被公认为标准考试。每个学生的入学成绩作为学生分班的标准之一，然后封存起来，以备查阅。八个星期以后，每个学生还要再参加一次 OPI 考试和 CART 考试。明德中文学校把学生八周前与八周后两个成绩进行比较，找出学生进步的幅度，测定学生达到的水平。有了这个标准，就可以更加准确地测定一个新的教学法对学生有多大的帮助，一本新的教科书多大有益于教学，一位教师的教学有多大的成功，一个学生取得了多么大的进步。两次测试的量化及标准化为改进教学提供可参考的标准。然后，学校可以负责任地告知学生及其所在母校，这个学生经过八周培训之后，已经达到了全美外语教师协会学生水平的什么标准，回校以后可以上几年级的汉语课程。

3. 理论化

明德中文学校的教师们不仅积极投入教学实践，而且努力在理论上是充实自己。他们没有完全埋头教书，而是充分利用如此良好的教学实践机会，与同事们探讨不同教学理念的成功与失败，摸索某些教学方法的实际效果，发表从教学第一线得来的论文，编写出版切实适用的教科书。他们从实践中总结经验，上升到理论，然后再用理论指导实践，为教学服务。在明德中文学校校长及有经验的老师指引下，教师们由蛹化蝶，逐渐从只会上课的教书匠转化成具有理论基础和实践经验的学者。他们在美国或者世界各地的汉语教学界起着旗手的作用。其中的佼佼者如加州河滨分校的林培瑞教授、香港中文大学的冯胜利教授、亨特尔大学的赵德麟教授、西北大学的季晶晶教授、北京大学的汲传波教授、北京师范大学的张和声教授。

4. 扩展化

明德中文学校成功了。但是他们没有故步自封，而是在与时俱进，向更大的空间发展。在美国国内，明德大学接管了加州的蒙特瑞国际研究学院，使其成为明德大学的一个分校，在秋季、冬季和春季继续招收汉语学生。让明德模式在美国西部克隆。

如今中国再也不是1966年明德中文学校成立时的中国了。她的大门已经打开，欢迎国外院校来中国合作办学。趁此良机，明德中文学校近年来先后在北京、杭州、昆明建立了明德中文项目。但是无论是在美国的分校，还是在中国的语言项目，他们都秉承沉浸式的教学理念，情景式的教学方法，发扬明德中文学校的优秀传统，保证教学质量，维护明德中文学校的品牌。在新的语言环境里，明德中文学校的学生能够更加自如地享受丰富的语言环境，配之以学校的教学理念，在短期内取得飞速的进步。

5. 提高化

明德中文学校在逐步向更高层次发展。近年来成立了国际汉语教学硕士学位以后，明德中文学校决定更上一层楼，计划在最近两年内建立现代语言博士学位项目。该项目的主要对象是在职的语言老师。其中计划有三个主攻方向，一是语言学，二是教学法，三是文学与文化。学员可以根据自己的特长与爱好选择专业。目前存在的问题是明德大学要求博士生必须在三门语言上达到 Advanced Mid 即高级中水平。根据这个要求，学员要想获得博士学位除了中文、英文以外，还要掌握第三门语言。这从时间上来讲对我们的汉语老师是比较困难的，因为学员很难在短期内学好法语或者西班牙语。而且掌握第三门语言对学员的教学与研究没有实际意义。所以白建华校长正在与明德大学商谈，探讨能否用 ESL 理论，即英语教学理论来顶替第三语言的要求。希望在不远的将来，这个博士计划得到批准。一旦成功，明德中文学校将给美国及中国的汉语教学界培养高级的理论人才。

七、结　　语

在过去的六十年里，明德中文学校摸索出了一条切实可行的、在非目的语国家创立一个纯正的语言环境，全面实行沉浸式教学的成功例子。我国的对外汉语教学，甚至其他外语项目，尤其是中国国内的英语项目都可以从中取得一些经验。明德中文学校的学生管理、课程设置、教学方法、教师岗前及岗上培训都有其独到之处，中国国内外语界的同行们从中可以学到什么呢？可不可以像明德中文学校一样给来华学习汉语的留学生建立一个只可以说中文的中文学校？可不可以给希望学习英文的中国学生建立一个只说英文的英文学校？明德中文学校已经积累了在短期内提高学生外语水平的成功经验，我们移植照搬即可。

明德模式在发展，明德之路在延伸，明德精神在传承，她给美国汉语教学发展、给美国暑期中文学校的改进、给美国在华汉语项目的建立，增添了浓墨重彩的一笔，值得研究与探讨，值得国内的同行学习。

新近喜闻著名的威廉姆斯学院的张曼荪教授将自 2018 年夏天开始，顶替功成身退的白建华教授，成为明德中文学校的第七任校长。张教授是一个名副其实的老明德人，在此有多年的教学经验及教师培训的经验。相信明德中文学校能在张曼荪教授的引领下，会迈上一个新的台阶，给美国的汉语教学界以及中国的对外汉语教学界送来新的成功经验。

参 考 文 献

白建华, 宋如瑜, 邢志群. 2009. 乐在沟通(2nd Edn.). Boston: Cheng & Tsui Company.

陈彤. 2013. 明德之路. 北京: 北京语言大学出版社.

邓守信. 1992. 今日台湾: 中级汉语课程. 台中: 东海大学出版社.

周质平, 赵德麟. 1992. 中级现代汉语读本. Princeton: Princeton University Press.

American Council on the Teaching of Foreign Languages. ACTFL Proficiency Guidelines 2012[AOL]. www.actfl.org.

What We Can Learn from Middlebury College Chinese School

Abstract In the past 60 years since it was founded in 1966, Middlebury College Chinese School has established itself as the most successful summer Chinese language program in U.S.A. thanks to its unique curriculum development, total emersion teaching methods, innovative student management skills, and effective teacher training programs. Over the years, Middlebury Chinese School has not only taught Chinese to thousands of students who are working in both U.S. and China today, but also trained hundreds of teachers who bring back the teaching methods to their own schools in U.S.. To understand Chinese language teaching in U.S., one should first understand Middlebury Chinese School. The colleagues in China could also learn some lessons from Middlebury Chinese School.

Key words Middlebury, Language Pledge, Total Emersion, Teacher Training

顾利程（Gu Licheng）

美国西北大学，教授

电子邮箱：L-gu3@northwestern.edu

从 Puffin 分级读物的编写特点看汉语少儿分级读物的编写*

郝美玲

摘　要　有指导的分级读物是有效提高儿童和第二语言学习者的阅读能力的读物。然而在汉语作为第二语言教学领域，这样的读物却较为少见。随着以汉语为第二语言学习对象的青少年人数的持续上升，编写多样化的用于培养少年儿童汉语阅读能力的分级读物成为迫在眉睫的课题。但是少儿汉语分级读物的编写应该遵循什么样的原则与标准？如何确定级与级之间的跨度？阅读指导应该包括哪些方面？等等相关问题，尚未见到有专门的研究论述。鉴于此，本文拟以国外比较著名的 Puffin 少儿分级读物为代表，详细介绍并分析其编写特点和阅读指导，以期为汉语少儿分级读物的编写提供参考。

关键词　分级读物　阅读能力　阅读指导

一、引　　言

阅读能力的培养是第二语言教学与习得非常重要的一部分，那么如何培养学习者的阅读能力呢？除了课堂阅读教学之外，课外大量阅读是研究者一直以来公认的培养阅读能力的有效途径（Day & Bamford，1998；Krashen，2004）。而一些为第二语言学习者量身定做的分级读物（Graded Readers）由于在用词、句法结构等方面进行了严格的控制，从而成为培养第二语言学习者的阅读能力的理想读物（Hill，2008）。

* 本研究得到北京语言大学梧桐创新平台项目（项目批准号 16PT01，中央高校基本科研业务费专项资金）的资助。

对于第二语言学习者来说，分级读物不仅可以给学习者带来阅读的享受，更重要的是可以加大其目的语言的输入，激发他们阅读的兴趣（de Burgh-Hirabe & Feryok，2013；Cho & Krashen，1994），巩固所学语法知识、词汇知识等，从而帮助学习者提高目的语的语言水平（Elley，1991；Krashen & Cko，1994）。与拼音文字相比，汉字系统较为复杂，给以汉语为第二语言的学习者阅读能力的发展带来更多的障碍。在对外汉语教育领域，研究者逐渐认识到分级阅读对于汉语作为第二语言学习的重要意义（王鸿滨，樊月美子，2016；周小兵，钱彬，2013；朱勇，宋海燕，2010），那么编写大量的分级读物是目前亟待解决的问题。可喜的是，目前汉语作为第二语言教学领域，已有一些研究者为此进行了一些探索，例如《中文天天读》（朱勇主编）、《汉语风》（刘月华、储诚志主编）、《实用汉语分级阅读丛书》（崔永华主编），等等。然而据周小兵、钱彬（2013）对中山大学国际汉语教材研发与培训基地全球汉语教材库的数据所进行的统计，汉语读物仅占各类国际汉语教学资源的 6.2%，而分级读物的数量更少，仅占 0.4%左右。所以总的来说，国内现有的汉语分级读物的数量和种类还远远达不到需求。

随着汉语国际教育的蓬勃发展，在海内外学习汉语的人数不断增长，而且出现了低龄化的倾向，因此，编写多样化的用于培养少年儿童汉语阅读能力的分级读物是迫在眉睫的课题。但是少儿汉语分级读物的编写应该遵循什么样的原则与标准？如何确定级与级之间的跨度？有哪些可供参考的依据？等等相关问题，尚未见到有专门的研究论述。鉴于此，本文拟以国外比较著名的 Puffin 分级读物为代表，详细介绍其编写特点，以期为汉语少儿分级读物的编写提供参考。

二、Puffin 分级读物的编写特点

Puffin Young Readers 分级读物一共包括四个级别，主要融合了传统的轻松走向阅读（Easy-to-Read Level）的 4 个级别以及指导阅读水平体系（Guided Reading Level）的 A 到 P 级。每一等级都分别描述了读者特征与分级读物特征。读者特征指可以进入这一等级的读者需要具备哪些阅读能

力，分级读物的特征描述的是该级别的读物在词汇、句子、插图等方面的特征①。通过每一级别的读者特征与读物特征，我们可以了解到二者是如何完美匹配的。这套分级读物的每一等级还配有相应的阅读指导，指导读者如何在现有阅读能力的基础上通过阅读指导与学习者自己的独立阅读稳步向下一个阅读发展阶段迈进。

1. 萌芽中的读者

第一级别为萌芽中的读者（Emergent Reader），涵盖了指导阅读体系中的 A 到 D 四个级别。这一个级别的书适合那些对文字阅读或者印刷的文字有初步了解的孩子，比如知道读书的时候要从左向右、从上到下进行阅读，能够将图画和文字区分开；也适合那些正在学习字母知识和一些简单高频词的孩子，他们能够注意到字母的区别性特征、认识词语开头和结尾处的字母，从而借助图片的帮助和词首字母把词语读出来；读者能够凭借记忆讲故事，了解简单故事的基本情节；能够利用图片的线索来讲故事。表 1 总结了第一级别的读者特征与读物特征。

表 1　Puffin 分级体系第一级别的读者特征与读物特征

读者特征	读物特征
认识一些字母	用词简单而且重复
利用开头和结尾处的字母试着读词语	词语之间空隙较大，适合指读
凭记忆讲故事	插图提供线索（文图对应好）
了解简单故事的基本情节顺序	故事和句子的结构都是可预测的
知道阅读是从左到右，从上到下的过程	主题和内容熟悉
利用图画中的线索来讲故事	每页 1~4 个句子

该级别的读物特征主要有以下几方面：

在词汇方面，主要以非常简单的词汇为主，而且词语高度重复。A、B 两级使用的基本上是高频的视觉词汇；B 级还引入一些常用的屈折词缀，例如-*ed*、-*ing*；C 级增加了简单的可以解码的词语（即可以按照拼读规则读出来的词语）和复合词；D 级增加了更多的解码词，巩固学生正在学习的 phonics。从 D 级开始，强调词汇的多样性，意味着词语不像前三个级别有

① http://www.penguin.com/static/pages/youngreaders/levels/level1.php

那么高的复现率了。

在句子方面，每页由最初的一两行到级别更高一些的四五行不等，句长较短，结构简单，而且不断重复；A 级还算不上真正的句子，几个视觉高频词就是一句话；B 级的句长有所增加；C 级的句长继续增加，而且还出现了少量从句。从 D 级开始，出现了复句，不过主要是由“and”连接的复句。该级别的句子结构强调与儿童口语中的结构相似。

在插图方面，图片提供了丰富的线索，文字与图片之间的对应非常清楚，大部分文字可以通过图片线索猜出来。具体来看，A 级和 B 级的插图与文字的对应情况非常好，插图高度支持文字；从 C 级开始，随着句子长度的增加，插图虽然也是高度支持的，但是读者仅从插图和重复出现的句子结构无法把每个词语都读得很准确，这就要求读者需要认识一些高频的词语。从 D 级开始，插图的作用变为扩展文字的意义，也就是说有些文字未言尽的部分可以通过读图了解到。

在故事方面，故事的主题主要围绕孩子的日常生活及他们感兴趣的东西，角色单一，情节不但简单，而且可以通过插图以及重复的句子结构预测出来。具体来看，A 到 C 级的主题是孩子熟悉的，而且每本书都只有一个主要的中心思想。D 级虽然也主要是熟悉的主题和简单的情节，但是增加了一些复杂的片段和抽象的观念。

在篇幅方面，A 到 C 级一般 8 页左右，D 级篇幅加长，整本书 10 到 20 页不等。除了篇幅，对每页的行数也有一定的限定，A 级的书一页一行，B 级增加到两行，目的是让儿童适应换行的时候该如何读。

综上所述，这一级别的内容，从 A 到 D 级，从词语和句子这些构成篇章的基本单位到故事隐含的主题角色情节等，都呈缓慢上升的趋势。以词语的难度为例，A 到 D 级主要以高频的视觉词汇为主，但是从 B 级开始逐渐增加了其他的词语，C 和 D 级增加了可以解码的词语，适合那些学习了字母知识，利用字母知识和图片线索能读出词语的儿童。再从图片和文字的对应关系来看，A 级和 B 级的插图和文字基本上是一一对应的，从 C 级开始，插图和文字的关系增加了补充关系，儿童需要通过阅读文字和插图来共同理解故事的内容，对阅读能力有了更高一些的要求。D 级其实承担着从第一级别向第二级别过渡的任务，所以在用词和句子等各方面都更像下一个级别。

从上文的描述中我们可以看出，萌芽中的读者这一级别的书，主要限定书籍的语言成分，比如篇幅、平均句长、词语等，对于故事情节、角色性格等描述并不多，可见这一阶段的主要目的是巩固孩子识词的能力，这也是阅读能力发展过程中最基本的一个阶段，利用插图、语境线索、对话、字母知识、拼读知识等巩固高频词，对生词进行解码，培养基本的阅读能力。

2. 渐进中的读者

第二级为渐进中的读者（Progressing Reader），主要涵盖指导阅读体系中的 E 到 I 级。进入这一级别的读者需要具备如下能力：能够通过插图和语境线索猜出不熟悉的词语；能够识别出词首、中间和词尾的音（语音意识）；可以预测故事情节中接下来将要发生的事儿；可以区分故事类与非故事类。

这一级别的读物中，句子比前一级别长了一些，出现了一些简单的对话，除了图片给出故事情节的线索之外，上下文也提供了一些信息。故事情节也比前一个级别丰富复杂了，并增加了非小说类的故事（Nonfiction Stories）。表 2 总结了第二级别的读者特征与读物特征。

表 2　Puffin 分级体系第二级别的读者特征与读物特征

读者特征	读物特征
不再需要指读	句子较长
能够读写一些高频词	简单对话
可以读几行字的书	插图和语境提供线索
读一遍能记住故事的大意	出现次常用词和专用词
利用声音与字母的对应关系来识别新词	标点符号
	故事类和非故事类

下面我们详细介绍一下该级别内部各方面内容要求是如何逐渐提高难度的。

在词语方面，E 级的视觉高频词多样化，不像前一级别那样有限的词语高度重复，词长也较前一级别长，出现了更多的多音节词以及写法不太常见的词语；F 级包括了一些不常用的语言格式或者一些专业词语，词汇更具多样性；G 级用了一些难度逐渐增加的高频词，大量的可以解码的词语（这些词语有规则的也有不规则的）以及一些专业词汇；H 级包含了全部的高频词；I 级要求读者自己解决一些多音节的复杂词语的问题。

在句子方面，从句子复杂度来看，E 级中的句子包括了从句和一些嵌入式的短语。从 F 级开始，句子更长，每页的行数也增加了不少。G 级增加了更多的从句；I 级的段落和句子都更长了。

在语言方面，E 级以对话体为主，开始出现了一些文学语言；F 级开始语言中书面语的比例大大超过了口语；G 级要求语言不再重复。

在篇幅方面，E 级依旧是从 10 到 20 页不等，每行的词语以及每页的行数都有增加；F 级篇幅更长，整本书的页数从 10 到 30 页不等；I 级的篇幅跟 G、H 级一样，都是 10 到 30 页，有些篇幅较长的书从 30 页到 50 页不等，但是字号小了。

在体裁方面，第二个级别开始对体裁有了说明，体裁变得多样了，从 E 级开始包括了写实小说（Realistic Fiction）、幻想小说（Fantasy）和非小说类（简单的提供信息的书）；F 级增加了简单的民间故事；I 级的书大部分是叙事性的，情节有冲突和解决方案；信息类的书虽然篇幅较短但是内容较难。

在插图方面，E 级的插图是中度支持的；G 级和 H 级的插图是为了增强或扩展文本的含义，或者激发阅读兴趣；I 级的插图是为了加强故事的含义，但是对于猜测词语及词义提供的帮助有限。

在故事方面，E 级故事中的角色增加了，故事情节中增加了复杂的片段。F 级开始，书中出现的概念不再是就地取材，可能离儿童的生活比较远，也不再局限于儿童的日常生活，出现了一些较为抽象的想法或概念，需要读者进行讨论。G 级也包括了一些更具挑战的概念，角色多样化起来，而且故事的主线隐含在文字中。由于篇幅和内容增加，要求读者在一段时间内记住故事的主要情节。H 级故事中的角色或人物倾向于学习和改变。I 级出现了准章节书，情节高度复杂，需要读者进一步解读；读者过渡到了文字的阅读，并需要在一段时期内保持对同一本书的兴趣和理解故事的含义。

从上文的描述中我们可以看出，E 级很多因素的难度与 D 级比较接近，从 F 级开始出现了较大的改变，比如书面语逐渐取代了口语，概念不再局限于日常生活和孩子现有的知识。这一级别的读物，除了要求儿童能够熟练进行词汇识别以外，开始训练儿童的阅读技能，比如在阅读的过程中记忆与追踪信息，利用背景知识，根据上下文的线索确定词语含义，对故事的人物情节等进行讨论，培养儿童的批判性思维。

3. 转变中的读者

第三级为转变中的读者（Transitional Reader），涵盖指导阅读体系中的 J 到 M 级四个级别，书中的词汇难度增大，出现了很多多音节词和复合词；对话更长，而且出现了多种不同的观点；故事的情节发展不像之前的单线条，而是出现了多个情节发展主线及人物；题材不再局限于小说类与非小说类的区分。第三级的书适合的读者特征是：可以读多音节词和复合词，可以读具有前缀和后缀的词语；能够识别故事元素（故事的开场、发展过程、结局、情节、场景等等），并能理解不同的观点。表 3 总结了第三级别的读者特征与读物特征。

表 3 Puffin 分级体系第三级别的读者特征与读物特征

读者特征	读物特征
拥有较大视觉词汇	篇幅较长且较复杂
可以独立阅读一些书	句式复杂多变
构建文本意义时较少依赖插图	词汇丰富
利用多种阅读策略来推测不熟悉词语的词义	更多描述性的语言
有感情地阅读	对话篇幅加长
整合或解释正在读的内容	情节人物复杂
从书里寻找信息来支持观点或看法	题材多样

下面我们详细介绍一下该级别内部各方面内容要求是如何逐渐提高难度的。

在词语方面，从 J 级开始，要求读者能够迅速读出包括三四个音节的新词；K 级要求读者探索词汇的各种内涵，该级别中较短的书中往往包括一些较难的不常出现在儿童口语中的词语；L 级的书中出现了很多多音节词和专业术语，词语包含很多隐含的含义；M 级包含了一些用来描述感觉和情绪的词语。词汇难度较之前一级别增加了很多。

在句子方面，J 级的句子更复杂，包括了很多形容和副词；L 级的句子常常跨行，大部分句子在中间行结束，句子的长度和复杂度都增加了。

在插图方面，K 级的插图是用来强化孩子的阅读享受帮助孩子形成对内容的可视化。插图的作用一再减弱。

在体裁方面，除了前一级别的体裁之外，J 级还增加了一些寓言故事、传记和历史小说，不过这个级别的历史小说比较简单，不需要很多背景知识去理解；L 级包括了从写实小说到传记的各种体裁；M 级包括了各种题材，增加了更多的人物传记。

在故事方面，J 级开始出现了章节书，系列丛书不但可以保持读者的阅读兴趣，还可以增加他们的阅读时间；该级别的章节书中包括大量对话，其目的是确定情节发生发展的过程，书中的主要情节往往是由某一时段内的几个插曲构成的。K 级的章节书篇幅更长、情节更复杂、角色更具多面性。该级篇幅较短的书往往用的是不常出现在儿童的口语中的比较难的词语，内容更具挑战、主题更复杂；从 L 级开始书中的角色会随着故事情节的发展而得到发展或作出改变，而且章节中的事件相互依赖，要求读者在阅读的过程中回忆和跟踪信息；M 级的书，故事的主题更复杂，例如包含了尊重差异、孤独、独立等主题；情节更复杂更宏大，需要读者调用更多 的背景知识，而且文字中包含着微妙的含义，需要读者解读出题外之意。M 级的书力求展现不同类型书籍和作者的写作特点与写作风格，例如，叙事类的书作者的风格可以通过用词、句子结构、人物的描述或者幽默感等清晰地显示出来。

在篇幅方面，J 级故事的特征与 I 级类似，但是有些书的长度超过了 50 页；M 级的章节书篇幅更长，通常包括 60 到 100 页，每章较短，插图也较少。

从这一级别开始，儿童过渡到章节书的阅读，插图的作用主要用来激发读者的阅读兴趣，儿童需要通过迅速而准确地识别书中文字来达到阅读理解，同时还需要能够持续阅读，对各类体裁不同作者的写作风格有一定的认识。

4. 流畅的读者

第四级为流畅的读者（Fluent Reader），涵盖了指导阅读体系中的 N 到 P 三个级别。不仅词汇的难度增加了，而且书中出现了更多详细的描述性的语言。文章和段落的长度以及句子的复杂性等明显增加，情节和人物更加复杂，题材多样，增加了图表阅读等内容，阅读的目的在于培养读者批判性思维、从阅读中获取知识、解决实际问题以及写作等。能够阅读第四级的书，读者需要具备以下能力：可以轻松而快速地阅读；具有较好的阅读理解技能；具有自我修正的能力（即能够觉察出有些地方读起来不对）；可以流畅而带有感情地朗读。表 4 总结了第四级别的读者特征与读物特征。

表 4　Puffin 分级体系第四级别的读者特征与读物特征

读者特征	读物特征
拥有较大视觉词汇量	题材多样
字词识别自动化	对话篇幅增多
将阅读与写作联系起来	段落较长
	非故事性文本的插图包括照片、图表等
	词汇复杂
	隐喻性语言
	角色间互动

该级别的书在用词和句子方面没有太多的限定，限定主要在故事情节方面。

在插图方面，N 级复杂的图画书中有插图，是为主题服务的；O 级的书插图较少，主要是些黑白线条画或者照片。

在篇幅方面，到 N 级，章节书通常在 100 页以上，每章篇幅短小，书中角色让人难忘；O 级的书在 50~200 页之间。

故事主题方面，N 级非小说类的书名通常较短，并展现一定的社会问题，信息类书籍的主题以及叙事类书籍的背景远远超出读者的个人经验，N 级作者常常使用讽刺、奇思妙想等手法创作有趣的读物，同时交流人物角色的性质；这些都要求读者使用一系列阅读策略去理解情节、主题和新词语等。O 级的书，作者通过他们所说的、所想的、所做的或从别人口中说出来这样的方式创作多个人物角色，书中人物要处理日常生活经验或更严重的问题，如战争或死亡。P 级小说中的角色常常关注与成长和家庭关系有关的问题，故事结构和主题都比较复杂，往往需要读者结合更多的背景知识去理解。

在体裁方面，O 级的体裁更多样，增加了历史和科幻小说；P 级包括了各种各样的小说和非小说类，小说类的书包括一些章节较长的小说，要求读者能连续几天保持阅读兴趣和注意力；P 级的场景描述得非常详细，信息类书籍和传记中都包含着复杂的思想，而且所讨论的话题有些是读者不熟悉的。

从 Puffin 分级阅读的系统介绍中，我们可以发现，分级读物的编写，需要尊重儿童阅读发展的特点，并能够在此基础上进一步朝着下一个阅读发展阶段努力。每一级别需要确定读者阅读能力发展的起点，以及经过这一阶段的阅读之后，希望能够达到的阅读水平。

纵观 Puffin 所提出的四个阶段的特点，编写分级阅读的重要参照因素会随着读者阅读能力的变化而不同。当读者的阅读能力较低时，分级的标准更多地注重篇幅长度、页面布置和表现形式；插图提供信息量的多少；概念的复杂和相似程度；文本的可预测性；重复使用字词的多少；字词和句法的复杂程度和重复度等。当读者的阅读能力提高时，分级的标准更多地关注语言的文学性、故事结构情节人物的复杂程度、所需要阅读策略、背景知识等的多寡。

除了这些较为宏观的指标，在每一小级别内部，又有诸如标点符号、字号、词与词之间的间隔等更细微具体的规定。以标点符号为例，A 级出现的标点符号主要是问号、感叹号和句号；B 级则增加了逗号；D 级增加了破折号和省略号等；F 级出现的标点符号，要求为表达意义服务。又如，A 到 C 级都要求词语之间的间距比较大，方便儿童认读和指读单词，了解文字与音节之间的对应关系，从 E 级开始儿童不需要指读了，词间间隔也不需要那么大了。还有换行，到 B 级时一页增加到两行，让儿童明白读完一行之后要从第二行的开始接着读。所以儿童读完这一套书，会发现他们多方面的能力都能得到提高。也就是说这套读物的目的旨在全方位提高孩子的阅读能力，不仅仅是断句识词的能力。

上文主要客观描述规定的读者特征与读物特征，并未涉及故事内容及其所含的幽默性。幽默性是吸引儿童阅读的最重要因素之一。Puffin Young Readers 的故事常常含有令人意想不到的结局或者温馨的结局。比如第二级别的小故事 What a Hungry Puppy！写的是一个饥饿的小狗找骨头的故事，它找啊找，抛出来的不是臭靴子就是臭袜子，好不容易从地里挖出一个大骨头，却看到一只巨大的狗站在它的面前，它丢掉骨头使劲儿跑，却发现大狗在后面紧追不舍，原来，大狗是要感谢小狗帮它找到了骨头！还有些是孩子们动画片中的主角，例如 Max and Ruby。

三、国内外儿童阅读能力发展的阶段

阅读能力是国外分级读物编写的重要基础，那么国外对阅读能力的发展提出了哪些标准呢？有关阅读发展的专家总结了儿童与青少年阅读能力发展的阶段，不同理论所提出的阶段之间大同小异，有的分为三个阶段，例如前阅读能力发展阶段、解码阶段、熟练的阅读理解阶段；有的则划分得更为详细些，比如 Maryanne Wolf（2007）提出的五阶段模型。在本节内容中，我们拟先以该五阶段模型为例，介绍国外儿童阅读能力发展的具体阶段，然后介绍分级读物是如何与儿童阅读发展的具体阶段相匹配的。

1. 儿童阅读能力发展的五阶段理论

第一阶段，萌芽中的前阅读者（The Emerging Pre-reader），大约从 6 个月起一直到 6 岁。这一阶段的阅读主要是亲子阅读，阅读的范围是多种多样的，是一种广义的阅读。听父母讲故事、接触周围环境中的文字符号等，了解与积累概念、听听大自然的声音、与同伴和成人互动等，都包括在这广义的阅读之中。到这一阶段末期，孩子会“假装”阅读，拿着之前父母常给读的书边翻书边讲故事；在说英语的国家，这个阶段的孩子还会认得 26 个字母，知道字母的名称，认识一些符号，用纸和笔画画等。广义的阅读为以后正式的阅读打下良好的基础。

第二阶段，新手读者（The Novice Reader），大约 6~7 岁。在这一阶段，儿童开始学习字母与读音之间以及书面词语与口头词语之间的对应关系。儿童开始自己读含有高频词和可以拼读的规则词的简单文本，利用逐渐浮现出来的阅读技能和对于文字的意识把新的单音节词拼出来。

教学上，这一阶段采用直接的自然拼读法（Phonics），即通过教给儿童字母与字母串及其发音之间的对应关系培养儿童逐渐独立阅读的能力。教师给孩子读的书稍微超出孩子自己可以独立阅读的水平，目的是为了让孩子发展更高水平的语言技能、词汇和概念。在第二个阶段后期，大部分儿童能够理解差不多 4000 个词语，可以自己读的词语大约有 600 个左右。为了能够理解所读词语的意思，新手读者需要学习如何对书面文字进行解码，领悟拼读原则，即书面的字母与语言中的声音是联系在一起的。要学会所有的形素与音素之间的对应，儿童需要不断练习。

第三阶段，解码阅读者（The Decoding Reader），大约 7~9 岁。在这一阶段，儿童阅读一些简单的熟悉的故事，并要求逐渐加强流畅性的训练。这样做的目的是，巩固基本的解码技能、巩固视觉词汇和意义获取的能力。在教学上，直接教学更高水平的解码技能以及大量阅读熟悉的有趣的文本材料。与此同时，教师和家长也继续给孩子读书，读那些高于他们的独立阅读水平的书，以促进他们语言、词汇和概念等的发展。在这个阶段末期，儿童的听力词汇大约在 9000 个左右，阅读词汇大约在 3000 左右。

该阶段的儿童阅读流畅性还较差，而元语言意识，尤其是词素意识，能够帮助儿童更流畅地阅读。例如，遇到 useful 这个不熟悉的词语时，儿童可以在词素意识的引导下，把它分解成构词词素，再把它们重新组合起来推测其词义。随着儿童阅读和拼写能力的不断进步，儿童逐渐掌握了词语的内部结构，比如词根、前缀、后缀等词素系统的构成成分。流畅阅读的能力还受到词汇量与语法知识的强烈影响。解码读者接触到的阅读材料越来越复杂，如果文中的词语及其用法从未遇到过，那么阅读起来将会非常困难。

第四阶段，流利的、理解性的阅读者（The Fluent，Comprehending Reader），大约 9~15 岁之间。在这一阶段，阅读被用作获取新知识、体验新感觉、学习新态度或看法、从不同的角度考虑问题等。阅读的材料进一步扩大，包括含有新想法、价值观和生词、句法等的课本、参考书、报纸、杂志、一般读物等。这一阶段要求读者能够系统地研究词义，教师会指导学习者通过讨论、回答问题、提出问题、写作或其他形式对所读文本做出反应。在这一阶段的初期，面对相同的材料听觉理解的成绩好于阅读理解的成绩。到这一阶段的末期，听觉理解和阅读理解之间相差不大了，有时甚至阅读理解更有效。

虽然这一阶段的孩子能够理解所阅读的内容，但是教学要求会更高，比如理解词语的不同用法，比如隐喻、转喻等，透过文章的表层去理解深层的观点等。儿童的阅读理解技能也越来越丰富，不仅学习如何将先前知识与所读内容联系起来，而且能够预测故事结局，解释新的线索以及线索的相关性等。

第五阶段，专家级别的阅读者（The Expert Reader），大约从 16 岁开始，从此以后，儿童可以阅读大量的复杂文本，说明文、记叙文、议论文，甚至包涵复杂观点的议论文等。也可以阅读来自大量领域的，例如社会学的、自然的、生物的、政策的、当前时事等任何领域的文章。在遇到内容和可读性较难的材料时，阅读理解的有效性超过了听觉理解。增加了写作的训练，儿童要自己构思，把信息整合为衔接连贯的文章。

尽管 Puffin Young Readers 的四个级别和上述阅读能力发展的五个阶段并非一一对应，但是大致的发展阶段是一样的：从初涉阅读的读者，到利用拼读规则进行解码的读者，然后到能够流利阅读并能通过阅读来获取知识的读者，最后达到专家级别的读者。因此，Puffin 分级读物对读者阅读能力的界定是科学的。

2. Puffin 分级读物与读者的阅读能力发展水平

从上文有关 Puffin 分级读物系统以及国外儿童阅读能力发展的阶段我们可以看出，分级读物的作用是在明确读者现有阅读水平的基础上，提供相应的阅读材料和阅读指导，科学稳步提高读者的阅读能力，使其阅读能力再上一台阶。结合儿童语言与阅读发展的一些表现与研究发现，我们可以清楚地看出读物的编写充分考虑了儿童的现有能力，并在此基础上不断扶持阅读能力的发展。我们通过阅读发展研究领域的一些研究发现以及 Puffin 分级读物提供的阅读指导来证实这一点。囿于篇幅，我们仅以第一阶段为例。

适合 Puffin 分级读物的第一阶段的读者认识 26 个字母，能读懂书里的插图，掌握了简单故事发展的先后顺序，根据插图和对故事结构的基本掌握来帮助他们进行阅读；初涉自然拼读法，明白了字母和读音之间、口语和书面语之间的对应关系，能够读一些高频词与规则词。而第一级别的读物的设计也充分考虑到该级别儿童的阅读能力，表现如下：

首先，对话体占的比重比较大，这是因为儿童在初学阅读的时候，要将阅读词汇转化成口语词汇帮助他们理解所读的内容（舒华、李平，2014），口头语言丰富、对语音比较敏感的孩子学习阅读的进程也比较快。

其次，该年龄阶段的孩子，初步掌握了一些字母知识和一些拼读的规则，因此能够利用首字母的读音和图片的内容把词语读出来。例如，图片中出现的兔子，那么孩子可能通过图片来读 bunny 或者 rabbit，如果词语是以 b 开头的，那么儿童可以选择 bunny，放弃 rabbit。通过这样的猜测与试误，慢慢学会阅读，积累阅读能力，逐渐走进阅读的世界。

最后，能够区分文字与图画，5~6 岁的孩子在读图画书的时候，眼睛的注视点逐渐地从图画上转移到文字上，开始关注文字（周兢、刘宝根，2010）；同时他们能够注意到文字的特异性，能将文字与周围环境中似字的符号区别开来（王娟、张积家、凌宇、郁安然，2017），这是儿童学习独立阅读的非常重要的起点。

3. Puffin 分级读物如何培养读者的阅读能力？

阅读的最终目的是获得对所读内容的理解，阅读理解包括很多复杂的步骤，比如：回忆与文本内容相关的信息、提取主题、从事更高水平的思维、构建文本的心理画面和理解文本结构等（van den Broek & Kremer，2000）。即使是低年级的儿童，阅读教学也不仅仅是解决词语的问题，而是要进行阅读技能和阅读策略的训练，引导儿童进行批判性阅读（National Reading Panel [NRP]，2000）。激活相关的背景知识、对故事情节进行预测、将所读内容与自身经历联系起来等，都是非常重要的阅读策略（Keene &

Zimmerman，1997）。我们看 Puffin 分级读物的阅读指导是如何培养儿童的阅读能力的，同样还是以第一阶段为例。表 5 列出了 Puffin 分级读物第一阶段的阅读指导。

表 5　Puffin 分级读物第一级别的阅读指导

阅读前	阅读中	阅读后
确定阅读的目标	示范如何指读	讨论故事情节
指读书名、作者和插图作者	注意封面和插图所表达出的文本信息	问读者最喜欢的部分，并重复阅读该部分
问一些问题以激发读者的已有知识	读几页之后讨论故事情节，以保证读者理解了	寻找有趣的词语，例如 outside-inside
读图，描述图片，根据图片内容进行预测	问学生后面可能发展什么事儿	指出押韵词语，例如 dog-frog
		表扬学生，并告诉他们你很喜欢和他们一起读书

整个阅读指导分为阅读前、阅读中和阅读后三部分。前人的研究证明，阅读前、阅读中和阅读后向学生提问，可以有效促进儿童理解，同时可以向儿童示范，如何在阅读前中后进行思考（Pressley，Allington，Wharton-MacDonald，Collins-Block，& Morrow，2001）。从表 5 阅读前的指导中我们可以看出，阅读前主要进行这么几项活动：首先，给孩子确立本次阅读的目的，比如阅读的主题是如何跟朋友相处，那么告诉孩子我们阅读这本书的目的是看看故事中的人物是如何跟新老朋友相处的。其次，通过阅读书名，同时基于书名和封面插图问一些问题，激发儿童相关的背景知识；作者或者插画者都有自己的风格，通过阅读作者名和插画者的名字，可以回想或总结他们的写作或绘画风格，也可以建立书与书之间的联系，比如同一作者的一系列书有什么特点。引导儿童建立书与书之间的联系是阅读教学的重要任务之一（Keene & Zimmerman，1997）。第三，通过品读书中的插图，对故事的内容进行预测，激发儿童的好奇心与阅读兴趣，同时将阅读的内容限定在一定的范围之内，有助于儿童激活相关的知识，使得儿童对将要读到的内容提前有了熟悉感，从而帮助他们更好地理解所读内容。

当读者激活相应的背景知识以后，在阅读的过程中，教师通过提问或者组织学生讨论，教会他们如何在阅读过程中进行思考，注意图画和文字的对应关系、把握故事发展的节奏和进程等。阅读完之后，要组织学生进行讨论，讨论故事里自己最喜欢的人物和情节等，讨论故事的情节为何会这样发展等。更重要的是建立所读内容与自己的联系，比如说说你最喜欢的部分，你的生活中有没有遇到这样的事儿等等。

四、对少儿汉语分级读物编写的启示

通过上文对 Puffin 少儿分级读物每一级别读者特征、读物特征的详细分析，以及读者特征与阅读习得研究者提出的儿童阅读能力发展阶段的匹配，以及 Puffin 少儿分级读物的阅读指导的分析，我们认为编写一套优秀的少儿汉语分级读物需要阅读习得研究者、阅读教师、出版界人士等各方面力量的合力，做好以下基础工作。

第一，需要确定少儿留学生阅读能力发展的阶段，研究并描述清楚每一阶段阅读能力发展的特点。在这一方面，汉语母语儿童阅读发展阶段的研究还处于萌芽中，可供参考的是 Ho 及其合作者提出的汉语儿童阅读能力发展的三阶段模型（Ho，Chan，Lee，Tsang & Luan，2004）：图画阶段、拼音解码阶段和正字法阶段。在图画阶段（logographic stage），儿童将词语的视觉特征与它的发音联系起来，比如看到 monkey，儿童会认为最后一个字母 y 是猴子长长的尾巴，从而根据这个突出的视觉特征记住了 monkey 这个词。看到 look，会把中间的 oo 想象成两只眼睛，从而记住这个词。汉字是象形文字，儿童会积极寻找文字中包含的视觉线索，比如有些小班中班的孩子看到“日”会把它读成“chuāng”，解释说因为它像窗户的窗格。这个阶段的孩子会根据一些视觉线索，通过不断重复来记住一些汉字。当所学会的汉字越来越多时，儿童会发现汉字系统中存在的一些规律，比如汉字的某些形旁总是出现在某一固定的位置、汉字中形声字的声旁与整字的读音有一定的对应关系，这时他们就进入了拼音解码阶段（alphabetic stage）。该阶段的孩子可以利用自己掌握的规则学习一些新字，学习与阅读汉字的速度大大加快。第三个阶段是正字法阶段（orthographic stage），此时的儿童不再仔细分析汉字的内部结构，能够以整体的方式加工汉字，这样儿童阅读的速度和自动化程度进一步提高了。

上述三个阶段的划分有些粗略，而且主要是基于儿童学习汉字的发展过程而提出的，并未涉及儿童阅读理解的过程。我们知道，儿童学习阅读的核心是如何达到阅读理解，那么从初涉阅读到能像成人母语者一样阅读经历了哪些发展阶段，每个阶段呈现出什么样的发展特点？需要投入更多的基础性研究。

第二，要制定合适而科学的分级标准。研制少儿汉语分级读物用词，确定不同类型词语出现的先后顺序，确定每一级别新词的数量和种类；研制少儿汉语分级读物句式等级，确定不同类型句式出现的先后顺序。另外还要规定不同等级的书的篇幅、故事情节的复杂程度、主题的熟悉性、插图与文字的对应关系等。

第三，组织一线教师、少儿阅读发展的研究者、少儿作家等多方面的力量，根据分级标准及具体每一级别在词汇、句法、文本内容等各方面的要求编写儿童读物。无论是原创还是改写，读物的语言力求自然地道；较低级别的故事主要贴近生活，而较高级别的题材要脱离儿童此时此刻的生活，增加科普、说明、传记、议论等丰富的体裁。

第四，将阅读能力与相应的分级进行科学的匹配。要做到这一点，研究少儿汉语学习者阅读能力发展阶段的时候，对每一阶段阅读能力的表现应尽可能详细地加以描述。还可以通过研制不同阅读发展阶段少儿汉语学习者对于不同类型读物的可读性公式，抽取最能代表文本难度的关键因素。

第五，给每个级别配备相应的阅读指导，确定具体的指导目标与指导方案。分级读物是有指导的阅读，学习者要在教师的指导下通过阅读进一步加强阅读技能乃至整个语言能力，因此不仅要确定总的指导目标，也要确定每本读物具体的阅读指导方案。

除此之外，还有一些细节的地方需要注意。比如口头语言与书面语言如何结合的问题，尤其是在阅读发展的初期，将口头语言与书面语言结合，帮助学生将他们学会的口头语言转化成书面阅读的词语。特别是一些华裔，具有口头语言较好的优势，编写初级阶段读物的时候，应充分考虑到这样的优势。

参考文献

储诚志. 2009. 引入分级泛读，改进中文教学. 国际汉语教育, (4): 46-50.

舒华，李平. 2014. 学前儿童语言与阅读的发展及其促进. 学前教育研究, (10): 3-10.

王鸿滨，樊月美子. 2016. 北京国际学校少儿汉语分级读物考察. 云南师范大学学报(对外汉语教学与研究版), (4): 23-31.

王娟，张积家，凌宇，等. 2017. 汉语儿童正字法意识的发展研究. 大理大学学报, (3): 82-89.

周兢，刘宝根. 2010. 汉语儿童从图像到文字的早期阅读与读写发展过程：来自早期阅读眼动及相关研究的初步证据. 中国特殊教育, (12): 64-71.

周小兵，钱彬. 2013. 汉语作为二语的分级读物考察——兼谈与其他语种分级读物的对比. 语言文字应用, (2): 107-116.

朱勇，李海霞. 2009. 易读、有趣、实用——谈《中文天天读》的设计思路与编写理念. 国际汉语教育, (1): 88-93.

朱勇，宋海燕. 2010. 汉语读物的编写理念和实践——以《中文天天读》为例. 海外华文教育, (4): 22-29.

左虹，朱勇. 2014. 中级欧美留学生汉语文本可读性公式研究. 世界汉语教学, (2): 263-276.

Cho, K. & Krashen, S. 1994. Acquisition of vocabulary from the Sweet Valley Kids series: Adult ESL Acquisition. *Journal of Reading*, 37: 662-667.

Day, R. R. & Bamford, J. 1998. *Extensive Reading in the Second Language Classroom*. Cambridge: Cambridge University Press.

de Burgh-Hirabe, R. & Feryok, A. 2013. A model of motivation for extensive reading in Japanese as a foreign language. *Reading in a Foreign Language*, 25: 72-93.

Elley, W. B. 1991. Acquiring literacy in a second language: The effect of book-based programs. *Language Learning*, 41: 375-411.

Hill, D. 2008. Graded readers in English. *ELT Journal*, 62(2): 184-204.

Ho, C. S. H., Chan, D. W. O., Lee, S. H., etc. 2004. Cognitive profiling and preliminary subtyping in Chinese developmental dyslexia. *Cognition*, 91(1): 43-75.

Keene, E.K. & Zimmerman, S. 1997. *Mosaic of Thought: Teaching Comprehension in a Reading Workshop*. Portsmouth, NH: Heinemann.

Krashen, S. 2004. *The Power of Reading: Insights from the Research* (2nd Edn.). Portsmouth, NH: Heinemann.

Mason, B. & Krashen, S. 1997. Extensive reading in English as a foreign language. *System*, 25: 91-102.

National Reading Panel. 2000. *Teaching Children to Read: An Evidence-based Assessment of the Scientific Research Literature on Reading and Its Implication for Reading Instruction: Reports of the subgroups*. Washington, DC: National Institute of Child Health and Development.

Pressley, M., Allington, R. L., Wharton-MacDonald, R., etc. 2001. *Learning to Read: Lessons from Exemplary First-grade Classrooms*. New York: Guilford.

van den Broek, P. & Kremer, K. 2000. The Mind in Action: What It Means to Comprehend during Reading. *In B. M. Taylor, M. F. Graves, & P. van den Broek (Eds.), Reading for Meaning: Fostering Comprehension in the Middle Grades (pp. 1-31)*. New York: Teachers College Press.

Wolf, M. 2007. *Proust and the squid: The story and science of the reading brain*. New York: HarperCollins.

The compiling features of Puffin Young Readers and Its inspiration to the compilation of Chinese children's graded reading materials

Abstract Guided graded reading is a good way to improve the reading ability of children and second language learners. However, in the field of teaching Chinese as a second language, guided graded readers are very rare. With the rising number of young people with Chinese as a second language, writing diversified graded readings for the cultivation of children of Chinese reading ability is imminent topic. But what principles and standards should be followed in the compilation of children's Chinese graded reading materials? How do you determine the span between level and level? What aspects of reading guidance should include? And other related issues, have not yet been seen. In view of this, this paper intends to introduce and analyze the compiling features and reading instructions of Puffin Young Readers in details, in order to provide reference for the compilation of Chinese children's graded reading materials.

Key words Graded Readers, Reading Ability, Guided Reading

郝美玲

北京语言大学，教授

电子邮箱：haomeiling@163.com

海外汉语课堂教师提问研究
——以墨尔本一所初中为例

李欣欣　刘苏乔

摘　要　课堂教学是学生学习汉语的重要途径，而对于在海外学习汉语的学生来说，课堂教学是他们学习汉语的主要甚至唯一途径。在课堂教学过程中，教师提问起着至关重要的作用，它不仅是教师输出的重要部分，同时也决定了学生输出的数量和质量。有效提问可以为学生使用语言提供机会，帮助教师了解学生进度和水平。同时，对于海外的汉语课堂教学来说，教师还应当利用课堂提问最大限度的帮助学生营造一种自然使用汉语的环境。

关键词　对外汉语教学　海外本土教师　教师提问

一、引　　言

对外汉语事业随着中国经济实力和综合国力的不断提升而迅速发展，这不仅表现在来华留学生的人数上，更体现在海外孔子学院和孔子课堂的蓬勃发展上。在国家汉办的大力推动下，孔子学院和孔子课堂在越来越多的国家和地区建立，经过不断发展和完善，为当地开展汉语教学做出了巨大贡献。海外的汉语教学催生了本土化的汉语教师及教材，这为我们对外汉语教学研究提供了新角度、新内容。

海外本土汉语教师有着国内汉语教师所不具备的优势。首先，他们本身也是语言的学习者，他们更了解学生在学习过程中可能会出现的问题，也更善于从学生的角度出发帮助学生解决问题；其次，他们的教学方法和教学理念来自于本国的教育系统，更适合学生的学习习惯。另外，海外的汉语教学是在学生所熟悉的环境中展开的，省去了学生适应新环境的时间，同时学生心理上的安全感更强，有助于缓解学生的紧张和焦虑情绪。当然，海外的汉语教学也存在一些局限性。比如语言环境不利于学生用汉语进行交际，本土教师本身的汉语水平有限等等。

因此加强国内外的汉语教学交流和沟通是非常必要的。本文试图通过描写澳大利亚一所私立学校初中部的汉语课堂教师提问情况，分析汉语教师的教学特点与技巧，总结教师提问的优点和存在的不足，为国内外的汉语教师们提供一些借鉴，让教师设计的课堂提问更具有针对性，同时也为以后赴澳汉语志愿者了解当地教学情况提供帮助。

二、对于教师提问的研究

1. 国外的研究情况

国外的学者一直很重视对教师提问的研究。早在 1912 年美国学者 Stevens 就对教师提问进行了较为系统的研究，他发现在课堂教学中教师的提问和学生的回答所占比重很大。特别是对于语言教学，教师提问被认为是多年被关注的焦点问题（Nunan，1991）。20 世纪 80 年代，教师提问成为第二语言习得研究的一个独立领域，学者们开始对这个问题进行更专注、更深入的研究。

（1）提问的分类

Bloom（1956）从认知深度的角度制作了“布鲁姆分类表”（Bloom’s Taxonomy），从而将教师提问分成了识记、理解、应用、分析、综合、评价六种。1986 年 Barnes 将提问按照提问词分成了四类之后，又将 what/why 开头的提问进一步分成封闭性问题和开放性问题（close/open question）两类。Chaudorn（1988）的分类影响也比较大，他将提问分为聚合性问题和发散性问题（convergent/divergent questions）两类。现在学者普遍接受 Long 和 Sato（1983）的分类方法，即将提问分为展示型问题和参考性问题两类（display/referential questions）。展示型问题相对比较封闭，答案唯一，教师在提问之前就已经知道了问题的答案，因此这类问题多被用于复习已学知识，或者检验学生对知识的掌握情况；而参考性问题相对比较开放，可以产生很多不同的答案，教师在提问之前很难对答案进行准确的预设，多用来引导学生表达自己的观点，或对某一问题进行讨论。

（2）提问的技巧

为了实现提问的目的和功能，提问的技巧显得尤为重要。外国学者（Jacobsen，1985；Ornstein，1990；Peacock，1990；Perrott，1982）认为提问的技巧主要有三种：即追问、转移和激励。追问多用于学生的答案基本正确，但是回答不够深入的时候，教师通过进一步提出更深层次的问题，帮助学生“透过现象看本质”。转移指的是提问对象的转移，比如用一个开放性的问题提问多个学生，或者是在一个学生回答不出问题的时候提问另一个学生。激励是在学生的答案不正确，或是完全回答不出的情况下，给学生提供一些线索，帮助学生在提示中找到正确答案。本文就是根据追问、转移和激励三类对教师提问的技巧进行分析。

（3）提问的数量及分配

心理学家 Stevens 在 1912 年通过实证主义研究指出，教师每天大约提问 395 个问题，而且教师之间的差异巨大。

Good 和 Brophy（1987）认为提问的分配应平均，要让每个学生都有回答问题的机会。而 Nunan（1991）通过观察发现教师分配问题时并不能照顾到全班同学。

（4）等待时间

提问之后教师的等待时间也是教师提问的一个重要方面。在 Rowe（1974、1986）所观察到的课堂中教师等待的时间不足一秒，他认为如果教师将等待时间延长到三到五秒，提问的效果会更好。Nunan（1991）通过观察总结出了教师延长等待时间的八大好处。然而，在 White 和 Lightbown（1984）对外语课堂的调查中显示教师提问后的平均等待时间仅为 2.1 秒。

2. 对外汉语界的研究情况

对外汉语课堂的教师提问研究成果比较丰富。从课型来分，有口语课、听力课、听说课、综合课、阅读课和操练课；从学生水平来看，分为初级和中级。根据语言项目和国别来分，有美国（哈佛北京书院）、意大利和韩国班、欧美班。

除此以外，马欣华（1988）从作用、类型方面分析了课堂提问，认为“课堂提问无疑是训练学生语言熟巧的重要方法之一”。周翠琳（1997）从目的、方式、内容及教学法的角度对提问进行了区别分类，并且指出了提问的技巧：问之有方、问之有效、问之有序、问之有节、问之有趣。刘晓雨（2000）从学习心理的角度研究如何通过提问来激发学生的反应，从而加强学生课堂参与度，激发学生学习自主性。靳洪刚（2004）提出了一种互动式教师提问培训模式，分为以下三部分：第一，帮助教师建立有关提问的理论框架；第二，系统地分析教学过程，使教师理解提问的功能和效应以及提问和互动的关系；第三，通过教学观摩对教师进行培训。亓华、杜朝晖（2009）通过对北京师范大学中级会话课教师提问策略进行量化统计分析，发现有些教师对课堂提问策略缺乏理论自觉，对话题链的使用不够娴熟，提问转移的技巧也有待提高。马青（2012）用数据统计的方法分析了意大利小学、中学、大学老师提问的频率、重复率以及问题的类型。

3. 小结

总体来看，教师提问理论体系已经得到了很好的构建和发展，而课堂教师提问存在的问题也得到了很多国内外学者的重视。对外汉语界在这个问题上虽然起步较晚，但是发展迅速，相关的研究已经非常丰富，但是主要集中在对国内汉语课堂的研究上，对于海外对外汉语课堂的教师提问，特别是海外本土教师是如何处理和把握教师提问的，还很少有研究涉及。澳大利亚的对外汉语教学发展迅速，越来越多的学校开展汉语课，很多学生从学前阶段就开始接触和学习汉语，然而对澳大利亚汉语教育的研究都比较概括，并没有走入真实的课堂关注课堂教学的环节和方法，因此在课堂教学方面还需要更多的关注和研究。

三、教师提问的统计与分析

1. 研究对象

本文的研究对象为澳大利亚墨尔本地区一所私立学校初中七、八两个年级汉语课的课堂教师提问情况。该学校初中部的设置只有七、八两个年级，共有汉语教师一名，来自汉办公派的汉语教师志愿者一名。学校的汉语教学已经有三十多年的历史，在整个墨尔本地区，该校的汉语教学都是走在前列的。教师为本土教师，即完全没有汉语背景的澳大利亚人，所用的教材也是自己编写的，本土教师和自编教材都极具典型性。

2. 研究方法

课堂观察法。笔者利用在澳大利亚墨尔本一所私立学校的初中部做汉语教师志愿者的机会，走进课堂，全程观察和参与汉语课堂教学活动，特别是对于老师提问中的一些情况进行了一些记录，以此来弥补课堂录音不能记录画面的不足。同时，观察课堂教学的全过程也让笔者对于教师提问的效果、学生的参与度等方面有了一个直观、真实的感受。

数据统计法。笔者首先对二十节课堂教学情况进行录音，在此基础上对录音中涉及的教师提问的内容进行文字转写，根据录音以及转写的文字材料对教师提问的相关问题进行数据统计。

统计分析法。在对教师提问相关问题进行统计的基础上，概括该校教师提问的特点，分析评价教师提问的效果，总结其优点和不足，大致描绘该校初中部汉语课堂教师提问的情况。

3. 提问的种类

本文采用目前被学者普遍接受的 Long 和 Sato（1983）对提问分类的方法，将提问分为展示型问题和参考性问题，通过数据分析，我们得到图 1。

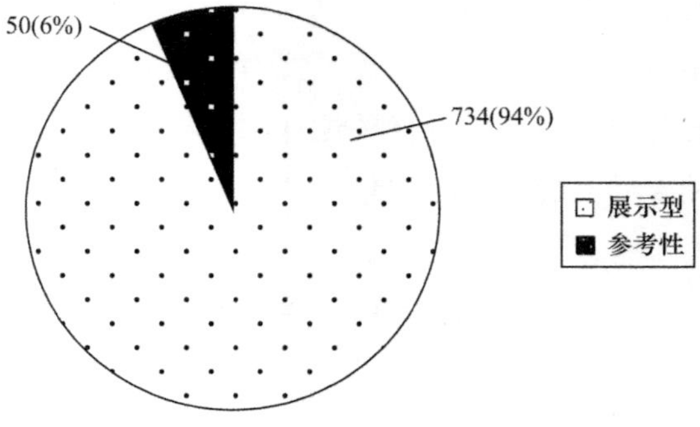

图 1　提问种类饼状图

根据上图我们可以看出老师的提问主要以展示型问题为主，这一点跟国内汉语教师的处理方式类似。特别是对于初级汉语教学来说，参考性问题对于学生的水平要求过高，而且针对基础的教学内容，设计参考性问题比较困难。

而对于这两种不同的问题类型，学生的回答情况如表 1 所示。

表 1　两种问题类型学生回答情况统计表

	学生回答		老师回答或无人回答	
展示型问题	588	80.1%	146	19.9%
参考性问题	46	92%	4	8%

展示型问题和参考性问题学生回答的比例都很高，但是参考性问题学生回答的比例还是高出了展示型问题。这说明对于参考性问题，学生回答的热情更高，而且对学生来说参考性问题不一定就难于展示型问题。

展示型问题帮助学生夯实语言点，操练词汇及句型，同时也帮助老师检验教学成果，以便及时调整教学内容及进度。特别是对于初级水平的学生来说，展示型问题在教学过程中是不可或缺的。但是展示型问题一般只存在于课堂中，缺乏真实性，交际性不强。为了让我们的课堂教学过程更接近于日常交际的情况，就需要老师在提问的过程中增加对参考性问题的设置。

4. 提问的技巧

提问技巧主要分为三种不同类型，分别是追问、转移和激励。三种不同提问技巧的具体使用比例如表 2 所示。

表 2　提问技巧类型统计表

追问		转移		激励		总计	
87	11.1%	61	7.8%	44	5.6%	192	24.5%

根据上表，我们可以看到老师使用提问技巧的统计情况。

对于追问来说主要有两种使用情况。一种是在学生回答不完整时，老师通过追问来使学生将答案补充完整。例如：

（1）T：谁能告诉我今天的日期？

S：今天是八月。

T：八月几日？

S：八月十五日。

对于初级水平的学生来说，回答问题“丢三落四”的情况很难避免，这时就需要老师进行追问，帮助学生说出完整、准确的答案。在这个过程中，老师应该注意在最后应当让学生自己完整的重复一遍问题的答案，否则回答“断断续续”，对学生形成完整回答问题的意识帮助不大。

另一种情况是，学生的回答已经基本完整、正确，但是为了让学生加深对问题的认识而进行追问。例如：

（2）T：十一点零三分。What can you tell me about this form?（关于这个形式你可以告诉我什么？）

S：You used zero.（你用了零）

T：Yes，why do we need zero here?（对，为什么在这儿我们要用零？）

学生很多时候在回答老师问题的时候只回答了“表面”，特别是对于初中生来说，很多时候他们并不能自觉看到问题的深层原因，这就需要老师通过进一步追问，刺激学生进一步对问题进行更深入的思考，从而加深对问题的认识。

转移的两种情况分别是在学生回答不出时，让另一位学生进行回答，以及对于一些参考性问题，由于答案具有多样性，因此可以让多位同学进行回答，从而让学生形成一定范围的讨论，帮助学生了解别人的不同看法和意见。对于第一种情况我们应当尽量避免。老师在设计问题时，应该先对学生的回答进行一些预设，将问题分为难、易、适中等几类，根据学生的实际水平有选择的让学生回答难易程度适合自己水平的问题。否则，总是一位学生回答不出然后再选择另一位学生进行回答容易打击学生的自信心和积极性，让学生产生焦虑、紧张的情绪以及挫败感。而第二种类型的转移可以提高学生的开口率，活跃课堂气氛，增强师生互动和生生互动，是一种值得老师好好研究如何多用、用好的提问技巧。

激励是在学生不会回答时老师对学生的提示，这里的提示主要有两种情况。一种是老师只是帮助学生进行思考，提示的内容并不涉及问题的答案。例如：

（3）T: What is the meaning of “看”？（“看”是什么意思？）
S: ……
T: Look at this part, it is a “目”, eye.（看这一部分，是“目”，眼睛。）
S: Looking.（看。）

另一种是老师说出答案的一部分作为对学生的提示。如：

（4）T: French 怎么说呢？
S: ……
T: 法？
S: 法语。

第一种方式让学生完全自己说出答案固然很好，但是对于初级水平的学生来说，有时候很难用这种提示的方式帮助学生说出正确答案。因此，更多的情况下老师会选择采取第二种提示方式。使用第二种提示方式无可厚非，但是这种情况下，学生通常仅仅将老师的答案补充完整，这时老师要注意让学生说出完整的答案。

5. 提问的数量

中小学的汉语课每周次数有限，课堂教学的五十分钟会被汉语教师分为几个板块，有侧重点地进行组织教学。由于每堂课的侧重点有所不同，因此我们可以看到每节课的提问总数相差很大。除此之外，该校每节课的最后二十分钟通常被用来进行汉字测试，或者作为学生自习、提问时间，在这段时间内的师生互动形式多为一对一，非常不连贯，并且以学生向老师提问为主，实际上减少了“正常”上课的时间，影响提问数量。根据统计，在 20 个被试录音中，提问总数最多的有 64 次，而最少的只有 17 次。

具体的统计情况如图 2 所示。

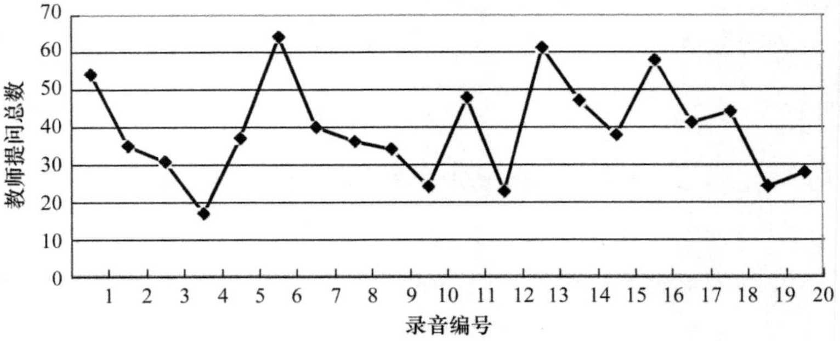

图 2 每节课教师提问总数统计图

在 20 次的录音当中，教师每节课平均提问次数为 39.2 次，教师平均每节课的讲课时间为 20.5 分钟，因此在正常讲课的时间里，每分钟平均提问 1.91 次。根据曾玉（2003）对国内七位汉语教师提问数量的统计显示，教师平均提问频率为 1.34 次每分钟。因此，该老师的平均提问频率还是比较高的。但是提问的数量多只是一个方面，仅有“量”并不能保证教师提问的效果。

6. 提问的分配

在教师提问之后，对于问题的分配情况主要有教师指定学生回答，学生自愿回答两种情况。而根据学生回答的人数分，又可以分为个人回答、小组回答、全班齐答等。从该校汉语课堂的实际情况来看，对于提问的分配并不存在小组回答的情况，而全班齐答其实是学生自愿回答的一种形式，即在教师并不指定学生进行回答的情况下，由全班一起对问题作出回答。为了更好地区分概念，我们在此规定，指定回答指的是由教师直接选择学生回答特定问题，自愿回答指的是有回答意愿的学生单独完成对自己意见的表述，而齐答指的是由多名学生一起回答，且答案较为统一。这三种情况的数量及所占比例请看图 3（见下页）。

根据上图我们可以看到问题的分配主要以学生自愿回答为主，占总数的 55%。在自愿回答这种情况下，老师的处理主要有两种方式：提出问题，

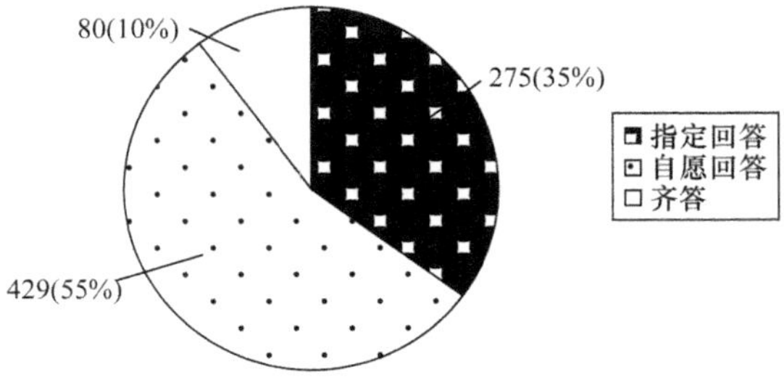

图 3　问题分配饼状图

愿意回答的学生举手，在老师的组织下有秩序地回答；提出问题，学生自由进行意见表述。对于一些难度比较大的问题，老师希望对回答正确的学生有所奖励时，通常采取第一种处理方式。有时在使用第二种处理方式的过程中，如果课堂出现混乱、失控的局面，老师也会转为使用第一种处理方式。而对于一些开放性比较强的问题，老师一般倾向于第二种处理方式，以便营造出一种轻松的讨论氛围，有助于激发学生灵感，让学生能够畅所欲言。

教师指定学生回答的情况占总数的 35%，主要存在于课堂刚开始时的复习环节。在复习环节中，教师占有对问题的绝对分配权，这样可以有选择地对学生进行更有针对性的提问，提高复习和检查的效率。在复习提问时，对于一些简单的问题老师倾向于指定一些课堂参与度不高或者对于学习困难比较大的学生进行回答。在学生不能对问题进行回答时，老师会在指定水平比较高的学生回答后，再让这些之前回答不出的学生进行回答。指定学生回答的方式有助于平均每个学生在课堂中的“话语量”，同时也帮助老师了解每位学生对所学内容的掌握情况，有利于老师对教学内容的调整和教学进度的控制。

学生对问题进行齐答的情况只占总数的 10%，和国内的对外汉语教师相比，这个比例明显偏低①。从对课堂观察的情况来看，即使在学生进行齐答的时候，也是学生“自发”进行的，没有教师让全班齐答的情况，这一

① 根据曾玉（2006）在《对外汉语教师课堂提问的初步考察》一文中对七位汉语教师提问的统计数据来看，齐答分别占到提问总数的 29%、9.5%、37.1%、9.1%、44.7%、29.7%和 74.3%。

点也与国内的汉语教学差别很大。其原因主要在于当地的教育强调学生的特点和差别，因此很少会出现老师“规定”答案，或者根据教材内容回答，因而学生的答案很难统一，教师组织学生齐答的难度较大。另外学生齐答的针对性不强，很难在学生的齐答中发现每个学生出现的不同问题，难以避免“滥竽充数”情况的出现。但是不能否认，在课堂教学时间有限的情况下，齐答是一种提高学生开口率的有效方法。

7. 等待时间

该校的学生课堂活跃度比较高，而老师在提问时又多采用自愿回答的形式，因此知道答案的学生往往立即就对问题进行了回答。而对于那些指定学生进行回答的问题以及提问后没有学生立马进行回答的问题，老师的等待时间还是比较长的。根据我们的统计，在这些情况下该老师的平均等待时间为 4.4 秒，这符合 Rowe（1974、1986）所认为的比较合适的等待时间在三到五秒的观点，同时也长于很多研究中所提到的国内汉语教师一到两秒的等待时间。

国内汉语教师的等待时间普遍较短，一方面是由于国内的汉语教学对课程进度的要求较高，老师需要在较短的时间完成指定的教学任务，因此在时间上压力较大；另一方面在于老师在课堂上的机械训练比较多，问题相对简单，答案唯一，因此学生所需要的思考时间也相对较少。而该学校对于汉语教师的教学进度没有明确要求，汉语课的目的更多的是培养学生对汉语的兴趣，增加对中国文化的了解，因此老师的课堂教学节奏较慢；同时机械训练较少，老师倾向于提问较有挑战性的问题，因此学生需要的思考时间较长。

给学生适当多一些等待时间可以让学生更好地对问题进行思考，同时也可以适当放慢课堂教学节奏，减轻学生的紧张和焦虑情绪。但是如果老师提出的问题学生都需要很长时间的思考才能做出回答，有可能是老师的问题设置出现了问题，问题太难，或者是学生根本没有理解老师的问题。经过统计我们看到在给了学生思考时间之后，学生还是没有回答上来问题的情况有 48 次，占所有问题的 6%。其中由老师自行回答的有 23 次，无人回答的有 25 次。对于这些问题老师留给学生的思考时间其实就被浪费掉了，等待时间并没有换来正确的答案。因此，我们一方面强调老师应该适当增长等待时间，另一方面也要提高提问的技巧以及问题的质量，否则等待时间只能变成浪费时间。

四、结　语

在提问方面，该老师有很多方法是值得我们学习的。首先，该老师注重培养学生思考的能力，比较重视参考性问题的使用；在设计问题时注意问题的真实性，尽量减少纯机械性的缺乏交际性的问题。其次，适时适量使用提问的三种技巧，帮助学生进行思考，提高学生问题的回答率以及回答的正确率。再次，老师利用大量的问题抓住学生的注意力，鼓励学生表达自己的观点和意见，活跃课堂气氛，加强师生互动。第四，给学生足够的时间进行思考，适当放慢课堂节奏，减轻学生的焦虑感和紧张感，课堂氛围轻松、愉快。最后，学生的参与度较高，在整个课堂中师生是在一种融洽的关系下对不同问题进行探讨。

但是这里也存在一些问题值得我们讨论和注意。首先，我们要关注提问的量，但是更要关注问题的质。问题过于简单，学生的水平得不到提高；问题过难，学生答不上来，不仅浪费了时间，同时也打击了学生的自信心。其次，大部分问题采用自愿回答的形式，容易造成问题分配不均衡，老师很难了解到上课不积极回答问题的学生的学习情况；同时程度好的学生会在老师提问后马上给出答案，剥夺了其他学生思考的机会。最后，老师的问题应该尽量留给学生来回答，该老师自己回答自己问题的情况略为偏多，有些时候甚至完全没有给学生尝试回答的机会就自己进行了回答，这些问题没有达到师生互动的目的，仅仅是为了提问而提问，意义不大。

本文的研究对象局限于一所学校的一位老师，不能代表其他老师或其他学校的情况；另外，本文作为一个描写性研究，对于教师提问所存在一些问题的分析还比较粗浅。今后的研究可以一方面扩大样本数量，另一方面深刻分析教师提问存在问题的原因以及解决方法。

参 考 文 献

靳洪刚. 2004. 中文教师提问能力的培训. *Journal of the Chinese Language Teachers Association*, (3): 29-50.

刘晓雨. 2000. 提问在对外言语课堂教学中的运用. 世界汉语教学, (1): 70-76.

马青. 2012. 意大利汉语课堂师生互动研究. 上海: 华东师范大学硕士论文.

马欣华. 1988. 课堂提问. 世界汉语教学, (1): 47-48.

亓华, 杜朝晖. 2009. 中级汉语会话课提问策略研究. 汉语学习, (5): 86-92.

曾玉. 2006. 对外汉语教师课堂提问的初步考察. 北京: 北京语言大学硕士论文.

周翠琳. 1997. 课堂提问刍议//北京语言文化大学汉语速成学院编. 汉语速成教学研究. 北京: 北京大学出版社: 46-48.

Barnes, D. 1986. Language in the secondary classroom. In D. Barnes, J. Britton & H. Rosen (Ed.), *Language, the Learner, and the School.* Harmondsworth, Middlesex: Penguin Books.

Bloom, B. 1956. *Taxonomy of Educational Objectives: The Cognitive Domain.* New York: David Makay. Co.

Chaudorn, C. 1988. *Second Language Classrooms: Research on Teaching and Learning.* UK: Cambridge University Press.

Good, T. & Brophy, J. 1987. *Looking in Classrooms.* New York: Harper & Row.

Jacobsen, D., Eggen, P. & Kauchak, D. 1985. *Methods for Teaching: A Skill Approach.* Columbus: Charles E. Merrill Publishing Company.

Long, M. & Sato, C. 1983. Classroom foreigner talk discourse: forms and functions of teacher's questions. In L. Seliger & M. Long, (Ed.), *Classroom Oriented Research in Second Language Acquisition* (pp. 268-285). Rowley, MA: Newbury House.

Nunan, D. 1991. *Language Teaching Methodology.* New York: Prentice Hall.

Ornstein, C. 1990. *Strategies for Effective Teaching.* New York: Harper & Row.

Peacock, C. 1990. *Classroom Skills in English Teaching.* London: Routledge.

Perrott, E. 1982. *Effective Teaching: A Practical Guide to Improving Your Teaching.* UK: Longman Group Limited.

Rowe, M. 1974. Pausing Phenomena: Influence on the Quality of Instruction. *Psycholinguistic Research*, 3(3): 203-224.

Rowe, M. 1986. Wait-time: Slowing Down May Be a Way of Speeding Up!. *Journal of Teacher Education*, 37: 43-50.

Stevens, R. 1912. *The Question as a Measure of Efficiency in Instruction.* New York: Teachers College, Columbia University.

White, J. & Lightbown, P. 1984. Asking and Answering in ESL Classes. *Canadian Modern Language Review,* 20(2): 228-244.

Teacher Questioning in Overseas Chinese Language Class: A Case Study of A Secondary School in Melbourne

Abstract Teachers' instruction in classroom is an important way for students to learn Chinese. Especially for the students who study Chinese overseas, teachers' instruction in classroom might even be their main way or the only method to study Chinese. During the teaching and learning process, teacher questioning plays an important role: it not only constitutes the crucial part of teachers' output, but also determines the quality and quantity of students' output. Effective questions can provide students opportunities to use Chinese language, and help teachers to better understand students' proficiency and problems. At the same time, teachers of Chinese working overseas need to try their best to create natural and real circumstances for the students to speak Chinese by initiating good questions.

Key words Teaching Chinese as Foreign Language, Overseas Chinese Native Teachers, Teacher Questioning

李欣欣

澳大利亚蒙纳士大学，博士在读

电子邮箱：xinxin.li@monash.edu

刘苏乔

北京语言大学汉语学院，副教授

电子邮箱：sqliu6688@126.com

基于案例的商务汉语教学与商务案例教学之辨析

吴淑姣

摘　要　近年来，案例在商务汉语教学中的使用越来越多，一些研究开始探讨案例教学法在商务汉语教学中的运用。然而，基于案例的商务汉语教学就是一种案例教学吗？源自哈佛大学的案例教学法适用于商务汉语教学吗？在探讨“基于案例的商务汉语教学”和“案例教学”的概念、实施过程及特点的基础上，本文对二者进行了细致的比较分析，进而指出“基于案例的商务汉语教学”不是真正意义上的案例教学，不能将“商务案例教学”的模式直接移植到“基于案例的商务汉语教学”中。

关键词　案例　商务汉语教学　案例教学　比较分析

一、问题的提出

商务汉语教学，确切地说是“作为第二语言的商务汉语教学”，是一种专门用途语言教学，它面向以汉语为第二语言的学习者，根本任务是“使学习者具备运用汉语进行商务实践的能力”（对外经济贸易大学国际商务汉语教学与资源开发基地，2012：12）。为了培养学习者在商务实践中运用汉语的能力，商务汉语教学在内容上和方法上都必须突出实践性这一重要特征。

教学内容的主要载体就是教材。为了拉近与真实商务活动的距离，一些商务汉语教材开始引入真实的商务案例，北京大学出版社 2005 年出版的《成功之道：中级商务汉语案例教程》就是一个开创性的例子。其后，在名称中使用“案例”字眼的商务汉语教材不断出版，如：《商务汉语经济案例阅读教程》（北京大学出版社，2006）、《商务汉语广告案例阅读教程》（北京大学出版社，2008）、《纵横商务汉语案例教程》（高等教育出版社，2013）、《纵横商务汉语跨文化交际案例教程》（高等教育出版社，2013）、《纵横商务汉语日本企业案例教程》（高等教育出版社，2015）、《商务中文案例教程：策略卷/文化卷》（中国出版集团中译出版社，2015）。事实上，很多商务汉语教材虽然在名称中没有包括“案例”二字，但也在教材内容中使用了大量真实的案例材料，如《新思路·商务汉语综合教程》（对外经济贸易大学出版社，2010）、《高级商务汉语阅读》（华东师范大学出版社，2010）、《纵横商务汉语·高级综合教程》（高等教育出版社，2012）。

上述以真实案例为素材的商务汉语教材，无一例外地都通过删减、改写控制案例的语言难度，给出词语列表，并设计了语言点处理的板块，配置有语言练习题。商务专业知识只是渗透在案例中，或者以“小知识”这类补充形式出现。这表明上述教材属于“语言教学主导型”教材，而不属于“内容教学主导型”或者说“商务知识主导型”教材（吴中伟，2008）。这与商务汉语教学作为专门用途语言教学的需求是高度吻合的，为开展“基于案例的商务汉语教学”奠定了重要基础。

随着案例材料在商务汉语教学中的广泛使用，在商务汉语教学方法的研究领域，不少论文开始关注源于哈佛大学的“案例教学”或“案例教学法”。温晓芳（2008）认为案例教学法的特点非常符合商务汉语教学的需要，但却把“组织模拟商务活动，让学生在活动中不断重复使用各种商务术语、习惯用法”、“组织学生去银行或贸易公司实地练习和参观”等实践性教学活动与案例教学法混为一谈。苗欣（2011）也强调在商务汉语教学中应用案例教学法的必要性，探讨了商务汉语教学中的案例设计和案例教学的课堂组织。李铭娜（2008）、宋清（2011）结合具体案例材料举例说明了案例教学法在商务汉语特别是中高级商务汉语教学中的应用。然而，这些研究都把运用案例材料进行商务汉语教学直接和“案例教学”、“案例教学法”画上了等号，并以此为基础展开讨论，甚至直接把哈佛案例教学法照搬到商务汉语教学中，探讨其适用性和实施步骤。

相比之下，王轩（2006）肯定了将案例教学法引入专门用途汉语教学的意义，但创造性地提出了“以案例为基础的汉语教学法”的概念，显得更为审慎和贴切。黄锦章（2011）则明确指出“案例教学适用于专业技术领域。在商务汉语国际教育中导入案例教学必须解决商务知识与语言能力的平衡问题”，因此，需要“将案例教学和与之相匹配的第二语言教学法进行对接，形成新的基于案例的商务汉语国际教育模式”。这是富有启发性的观点。

基于以上教材和文献分析，加上对自身教学实践的反思，笔者希望通过本文的研究厘清一个基本的概念问题：“基于案例的商务汉语教学”是一种“案例教学”吗？与之密切相关的问题还有，哈佛“案例教学”模式适用于商务汉语教学吗？“案例教学法”的提法用于商务汉语教学及其研究中是否恰当？为此，本文将分别探讨“基于案例的商务汉语教学”和“案例教学”的概念、实施过程及特点，在此基础上，对二者进行细致的比较分析，进而得出本文的研究结论。

二、基于案例的商务汉语教学：概念、实施过程和特点

1. 基于案例的商务汉语教学的概念

王轩（2006）曾提出“以案例为基础的汉语教学法”的概念，并将其界定如下：“以案例为基础的汉语教学法是以培养汉语交际能力及提高汉语综合能力为目标，以汉语案例为教学内容，以案例讨论为课堂主要教学组织形式，通过学生阅读、分析案例，小组和集体讨论案例，撰写案例报告等方式来实现的对外汉语教学方法。”其概念解释涵盖了教学目标、教学内容、教学组织形式和环节等方面。笔者认为，“以案例为基础的汉语教学法”并不是真正意义上的汉语教学法，而是一种教学过程或教学活动，因而，本文使用“基于案例的商务汉语教学”这一提法，将其作为一种教学过程而非教学方法来研究。

借鉴“以案例为基础的汉语教学法”的定义，结合商务汉语教学作为专门用途语言教学的特殊性质和目标，并融入自身课堂教学实践的经验，

笔者将“基于案例的商务汉语教学”定义如下：

以真实但控制语言难度的商务案例为教学内容，以围绕案例内容的讨论为课堂教学的重要组织形式，通过阅读分析案例、小组和集体讨论案例、完成口头和书面案例报告，全面提高学生在商务实践中的汉语听、说、读、写能力，并结合穿插其中的教师讲授、总结和专项练习实现商务知识、语言知识的积累和强化的商务汉语教学过程。

以下将具体讨论其实施过程。

2. 基于案例的商务汉语教学的实施过程

黄锦章（2011）总结了目前在商务汉语国际教育中运用案例的两种方案：一是直接导入案例教学法，让学生搜寻并阅读大量与案例有关的资料、展开课堂讨论、撰写案例报告，使学生在掌握商务知识的同时，提高汉语能力。二是“采取双轨制，即主课文采用案例，导入商务知识，练习部分抓语言训练，提升学生的语言能力”，突出语言课的特点。

第一种方案是直接从哈佛 MBA 教育中移植过来的案例教学，一些已有的相关研究主张的即是这种方案，如“教师导入案例—学生分组和集体讨论—教师点评—学生撰写总结报告”的教学步骤（苗欣，2011）。这种方案忽视了语言教学的特殊限制条件和核心教学目标。即使是汉语水平达到高级阶段的学生也很难自主完成前期的资料准备和阅读，作为核心环节的课堂讨论就无法有效进行。并且，即使这样的案例教学能够成功开展，它与以母语或熟练语为媒介的、着眼于商务专业知识积累和商业实践能力培养的案例教学又有何不同？在这样的教学过程中，商务汉语教学“培养商务实践中的汉语运用能力”这一核心目标让位于商务知识和技能的培养。

第二种方案近似于“仅仅用案例替换传统的课文”，而在教学中仍花大量时间讲解、操练词汇和句型，商务汉语教学的专业特色主要通过某些词汇和句型来体现，教学中使用的案例有时甚至不是真实、完整的语篇，而只是一些小故事或话题，或是模拟会话。这种方式目前仍广泛存在于商务汉语教学的实践中，也不符合“基于案例的商务汉语教学”的概念。沈庶英（2012）认为，商务汉语教学要求把语言技能与商务知识有机结合，以商务知识为内容进行第二语言教学，学生在二语习得的过程中学习商务知识。“基于案例的商务汉语教学”也应该贯彻将商务案例的教学和语言教学有机结合的原则，在上述两种方案之间，开辟一条新路。

一方面，应该借鉴“内容教学法”的理念（吴中伟，2008），使学生通过对商务案例内容的学习来学习第二语言。商务案例不仅是商务知识和语言知识的载体，也应该成为语言技能训练的内容依托。在围绕案例展开的各个教学环节，如阅读分析、小组和集体讨论、口头和书面报告，学生高频次地使用该案例情境中的常用词汇、表达式、段落衔接手段等进行读、说、听、写等各项语言技能的训练，从而达成商务汉语教学的核心目标。与此同时，学生也能积累丰富的商务背景知识，汲取相关的商务专业知识。

另一方面，也不能完全抛弃专门的语言教学环节。在阅读分析案例、小组和集体讨论案例等教学环节之后，应该穿插教师对语言知识的讲授和总结，进行少而精的语言知识专项练习，帮助学生梳理、巩固该课的重要语言点。这与任务教学法中第三阶段的“语言焦点（language focus）”有异曲同工之处（黄锦章，2011）。

综上所述，笔者认为“基于案例的商务汉语教学”应以案例内容教学为主线，在以学生为中心的课堂活动中辅助性地穿插专门的语言教学环节。其具体实施过程可概括为图 1（见下页）。

3. 基于案例的商务汉语教学的特点

结合以上论述，笔者认为“基于案例的商务汉语教学”具有以下特点：

其一，情境性和交际性。教学中使用的案例是真实的商务案例，它使学生置身于真实的商务情境中进行语言技能的训练，使商务汉语教学具有很强的情境性和交际性。

其二，以学生为中心。课堂教学活动以学生为中心，以课堂讨论为重点，鼓励学生在讨论过程中大胆地、创造性地使用汉语，从而提高汉语运用能力。

其三，体现内容教学的理念。教学过程以商务案例为基础和核心，案例是教学的主要内容，是课程设计的依据，把语言要素和语言规则作为辅助内容。

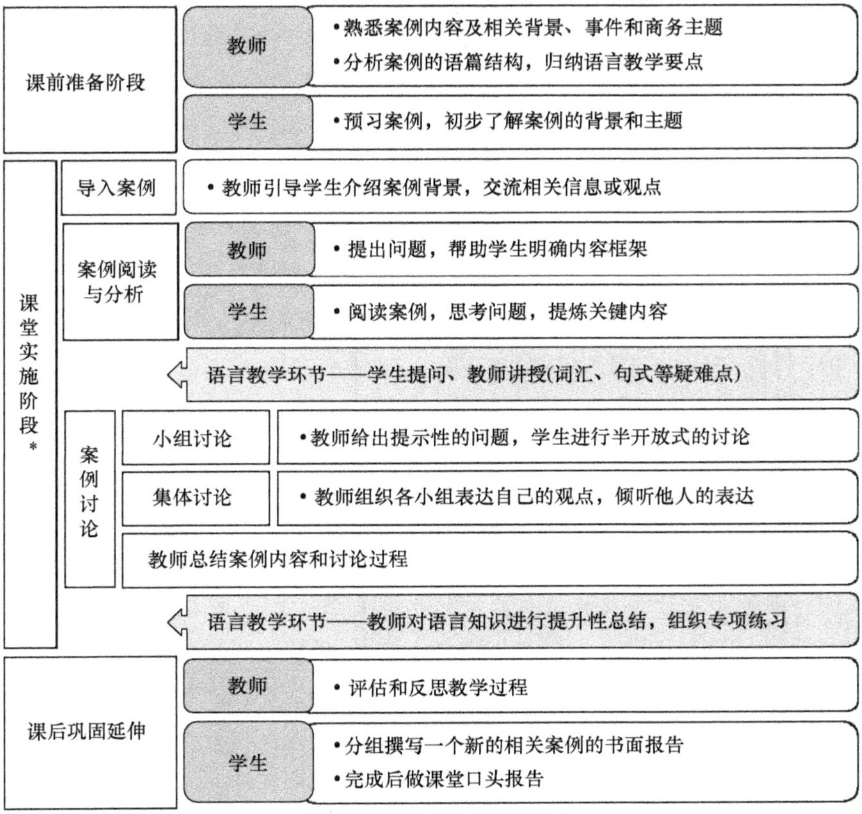

图 1 基于案例的商务汉语教学的实施过程

*对于篇幅较长的案例，这些步骤可以分部分循环进行

其四，体现语篇教学的理念。语言教学不是从词汇、句型、语法入手，而是从案例这一篇章整体入手，进行语篇教学，重视对案例整体意义和各部分内容的理解与表达，重视对篇章结构、衔接手段的分析（王轩，2006）。

三、案例教学：历史、概念、实施过程和特点

1. 案例教学的发展历史

案例教学由哈佛大学法学院于1870年率先使用，1910年左右，哈佛医学院也开始引入案例教学。1908年，哈佛商学院开始尝试在工商管理教育

中采用案例教学，并于1921年正式推行案例教学，大获成功，使案例教学在世界范围内产生了广泛的影响（杨光富、张宏菊，2008；何志毅、孙梦，2005）。20世纪70年代，案例教学开始被运用于教育学界特别是教师培训中（郑金洲，2002），成为教师职前教育的有效方法。

中国于20世纪80年代将案例教学引入工商管理教育中，20世纪90年代，随着MBA教育在我国的快速发展，案例教学的方法得以广泛传播（苏敬勤，2010），并被引入各级各类教学及教学研究中[①]。近十年来，越来越多的研究论文开始关注案例教学或案例教学法在商务英语、商务汉语教学中的运用，这也反映了商务英语、商务汉语教师在教学实践中引入案例教学方法的尝试。

2. 案例教学的概念

案例教学，英文为“case teaching”，哈佛商学院曾将案例教学界定为：“一种教师与学生直接参与，共同对工商管理案例或疑难问题进行讨论的教学方法。”[②]夏正江、梅珍兰（2004）将案例教学界定为：“师生围绕某个特定的案例事实展开相互作用，共同对案例情境中包含的疑难问题进行研讨与分析，以求解决疑难问题，做出相应决策的过程。”

由此可见，案例教学是一种教学方法，也是一个教学过程。“案例教学”和“案例教学法” 的概念内涵其实是一致的，其最典型、最常见的英文提法是“case method”，被译为“案例教学”、“案例教学法”或“案例法”。

哈佛商学院克里斯坦森教学研究中心的主题报告认为，“案例法是一种教师引导的、以讨论为基础的学习方式，它把复杂的、不确定的真实情境引入课堂，让学生扮演真实情景中的重要决策者。案例法不仅能使学生获得知识，更能帮助他们提高分析能力、决策能力、沟通技巧，培养自我

① 中国知网（cnki.net）文献搜索结果显示，案例教学及其研究遍及法学、医学、护理学、管理学、经济学、国际贸易、市场营销、保险学、会计学、信息技术、工程技术、语言、师范教育以及中小学数学、政治、地理、物理学科教学等领域。搜索结果参见 http：//epub.cnki.net/kns/brief/default_result.aspx [2016-08-26]。

② 转引自郑金洲. 2002. 案例教学：教师专业发展的新途径. 教育、理论与实践，(7)：37.

意识、判断力和领导力”（Christensen Center for Teaching and Learning，HBS，2016）。John S. Hammond（2002）指出，“案例法要求学生对商业从业人员面对的真实情境进行讨论，学生设身处地地分析经理人面对的情境，决定怎么做，并做好准备在课堂上陈述、支持自己的结论。”

从广义上讲，案例教学可以界定为：通过对一个含有问题在内的具体情境的描述，引导学生对这些特殊情境进行讨论的一种教学方法（郑金洲，2002）。

3. 案例教学的实施过程

哈佛商学院案例教学的基本实施过程为（Harvard Business School，2016）：（1）课前准备，包括个人准备和小组准备两个环节。在个人准备环节，学生阅读案例，以决策者的身份识别、思考所面临的问题；在小组准备环节，学生结成正式或非正式的学习小组进行课前讨论。（2）课堂讨论。学生积极发言和倾听，共同探讨案例中潜在的问题、比较不同的备选方案、提出行动计划；在这个过程中，教师适时地加以提问和引导。（3）课后反思和评价。学生对讨论的内容进行反思，教师对讨论过程进行评价和反馈。哈佛商学院特别强调学生在案例教学中的积极参与，学生的发言时间占课堂时间的85%。

郑金洲（2002）将案例教学的实施过程概括如下：（1）课前准备。教师要设计教学过程，找出案例中的关键问题，以引导学生讨论。（2）课堂实施。包括三个环节：①案例引入；②案例讨论；③概括总结。其中，“②案例讨论”又细分为“开始—讨论疑难问题—提供备选方案及确定最佳方案—讨论如何实施”四个步骤。在“③概括总结”环节，教师应总结案例的关键点、揭示相关理论，并对案例讨论过程进行评价。

夏正江、梅珍兰（2004）则分学生和教师两个方面总结了案例教学中“学”与“教”的基本程序，认为学生学习案例的过程包括：（1）课前案例学习准备。（2）课上案例讨论。（3）课后案例报告。而教师在案例教学中需要（1）选择和组织适当的案例材料。（2）指导学生为案例讨论作好准备。（3）主持课堂案例讨论，对课堂讨论加以总结。（4）布置案例作业，指导学生撰写案例报告。（5）对学生的案例学习表现进行评估。

综上所述，可以将案例教学的实施过程归纳为图 2。

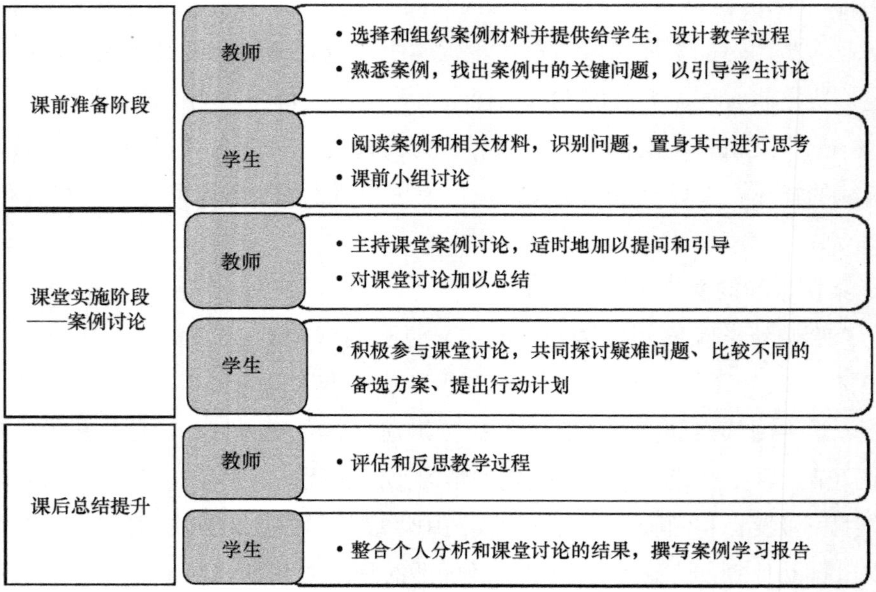

图 2　案例教学的实施过程

4. 案例教学的特点

根据现有的研究，案例教学的主要特点可以概括如下：

其一，实践性。源自真实职业场景的案例将学生置身于现实世界的问题和挑战中，学生要设身处地地发现、分析决策者面临的疑难问题，寻求解决方案。

其二，以学生为中心，强调自主学习和合作学习。案例教学法代表了从传统的、以教师为中心的教育模式向以学习者为中心的模式的转变，学生在自己和同伴的学习中起着主导作用（Christensen Center for Teaching and Learning，HBS，2016），通过案例讨论这一核心环节实现合作学习。

其三，以能力培养而非知识传授为教学目标。案例教学最重要的目标是发展学生的判断能力、思辨能力、分析技能、决策技能及沟通技能，其次才是使学生掌握具体的专业知识。

其四，开放性。与一般教学中学生被要求解答现成的问题不同，在案例教学中，学生要解决的问题并不是现成的，而是必须通过案例阅读和思考自己去发现、去鉴别。同时，由于案例反映的现实情境错综复杂，案例问题的解答往往是非唯一的，有时可能连教师也找不到最佳“答案”（John S. Hammond，2002）。

四、基于案例的商务汉语教学与商务案例教学的比较分析

以上分别阐述了“基于案例的商务汉语教学”和案例教学的概念、实施过程及特点，在此基础上，本文以下将对二者进行比较分析，探讨其相似之处和不同之处，进而得出研究结论。

如前所述，案例教学被广泛用于法学、医学、商学、教师教育等领域，为了和“基于案例的商务汉语教学”进行比较，以下将聚焦于商学领域的案例教学，并使用“商务案例教学”的概念指称之。

“基于案例的商务汉语教学”与“商务案例教学”存在一些相似之处，主要表现在使用的教学材料和课堂组织形式两个方面。

从教学材料来看，“基于案例的商务汉语教学”与“商务案例教学”都使用案例，所用的案例都来自商业实践中发生的具有普遍性、代表性的典型事例，使学生置身于真实的商业情境中，激发他们的学习兴趣和热情。

从课堂组织形式来看，“基于案例的商务汉语教学”与“商务案例教学”都非常重视课堂讨论，学生的主动性、参与性是课堂教学效果的决定性因素。

虽然有着上述两个方面的相似之处，“基于案例的商务汉语教学”与“商务案例教学” 在以下多个方面存在更为显著的不同之处。

1．教学性质和目标不同

“基于案例的商务汉语教学”本质上是作为第二语言的商务汉语教学，属于专门用途语言教学，而“商务案例教学”本质上是以母语或熟练语为媒介的商学领域的专业课教学，二者的性质截然不同。这也决定了二者在

教学目标上有着根本区别。

商务汉语教学的根本任务是“使学习者具备运用汉语进行商务实践的能力”，以全面提高学习者在商务实践中的汉语听、说、读、写能力为目标。“基于案例的商务汉语教学”自然也要服从于这样的教学目标。而“商务案例教学”的根本任务是培养学生对真实商业管理问题进行分析、沟通、判断、决策的能力，也就是培养经理人所需的职业能力。

在围绕案例展开的各个教学环节，“基于案例的商务汉语教学”与“商务案例教学”也有不同的具体目标。虽然，“基于案例的商务汉语教学”以商务案例为主要教学内容，以语言知识为辅助内容，但语言技能训练的目标是贯穿始终的。案例阅读和分析环节，主要提高学生的汉语阅读和理解能力；案例讨论和口头案例报告的环节，主要训练学生的汉语听说能力；书面案例报告环节，主要培养学生搜集汉语资料、用汉语阅读和写作的能力。

然而，在“商务案例教学”中，案例阅读和分析环节，主要培养学生识别商业管理情境中的疑难问题并加以分析、思考的能力；小组和集体讨论案例的环节，主要训练学生就疑难问题进行沟通、判断、决策的能力，而撰写案例报告的环节，旨在督促学生对前两个环节的学习进行整合和反思，以利于今后在相似情境下举一反三。

因此，在看似都使用案例的两种教学过程中，借由案例所要达成的目标却迥然不同。这也决定了二者对案例的编写有不同的要求。

2. 所用案例的类型及案例的作用不同

虽然“基于案例的商务汉语教学”与“商务案例教学”都使用源自真实商业实践的案例，但二者所用案例的类型及案例在教学中的作用截然不同。

苏敬勤、孙源远（2010）细致而清晰地阐释了“商业案例”和“教学案例”的概念，指出商业案例是“对企业的实际活动及其背后的逻辑关系的描述、解释和探索”，它讲述企业运营中遇到的各种问题，包括企业的成败得失、经验教训和方法路径，从而为其他企业的发展提供学习的模板和实践经验。撰写商业案例原则上必须出现企业的实际原型，案例中的企业名称、人物姓名以及所描述的活动都必须属实，是一种企业管理实践的实录。

但教学案例不是成功经验的介绍或失败教训的总结，而是“模拟一种实际的管理情境，给学生提供一个解决企业中实际问题的机会，训练学生分析问题、评价不同方案、最终进行决策解决问题的能力”。撰写教学案例要求有真实的企业原型，但可以对案例中的企业名称、人物姓名等细节适当进行虚拟，以保护相关企业的隐私。

何志毅、孙梦（2005）强调，好的教学案例“首先要有明确的教学目的，要与一个或数个理论点对应；第二要有丰富真实的企业数据，齐全的行业背景，且与案例中的角色和情景相关；第三要让案例使用者需要经过深入的讨论才能得到答案”。很显然，满足这几点要求的案例只适用于商学专业课的教学，而并不适用于商务汉语课的教学。

邢欣（2006）将案例分为“描述性案例”和“分析性案例”两种，指出描述性案例是把事情的经过“原原本本、具体生动地描述出来”，而分析性案例“除具有描述特点外，还包含着可供分析讨论的问题”。

将以上两种案例分类方法与本文所讨论的两种教学结合起来，可以作出如下判断：“基于案例的商务汉语教学”所使用的案例应该是商业案例、描述性案例，且编写者必须评估教学对象的汉语水平，对案例进行针对性的改写以控制其语言难度；而“商务案例教学”所使用的案例应该是教学案例、分析性案例，编写时基本不必考虑其语言难度。

同时，案例在两种教学中的作用也显著不同。在“基于案例的商务汉语教学”中，商业案例的首要作用是为学生进行语言技能训练提供源自商务实践的内容依托，其次，也能使学生熟悉案例所承载的商务知识和实践经验。而在“商务案例教学”中，教学案例的作用在于模拟真实商业情境的疑难问题，给学生提供发现、分析、解决问题的机会。

3. 教师的角色不尽相同

案例教学的课堂教学主要靠学生的参与来维持，案例讨论是案例教学的中心环节，因此，教师在案例教学过程中的角色主要是设计者、组织者、引导者和促进者，有时教师也会成为案例讨论的参与者（夏正江、梅珍兰，

2004；王轩，2006）。Chris Christensen 认为，案例教学法是“管理不确定性的艺术”，教师在案例教学中扮演着计划者、主持人、唱反调者、同学、裁判等角色（Christensen Center for Teaching and Learning，HBS，2016）。

在“商务案例教学”中，教师正是扮演着上述多重角色。由于案例教学法在一定意义上是与讲授法相对立的（郑金洲，2002），在案例教学的过程中，教师并不扮演传统教学中“讲授者” 的角色，课堂上也不存在权威。

那么，在“基于案例的商务汉语教学”中，教师的角色有哪些呢？

一方面，案例讨论是“基于案例的商务汉语教学”中十分重要的环节，教师同样要在其中扮演设计者、组织者、引导者、促进者及参与者的角色，让学生就案例内容进行充分的讨论和创造性的表达。不过，在课堂讨论中，在语言运用的准确性、得体性方面，教师很大程度上起着督导和权威的作用。

另一方面，通过对比图 1 和图 2，可以发现两种教学实施过程的最大区别——“商务案例教学”始终是围绕案例进行阅读、分析、讨论及总结，是在一个维度上推进教学过程；而“基于案例的商务汉语教学”除了在案例维度上展开教学，还要在其中穿插安排语言教学环节，以体现商务汉语教学以培养语言技能为主的目标。而在语言教学环节，教师仍保留了传统教学中讲授者和权威的角色。

4. 学生的任务不尽相同（表 1）

表 1 “基于案例的商务汉语教学”与“商务案例教学”中学生的任务

教学类型 阶段	基于案例的商务汉语教学		商务案例教学
课前准备阶段	初步了解案例的背景和主题。		① 阅读案例材料； ② 识别、思考案例中的疑难问题； ③ 与同伴进行初步讨论。
课堂教学阶段	① 阅读案例，思考教师提出的问题，把握关键内容； ② 积极参与课堂讨论，表达自己的观点，倾听他人的表达。	辅助性任务： 掌握相关商务知识和背景；学习某些语言点，完成相应的练习。	积极参与课堂讨论，共同探讨疑难问题，比较不同的备选方案、提出行动计划。
课后延伸阶段	撰写新的相关案例的书面报告，并做口头报告。		整合个人分析和课堂讨论的结果，撰写案例学习报告。

以图 1、图 2 总结的“基于案例的商务汉语教学”与“商务案例教学”的实施过程为依据，表 1 对两种教学中学生担负的任务进行了归纳和比较。从中可以看出：

第一，在课前准备阶段，“基于案例的商务汉语教学”只要求学生初步了解案例的主题和背景，这比“商务案例教学”对学生课前准备的要求低得多，是考虑了学生语言水平这一制约因素后的现实选择。

第二，在课堂教学阶段，在“基于案例的商务汉语教学”中，学生的主要任务是理解和表达案例的内容，训练相应商务情境中的汉语交际能力；而在“商务案例教学”中，学生的主要任务是探究案例中的疑难问题，寻求解决办法。

第三，在课后延伸阶段，“基于案例的商务汉语教学”要求学生就所学案例的主题搜集课外资料，完成新的案例报告，以巩固和运用在前两个阶段积累的知识和技能；而“商务案例教学” 要求学生整合前两个阶段的学习结果，撰写该案例的学习报告，其目的在于总结和深化。

5. 讨论在教学中的具体作用不同

尽管“基于案例的商务汉语教学”和“商务案例教学”都非常重视课堂讨论，不过，讨论在两种教学中的具体作用是不同的。

在“基于案例的商务汉语教学”中，学生通过讨论提高商务情境中的汉语听说能力，汲取商务知识和语言知识；而在“商务案例教学”中，学生在讨论中发展其判断能力、思辨能力、分析技能、决策技能及沟通技能。并且，“商务案例教学”中的讨论没有唯一正确的答案，问题的解决方案往往是多元化的；而在“基于案例的商务汉语教学”中，讨论通常是就案例内容展开的，大部分时候会指向某些或某个段落①，讨论中的语言表达正确与否也有比较明确的判断标准，讨论的开放程度要低得多。

五、结　　论

通过细致的比较分析，笔者发现，“基于案例的商务汉语教学”与“商

① 当然也不排除有开放性的讨论题目。

务案例教学”在教学性质和目标、所用案例的类型及案例的作用、教师的角色、学生的任务、讨论在教学中的具体作用等方面存在诸多不同，而其相似之处主要表现为都使用案例、都重视讨论。并且，二者相似的两个方面都包含了内在的不同之处。因此，我们可以得出这样的结论：“基于案例的商务汉语教学”与“商务案例教学”仅仅在外壳和形式上具有某些相似之处，在本质和内涵层面，二者存在许多根本的、显著的差异。“基于案例的商务汉语教学”不等于“商务案例教学”，不是真正意义上的案例教学，其所用的方法也不是“案例教学法”。

抛开两种教学在本质和内涵上的巨大差异，直截了当地分析、研究案例教学法在商务汉语教学中的运用是不合适的，更不能将“商务案例教学”的模式直接移植到“基于案例的商务汉语教学”中。

事实上，案例教学在法学、医学、商学教育中的成功实践很大程度上是由于这些教育是职业教育，案例教学法非常符合实际职业能力培养的需求（毛海利，2012）。然而，在语言教育领域，培养目标聚焦于语言知识和语言运用能力，这与职业教育显著不同。即使是在商务汉语教学中，语言运用能力的提高仍是核心的目标，我们不能直接将源于哈佛大学的“案例教学”、“案例教学法”引入商务汉语教学中。

探讨“基于案例的商务汉语教学”需要更多地借鉴语言学和教育学领域的研究成果，特别是融合近年来第二语言教学领域的理论和思想，如以学习者为中心的教学理念、内容型教学理念、任务教学法等。这也将成为笔者今后继续思考和研究的问题。

参考文献

对外经济贸易大学国际商务汉语教学与资源开发基地. 2012. 国际商务汉语年度报告. 北京: 高等教育出版社.

何志毅, 孙梦. 2005. 中国工商管理案例教学现状研究. 南开管理, (1): 91-95.

黄锦章. 2011. 关于案例教学的若干理论思考. 汉语学习, (2): 68-74.

李铭娜. 2008. 案例教学法在中高级商务汉语教学中的应用. 长春: 吉林大学硕士论文.

毛海利. 2012. 亚案例教学法的创设: 案例教学法的本土化. 课程教育研究, (20): 55-57.

苗欣. 2011. 案例教学法在商务汉语教学中的应用. 大庆社会科学, (1): 146-148.
沈庶英. 2012. 汉语国际教育视域下商务汉语教学改革探讨. 国家教育行政学院学报, (3): 53-56, 90.
宋清. 2011. 案例教学法在商务汉语中的应用. 上海: 复旦大学硕士论文.
苏敬勤, 孙源远. 2010. 商业案例、教学案例和案例研究的关系. 管理案例研究与评论, (3): 255-259.
王轩. 2006. 以案例为基础的汉语教学法初论. 北京: 北京语言大学硕士论文.
温晓芳. 2008. 从案例教学法看商务汉语教学. 语文学刊, (24): 125-126.
吴中伟. 2008. 论内容型教学及其应用(第九届国际汉语教学研讨会论文). 北京.
夏正江, 梅珍兰. 2004. 案例教学纵览: 分析与评论. 外国中小学教育, (10): 19- 25.
邢欣. 2006. 商务汉语案例阅读教材编写探讨(首届全国教育教材语言专题学术研讨会论文). 厦门: 厦门大学.
杨光富, 张宏菊. 2008. 案例教学: 从哈佛走向世界——案例教学发展历史研究. 外国中小学教育, (6): 1-5.
郑金洲. 2002. 案例教学: 教师专业发展的新途径. 教育理论与实践, (7): 36-41.
Christensen Center for Teaching and Learning, HBS. 2016. Case Method in Practice. http: //www.hbs.edu/teaching/case-method-in-practice/index.html [2016-8-24].
Harvard Business School. 2016. The HBS Case Method. http: //www.hbs.edu/mba/ academic-experience/Pages/the-hbs-case-method.aspx [2016-8-24].
John S. Hammond. 2002. Learning by the Case Method. http: //isites.harvard.edu/fs/docs/icb.topic1236622.files/CaseMethod.pdf [2016-8-24].

A Comparative Study on Business Case Teaching and Business Chinese Teaching Based on Cases

Abstract In recent years, more and more cases are being used in business Chinese teaching. The using of case teaching method in business Chinese teaching is under discussion in some papers. However, does business Chinese teaching based on cases belong to case teaching? Can the Harvard case teaching method be applied to business Chinese teaching? This paper discusses the concept, procedure and characteristics of both “business Chinese teaching based on cases” and “business case teaching” and makes detailed comparison of them. The conclusion is that "business Chinese teaching based on cases" is not real case teaching, and the mode of "business case teaching" cannot be used directly in it.

Key words Case, Business Chinese Teaching, Case Teaching, Comparative Analysis

吴淑姣
北京语言大学，讲师
电子邮箱：wu_shujiao@aliyun.com

汉语本体研究

汉语意合语法三十年

张　黎

摘　要　本文主要是展示和描写汉语意合语法近三十年的成长过程，以及在诸多方面的研究成果，同时，对汉语意合语法的基本理论作简明扼要的阐释。我们希望，通过这种历时性的回顾和总结，一方面能向学界和读者展示意合语法的来龙去脉和其现实价值，另一方面能还历史之本来面目，展示汉语语法学说史中一个精彩的、真实的篇章。

关键词　汉语意合语法　汉语语法史

0　前　　言

自意合语法 1987 年正式提出以来，已经整整三十年过去了。

回顾过去的三十年，意合语法有“小荷才露尖尖角”的觉醒，也有过“犹抱琵琶半遮面”的朦胧；有过“山重水复疑无路”的苦闷，更有过“柳暗花明又一村”的喜悦。三十年来，意合语法信守初衷，一如既往，持之以恒，艰苦耕耘。这在汉语语法研究史上也是难能而鲜有的。从觉醒到朦胧，从不自觉到自觉，从一点突破，到全面展开，从批判到建设，从事实描写到理论追求，汉语意合语法就是这样一点点地成长发展起来了。这期间，有痛苦，有迷茫，有苦闷，也有彷徨。但是，意合语法毕竟坚持下来了，毕竟坚持到了今天。而今，意合语法研究作为中国文化语言学在语法学中的成果，作为汉语本土化的语法理论，引起了国内外学界的广泛瞩目，并被视为汉语语法学的发展方向之一。

汉语意合语法的产生和发展是汉语语法史上的一件大事，它标志着汉语语法学的自我意识的觉醒，它在为汉语语法研究提供了一个不同于形态语法学研究的学术范式的同时，也向世界语言学界发出了中国的声音，讲述了一个中国的故事。

当然，正如一切新思想和新学说的发生和发展一样，汉语意合语法本身在这三十年的历程中也在不断地完善，不断地发展。不过，意合语法三十年的历程，已使我们坚信：意合是汉语的文化基因，意合是汉语最本质的属性，汉语语法必须从汉语的意合问题入手进行研究，才能从根本上解决问题。意合语法发展至今，已成为汉语语法研究的核心课题和汉语语法本土化理论。可以说，汉语意合语法是汉语语法研究的发展方向，是汉语走向世界的必由之路。

本文主要是展示和描写汉语意合语法三十年的成长过程和在诸多方面的研究成果，并对汉语意合语法的基本理论作简明扼要的阐释。我们希望，通过这种历时性的回顾和总结，一方面能向学界和读者展示意合语法的来龙去脉和其现实价值，另一方面能还历史之本来面目，展示汉语语法学说史中一个精彩的、真实的篇章。

古人云：三十而立。意合语法三十年，见证了先哲们的远见卓识!

1　汉语意合语法形成的历史机缘

从人类科学和文化发展的历程来看，任何一个新思想、新发现都不可能是凭空产生的。作为汉语语法研究历史中的新理念、新范式——意合语法的产生和发展也是有其历史的必然性和合理性的。

1.1　西方早期对汉语的认识

汉语作为人类最古老的语言之一，其历史由来源远流长。仅从记载汉语的甲骨文字算起已有几千年的文字记载史。而从以文字记载的语料史实来看，汉语一直是以传统小学（文字、音韵、训诂）为其主要学术范式的。直到 1898 年《马氏文通》横空问世，造就了汉语语法学。《马氏文通》的问世，不仅给汉语学界提供了一个西方语法学的框架，而且也因此改变了汉语研究的学术范式。从此，传统小学的研究由盛变衰，由显学变为隐学。

而语法学则从无到有，由隐变显。而且，更为重要的是，中国的语言研究由此走上了跟随西方语言学潮流、忽略汉语研究传统的西方理念主导之路。

《马氏文通》的问世，给我们提出了一系列的严肃问题：为什么中国传统小学中没有语法学?为什么《马氏文通》能横空问世?难道我们的前人竟如此无知，以至于连语法这样的学问也只能在西方的学术范式才能建构吗?

其实，从传统小学的学术范式到《马氏文通》所带来的学术范式的转换，不能不说是中国语言学学术史上的最大变化。而带来这种世纪性变化的实质就是在中西文化接触中，以《马氏文通》的问世为代表的语法学的西方语言理念和中国小学传统文化的碰撞和冲突。在这种文化碰撞和冲突中，在世界的东方和西方，如果以《马氏文通》诞生为坐标，其诞生的前后，对于汉语及汉语语法，东西方的志士仁人也曾有过各种各样的探索和思考。

（1）汉语神秘论和无语法论。在早期中西方文化交流中，西方人对陌生的汉语的认识，往往起先是停留在汉语神秘论或无语法论的水平上。P. louis Le Comte 在其所著《中国近事报道》（1687～1692）中写到：“中国语言与目前世界通用的语言没有任何类似之处，无论在说话的声音上，在字的发音上，还是在概念的组合上，都无任何共同之处。在这种语言中，一切都是那么神秘。”早期的西方传教士利玛窦和金尼阁在《利玛窦中国札记》中也说“中文或许是所有语言中最模棱两可的了”。

在《马氏文通》以前，西方人往往按印欧语系语法来看汉语，因此除了汉语神秘论之外，汉语无语法也是一般人的认识。高名凯在《汉语语法论》中说“汉语有语法没有? 这是一般人所发出的疑问。我们常常听见人家说汉语并没有语法。这不但是出诸一般人之口，就是西洋的语言学家也曾发过同样的议论。19 世纪的博布和施来格（Schlegel）就是提这种论调的人。大体说起来，所谓汉语没有语法有两个意思；一是把语法同语法学混在一起看；一是根本不承认汉语有语法，或认为汉语语法很贫乏。”

显然，汉语无语法论是以形态丰富的印欧系语为基准看汉语所得出的结论。如果语法的内涵就是指以形态为主的语法范畴和以形态为主的词性划分以及句子成分间形态上的一致关系的话，那汉语的确可以说是没有这种形态语法的。不过，作为人类最古老的语言之一，汉语是有自己的组织之法的。当然，这种组织之法同形态型语法是不一样的。对于这一点，以西方语言为基准，视形态型语言为中心的西方人士是难以想象，或不愿承认的。

（2）《马氏文通》前的西方传教士对汉语语法的直觉。《马氏文通》一直被认为是汉语语法学的开山之作。但周法高（1980）写到："马建忠的《马氏文通》虽然是第一部中国人受了西洋语法影响而写成的著作，可是在他之前已经有不少西洋人写的中国语法书了，例如 1682 年已有西文的中国语法出现（参高迪 Henri Cordier 的《中国书目 Bibliotheca Sinica，1904-08》，Col. 1650），以后又有马士曼（Joshua Marshman）的《中国言法》（Elements of Chinese Gmammar，1814）、雷慕沙（Abel Remusat）的《汉文启蒙》（Elements de grammaire chinoise，1822）、儒莲（Stanislas Julien）的《汉文指南》（Syntaxe nouvelle de la langue chinoise，1866）、甲柏连孜（Georg von der Gabelentz）的《汉文经纬》（Chinesische Grammatik，1881）等都是比较著名的"。

旅日学者何群雄（2000）在《中国语文法学事始》一书中，更是具体地介绍和研究了几位西方传教士所写的关于中国语的研究成果。在这些著作中，不乏对今人也有启发的。比如，被何群雄视为很可能是世上刊行的第一部中国语语法书的《官话文典》（Francisco Varo：Arte de la lengua mandarina；canton 1703）有如下论述：

"西洋语言的文字是有限的，但音节是无限的。与此相对，汉语官话的文字是无限的，音节却是有限的。汉语官话依据 364 个左右的音节可以表达所有世象。不过，加上声调的话，其数目达 1525 个左右。仅以如此少的音节就可以表达世间所有物质和其性质，以及人的各种知识和感觉。有人认为，汉语官话音节太少，是一种未进化语言。这大错而特错，汉语官话是文学性的语言。汉语官话中有很多文字和类义词，为了避免同音冲突，在说话中常使用双音节语言，书写时使用不同的汉字。这是由于他们的文字不是罗马字，而是汉字。因为汉字是直接表达思想的，所以依靠汉字可以防止混乱。”

一位西方人，能在十八世纪初就有如此之见解，实为难能可贵。但实事求是地说，早期西方传教士们关于汉语及汉语语法的论说，大都是为其传教服务的，因而很多观点虽不乏真知灼见，但却大多停留在直觉水平上，未形成专论，也未产生很大影响。而真正有专论且产生了巨大影响的，当属德国学者洪堡特（Wilhelm von Humboldt）。

（3）洪堡特汉语语法论。在西方学者的汉语论中，普通语言学创始人、语言哲学的奠基者洪堡特（Wilhelm von Humboldt）的汉语论精辟深刻，影响巨大。洪堡特对于普通语言学的贡献可大体概括有三：一是他探讨了语言的本质和功能、语言和思维的关系、语言的文化内涵等具有普遍意义的理论问题，为现代语言学思想奠定了基础。二是语言民族精神论。他认为：一个民族的语言就是它们的精神，一个民族的精神就是它们的语言。三是根据语言类型学的理念把世界的语言区分为孤立语（isolating languages），黏着语（agglutinative languages）和屈折语（inflectional languages），这就奠定了语言形态类型学基础。

洪堡特正是在上述语言学思想基础上，对汉语做出了超越时代、不同凡响的研究。在《论汉语的语法结构》一文中，对于汉语中的词，他说：“在汉语里，除了可能的语法关系外，所有的词都表达意义的概念；即使在词语的联系中，词也都像梵语的词根一样，处于纯粹状态”，“这类词不是语法形式的标记，而是指出一个思想片段向另一个思想片段的过渡”。对于汉语的语序，他说：“汉语的词序并不能明确地指出，句子里的每个词具有什么样的语法形式，而只是表达了一个思想的组成部分”，“在汉语里词序只是指出，哪个词决定着哪个词。这种决定作用可从两个不同的方面考察：一方面是一个概念的范围由另一个概念加以限定，另一方面是一个概念指向另一个概念。于是，起限定作用的词出现在受限定的词之前，被指向词跟在指向词的后面。整个汉语的语法就是建立在这两条基本的结构规律之上”。

在其另一篇关于汉语的论文《论语言形式的通性以及汉语的特性》中，

洪堡特指出："一切语言的语法都包括两个部分，一个部分是明示的，由标记或语法规则予以表达，另一部分是隐含的，要靠领悟而不是靠标记或规则。在汉语里，明示的语法要比隐含的语法所占的比重小得多"，汉语"根据概念相互限定的性质，把句子结构完全建立在概念的排列顺序之上"。洪堡特的上述关于汉语语法之论，对于今天的汉语语法研究也具有重要的学术价值。虽然洪堡特也没能摆脱时代的限制，认为屈折语言高于黏着语和孤立语，但他对作为孤立语代表的汉语的研究，在当时是不同凡响的，时至今日也令人刮目相看。

当然，在我们对洪堡特的汉语观赞叹不已的同时，也不能不对其因时代所限而在语言类型学上表现出的局限性而感到惋惜。一方面，孤立语、黏着语和屈折语的划分，有效地区分了不同类型的语言；但另一方面，由于这种划分是以西方形态型语言为基准的，因此对诸如汉语这样的不能用形态来框定的语言的解释力就显得疲软和乏力。而且，正如我们今天所看到的那样，形态类型学的语法观已成为我们研究汉语这样的非形态型语言的理论桎梏。因此，突破洪堡特的语言形态类型学，已成为深化汉语研究，丰富和发展一般语言类型学理论的当务之急。

（4）莱布尼茨的通用文字梦。被誉为十七世纪的亚里士多德的德国哲学家、数学家和数理逻辑发想人的莱布尼茨（Gottfried Wilhelm Leibniz）曾设想过作为人类思维字母的通用文字。所谓通用文字是一种可以用来进行国际交流的逻辑性人工语言，这种语言必须超越不同语言的局限。为此，莱布尼茨对汉语的文字系统情有独钟。他根据十七世纪从中国回来的传教士们关于中国语的报告，相信汉语也许会是其构想中的通用文字的一个不完全的样本（Widmaier 1983：33）。不过遗憾的是，他所得到的有关汉语的信息是不完全的，时而是错误的古代汉语的知识，因此，莱布尼茨的通用文字构想只能作为一个梦想成为人们的一个美谈。

另一方面，他的这种构想的一部分则以概念文字的形式在弗雷格（Gottlob Frege）的数理逻辑的构想中得以部分实现。弗雷格（Gottlob Frege）的概念文字是命题逻辑的数理化的前身，虽然这种概念文字只适用于命题间的真伪推导，但它毕竟是一个有限范围内的通用文字。在弗雷格之后，世界上仍有很多的思想家们为实现普遍文字而不懈努力。逻辑学家，哲学家 Otto neurath 提出了国际图画文字（International Picture Language）的方案，而语言学家 Fodor（1978）则探讨着“能够使词汇全体得以特征化的最小语集”，并认为这是“使认知操作得以特征化的内部编码”。而英国著名的人类学者杰克·古迪（Jack goody，2000）则在其遗作中写到：中国的文字的确可成为一个样本，利用世界五分之一的人所使用的文字也许会有莫大的好处，也许我们可以期待利用现有的素材，并加以全新的发展，使其成为一个更加合理的文字体系。

我们看到，人类学者杰克·古迪的现代提案，正是大约 300 年前莱布尼茨的通用文字梦。

1.2 中国语言学的历史传统

汉语意合语法的产生是中国语言学发展之必然，是中国传统语言学的自然结晶。中国语言学研究的传统是以音韵、训诂、文字为主的小学传统。撇开传统语文学的经典释义、通经致用的人文主义的倾向不说，仅就其研究对象而言，这些学问都是以“一音一意”实体为基本研究对象的。以《说文解字》《尔雅》《切韵》《释名》等代表性的著述都是围绕汉语“一音一意”语言单位，从形、音、义、源几方面对汉语的“一音一意”这一语言实体以及反映这种特性的汉字加以考据研究的。《说文解字》主要是从“形”的角度考据，《尔雅》主要是从“义”的角度考据，《切韵》主要是从“音”的角度考据，而《释名》主要是从历时语源角度考据的。这些文献考证研究的就是汉字所表达的“一音一意”体。因此，可以说，汉字所反映的汉语的“一音一意”的特性是传统语文学的根本，也是汉语的语言文化基因。正是因为这种语言文化基因的存在，使传统语文学呈现出如下特征：

（a）以字为本的形、音、义、源探究的学术范式；

（b）训诂为主的语义–百科知识系统的阐释；

（c）虚实对立的句法功能的解释。

统而言之，传统语文学是以“一音一意”为语言文化基因，以形、音，义、源为学术范式，以语义阐释、通经致用为目标的。我们认为，传统语言学的上述特征正是汉语意合语法产生的历史文化渊源，也就是说，意合语法同传统语文学是一脉相承，息息相通的。这主要表现为：

（a）以“一音一意”为语言文化基因共同学术取向；

（b）以语义阐释为主的学术范式；

（c）以百科全书式的知识系统为研究对象。

比如，《说文解字》《尔雅》等就是早期的反映着当时认识水平的百科全书式的辞典。而在古代语文学的典籍中，解字训诂、随文释义则比比皆是，蔚为大观，自成系统，并由此而构成了传统语文学的学术范式。

1.3 对《马氏文通》以来汉语语法研究的反思

1898 年《马氏文通》的问世，是一个历史性的事件，《马氏文通》打破传统语文学的藩篱，破天荒地提出了语法学。《马氏文通》以前，汉语研究是以音韵、训诂和文字为主的小学研究。《马氏文通》以后，语法研究大行其道，且成为超越音韵、训诂和文字的显学。《马氏文通》的问世是中国传统语文学的价值观同西方语言观的一次碰撞，这是中西文化交涉史上的一个历史性的事件。《马氏文通》的问世使我们不得不思考如下朴素的问题：（1）为什么《马氏文通》可以横空问世？难道说中国语文学的几千年的研究是一个历史性的误会吗？（2）《马氏文通》所说的语法学果真是汉语语法学所需要的语法学吗？

应该承认，《马氏文通》以前，中国语言学没有具有代表性的语法学专书，而传统小学中的文字学有《说文解字》，训诂学有《尔雅》，音韵学有《切韵》，语源学有《释名》等代表性的专著以及由此而生发出的系列研究和著述。唯独没有语法学的代表著作。当然，虚实分立是中国古代汉语研究的一个特征。对“虚”（虚字，虚辞）范畴的重视可谓是汉语语法学的一个传统。这实际上可看作是中国语法学对语法化问题的朴素而直觉的研究。但这并不等于说，古代汉语学中已有语法学。传统语文学中是没有明确的语法学概念的，也没有成为像文字学、音韵学、训诂学那样的显学或产生相关代表著作。这应是中国古代语言学中不争的事实。虽然近人又根据西方语法理论框架对中国古代语法学进行了研究和梳理，整理出了基于西方语言学语法框架的中国古代语法学。但我们认为，说古代汉语有自己的语法是没问题的，但说古代汉语有西方语法学那样的语法是有问题的。因为我们当然可以拿着后起的理论来对已有的语言事实进行重新整理，也可以用西方语法学概念系统对汉语事实做一些局部性的解释和描写。但问题是，这样的描写是否真的就是汉语的本来面目呢？答案显然是否定的。

那么，到底应如何看待传统语文学研究和《马氏文通》之间的关系呢？

我们认为，从积极的方面看，一方面，汉语语言学研究有自己悠久而成熟的历史传统，而这种学术范式是源于汉语的语言类型的学术范式，是汉语学研究的必然。另一方面，《马氏文通》也是有贡献的，其根本的贡献在于：（1）为中国语言学贡献了一个语法学理念和语法学的概念系统。《马氏文通》以后，语法学著述不断，语法体系迭出，语法学成为显学。（2）为汉语语法以后的研究提供了一个西方文本的参照系，促使汉语语法不断地在批判和反批判的历史进程中向汉语语法的本来面貌回归。

当然，科学研究是随着历史的发展而发展的。一方面，不能不承认中国传统语言学是缺乏系统性和理论提升意识的。另一方面，应该说，《马氏文通》时代的西方语法观已不能同当代语法观同日而语了。《马氏文通》是一个形态型的拉丁语法的框架。而当代语法学，不论是形式语法学，还是功能语法学，抑或是认知语法学派，都已经进入了以语义为中心的研究时代。因此，《马氏文通》的语法框架是不能驾驭汉语型语言的。显然，一个世纪前的中西方语言研究的时代烙印和语言的类型特征造就了《马氏文通》以后中国语法学研究进退两难、举步维艰的困境。

那么，在我们明确了中西方语言学观念演进历史进程之后，就不难理解汉语意合语法的提出是一种历史的必然这一论断，就能自觉地面对汉语事实，在继承中国语言学研究传统的同时，充分汲取当代语言研究之精华，构建适合汉语语言实际的语法理论。这正是汉语意合语法产生的历史机缘。

《马氏文通》的问世是中国语言研究史上一个划时代的事件。《马氏文通》在给汉语语法研究提供了一个明晰的语法理论框架的同时，也使汉语语法研究从此步入了一个不断引进西方语言理论，并以此为支柱来支撑汉语语法研究的历史过程。其间，当然有很多学者已经意识到了这种以引进为主的研究的弊端。早在 19 世纪 20 年代陈承泽就在《国文法草创》中严厉地批评了这种以模仿为主的模式。陈承泽面对当时《马氏文通》以后偏重于模仿西方文法研究之风，写下了如下文字：

"今使不研究国文所特有，而第取西文所特有者，一一模仿之，则削趾适履，扞格难通，一也；比附不切，求易转难，二也；为无用之分析，徒劳记忆，三也；有许多无可说明者，势必任诸学者之自由解释，系统歧异，靡所适从，四也；举国文中有裨实用之变化而牺牲之，致国文不能尽其用，五也；是故治国文法者，当认定其所治者为国文，务于国文中求其固有之法则，而后国文法乃有告成之一日。自有《马氏文通》以来，研究国文法者，往往不能脱模仿之窠臼，今欲矫其弊，惟有从独立的研究下手耳。"

而王力在 19 世纪 30 年代的《中国文法学初探》中就说："我们对于某一语族的文法的研究，不难在把另一语族相比较以证明其相同之点，而难在就本族语里寻求其与世界诸语族相异之点。"后来，吕叔湘（1986）也指出："过去，中国没有系统的语法论著，也就没有系统的语法理论，所有的理论都是外来的。外国的理论在那儿翻新，咱们也就跟着转。"

显然，从西方取经以治汉语，《马氏文通》以来的这种模仿－引进的弊端已是一清二楚。但是，由于汉语缺乏自己的语言哲学，缺乏汉语自己的概念系统和话语权，缺乏对汉语本质特征的认识，致使前辈学者们只能对此望洋兴叹而又回天无力。

1.4 中国文化语言学的催生

意合语法从一开始就是在中国文化语言学的大潮中应运而生的。翻开汉语语言学历史演进的画卷，可以看到，从 20 世纪 80 年代中后期兴起的中国文化语言学思潮，对汉语学界，特别是对汉语语言研究学界产生了巨大的影响。可以说，正是中国文化语言学的兴起和发展，催生了汉语意合语法。

实事求是地说，文化语言学的勃兴实在是20世纪中后半期中国语言学界具有历史意义的大事件，其影响所及是划时代的。可以说，中国文化语言学的崛起，构筑了中国语言学研究史上的一个难得的黄金时期。文化语言学的提出本身已经证实了中国语言学的自我意识的觉醒。这种觉醒突出地表现在中国语言学已不满足于照搬照套西方语言理论的范畴和体系，而是立足于汉语的语言事实，着眼于汉语的本质特征，建立真正适合本民族语言事实的理论框架，并由此为世界语言学做出中国语言学应有的工作。中国文化语言学的关键并不仅仅在于探讨文化和语言的关系，而是在于要把文化作为一个大背景，从文化的角度探讨语言现象的成因，来分析语言的本体问题，继而建立真正符合该语言的理论框架。因此，中国文化语言学的根本价值在于其本体论的价值。这种本体论的价值就是指中国文化语言学不是只从语言角度来研究文化现象的语言文化学，也不是只从文化角度来研究语言的细枝末节问题。中国文化语言学代表着一种新的语言观。代表者一种新的语言理论和新的概念体系。因此，中国文化语言学不是语言和文化的关系学，也不是言语交际的文化现象学，更不是语言的社会应用学。中国文化语言学是一种新型语言学。

1.5 语义型语法研究的兴起

在中国文化语言学兴起的同期，意合语法的产生和发展也同当代“语义型”语法研究的几个流派相生相长，共同勾织了20世纪90年代初期中国语法学界的活跃局面，标志着以语义为主研究汉语语法流派的崛起。“语义型”语法研究主要是指在对以形态为中心的语法研究的反思基础上的当代汉语学界的语法研究流派和倾向。这主要包括字本位语法和语义语法的研究。

（1）字本位语法的代表人物是徐通锵。1994年，徐通锵在《“字”和汉语的句法结构》和《“字”和汉语研究的方法论——兼评汉语研究中的“印欧语”眼光》明确提出了字本位语法理论。他认为，“汉语的‘1’是字的结构”，“‘字’是汉语句法结构的基本单位”，“一个字·一个音节·一个概念（意义单位）”。此后，1997 年出版了专著《语言论——语义型语言结构原理和方法》，全面阐述了字本位语法理论。2005 年又出版了《汉语结构的基本原理——字本位和语言研究》一书，进一步补充了字本位理论。字本位理论提出后，在学界引起了一定反响。潘文国出版了《字本位与汉语研究》一书，从理论上讨论了字本位理念与传统小学以及西方语言理论的关系。而鲁川则在《汉语的意合网络》一书中，应用西方形式语义学的理论对汉语的句法结构做了一番描写。

字本位理论一反汉语研究的传统理念，以字所反映的汉语的本质为基点，建构适合汉语的语言理论和语法研究范式，这确实是有勇气的尝试。不过，在以下两个方面，字本位理论受到了反对者的指责。一是字本位理论的“字”的定义和定位问题。按照索绪尔的定义，文字是语言符号的符号。因此，一般人会认为文字可以因语言不同而不同，文字也可因时代不同而不同，文字可以善变，而语言则不宜善变。以善变的字为本位的语言理论，当然会受到满脑子西方语言理论定则的人们的指责和反对。二是字本位理论本身的研究，特别是对汉语语法问题的研究并不深入。徐通锵虽然讨论了离散和连续、定量和变量、肯定和否定、有定和无定这四对语义范畴，并用话题和说明、自动和使动来解释汉语的基本句式，但这些语言研究的元范畴本身来源于西方语言理论，且不足以描写汉语的基本格局。而像鲁川的“意合网络”更使人难以看出这种研究与西方形式语义学的本质区别。

（2）语义语法的研究。以马庆株、邵敬敏为代表，主张重视语法中的语义研究。马庆株、邵敬敏早期曾深受结构主义语法研究的影响，主张语法要讲究形式和意义的对应研究。不过，20 世纪 90 年代初期，中国的结构主义的语法研究已走到尽头，特别是语法研究的三个平面理论的提出和兴起，打破了汉语结构主义语法研究一统天下的局面。因为如果语法中有句法（语法）、语义、语用这三个平面存在的话，语法就不能只是研究语法形态或语法形式了。语义语法的倡导者们基于此而主张加强语法研究中的语义研究，并把这种重视语义的语法研究名之为语义语法。邵敬敏《“语义语法”说略》一文中把语义语法的内涵概括为：①形式和语义可以互为研究的出发点；②汉语语法研究更适合从语义出发；③语义是语法研究的重点；④语义研究应该有相对的独立性；⑤应扩大对语法形式和语法意义内涵的理解；⑥作为语义语法的研究方法，应讲究形式跟意义的双向研究、共时跟历时的双向研究、静态跟动态的双向研究、事实跟理论的双向研究、描写跟解释的双向研究。

另外，李葆嘉著有《语义语法学导论——基于汉语个性和语言共性的建构》一书，较全面地阐述了语义语法的理论主张。

显然，语义语法意识到结构主义以形态、形式为语法研究中心的做法是有问题的，其倡导加强汉语语法中的语义研究的做法也是有积极意义的。但语义语法理论缺乏对汉语事实的基本特征的确认，也缺乏本土化理论意识，因此其理论来源大多是西方语言学理论，特别是形式语义学的理论框架，因而难以从根本上解决汉语的问题。

2 汉语意合语法理念的酝酿期（1987～1991）

正如我们在上文中所说，汉语意合语法是在历史的必然中产生的，这既有对汉语言传统的承继，也有对当代汉语语法研究的反思；既有西方语言学思潮的影响，也有中国文化学的催生。而意合语法的提出，其标志性的事件就是对“意合法”的讨论。1987年张黎在《北方论丛》刊出《谈谈“意合法”——兼论汉语语法特点》一文，正式提出汉语在本质上是一种意合语法的思想。可以说，这篇文章是意合语法研究的开篇之作。

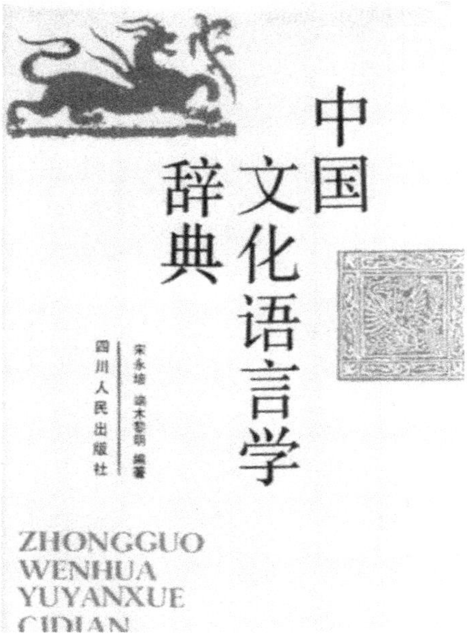

如果说探讨意合法还是着眼于意合在句法层面的技术性问题，并以此为突破口，寻求汉语语法革新之路

的话，那么在同一时期也开始从理论上对汉语意合问题进行了全方位、多角度的思考。这主要反映在发表在《语文导报》1987 年第 5 期上的《汉语语法研究观念的嬗变和走向》一文和 1988 年《北方论丛》第 4 期刊出《汉语语法学革新的几个原则问题——由汉语意合语法谈起》一文。《汉语语法研究观念的嬗变和走向》一文从静态到动态、从描写到解释、从狭义到广义、从封闭到开放这四个方面讨论了汉语语法观念革新的问题；而《汉语语法学革新的几个原则问题——由汉语意合语法谈起》则从个性与共性、传统与现实、形式和意义、宏观和微观这四个方面讨论了汉语语法革新的几个原则问题。

在以上的理论务虚和技术探讨的基础上，意合语法也进行了整体框架的构想。1989 年，张黎的《汉语意合语法论纲》发表在光明日报社出版的《中国语言学发展方向论文集》中。这本论文集是中国文化语言学会组织当时的一批致力于中国文化语言学研究的青年学者撰写而成的，这反映了当时中国文化语言学如火如荼的壮观景象。一大批有志的青年学者，来自不同的领域、不同的学科，出自于不同的学门，不论京派海派大家为了一个共同的目标走到了一起，开学会，编辞典，撰写论文，著书立说，为的就是面对汉语事实，在不同的领域构造中国文化语言学。由江西教育出版社出版的脍炙人口的《中国语言学大辞典》正是在这种文化语言学的大潮中产生的。而《中国语言学发展方向论文集》也正是这个时期应运而生。这本论文集反映了年轻一代学者在不同的领域对中国语言学发展方向的认真思考，其中，《汉语意合语法论纲》就是文化语言学在汉语语法学中的宏观构想。

《汉语意合语法论纲》可以说是汉语意合语法的宪章宣言。该论文的基本观点如下：

（1）汉语语法主要是意合语法。

（2）所谓意合语法是指语言单位组合时意义间搭配规则和规则系统。

（3）意合语法的基本内涵是语义格式。语义格式由语义范畴，语义层次，语义关系构成。

（4）意合语法的析句方法是语义重心分析法。

（5）意合语法的基础性工作是要尽可能详尽地描写语义结构，找出其对应的句法表现形式。

（6）意合思想是汉语学中具有世界语言学意义的不可多得的珍品。

《汉语意合语法论纲》这样写道：汉语的句法语义范畴到底有多少?这是需要认真探讨的问题。有人认为这是语言学界中的哥德巴赫猜想，而且很容易仁者见仁，智者见智。不过我们认为，迄今为止我们还没有对汉语的句法语义范畴进行过认真而系统的现代意义下的研究，因此，见仁见智是正常现象。如果我们能像研究传统语法那样花上几十年功夫，投入众多的人力，那么关于语义的研究局面就可能是另一个样子。汉语学中的意合思想是一个有待深入开掘的宝库，如同汉语学“虚”“实”概念一样，意合思想是汉语学中具有世界语言学意义的不可多得的珍品。

可以看出，这是一个关于意合语法的构想，而后来的意合语法学，正是在《汉语意合语法论纲》基础上不断修正，不断深化，不但拓展而发展起来的。

3 汉语意合语法的初期理论（1991~1994）

如果说，20 世纪 80 年代是汉语意合语法理论务虚和寻找新的突破口的时期，那么进入 20 世纪 90 年代，意合语法研究从理论的务虚阶段进入了初期理论阶段。其直接的成果主要反映在张黎的博士论文《论句子分析的三个平面》以及以此论文为基础改写而成的两个成果：①论文《语法三个平面研究献疑》；②关于意合语法的第一本专著《文化的深层选择——汉语意合语法论》。

3.1 语法研究的三个平面理论

20世纪80年代，汉语语法学界兴起了语法研究的三个平面理论。这反映了当时汉语语法学界对汉语语法研究的新思考。胡裕树主编的《现代汉语》增订本序言中写到，“必须区分三种不同的语序：语义的，语用的，语法的”。在胡符、文练的《句子分析漫谈》一文中，认为“语序所表达的，有的属于语义，有的属于句法，有的属于语用”，“虚词的作用也有语义的，句法的和语用的区别”。这是最早的关于三个平面的论述。后来，胡裕树和范晓合作发表了《试论语法研究的三个平面》一文，较全面地阐述了三个平面的理论主张，并把这种句法、语义、语用三结合的语法研究观念称为语法研究的三个平面理论。应该说，语法研究三个平面理论是汉语语法学界对汉语研究的一个反思，是对以形态为中心的语法研究的一种否定。较之先前的以形态为中心的语法，三个平面的语法理论是一个进步。这种理论开拓了汉语语法研究的视野，打破了《马氏文通》以来的形态中心论，使汉语语法研究进入了句法，语义，语用研究三足鼎立的时代，是汉语语法学思想的实质性进步。

1991年，张黎在胡裕树先生的指导下完成了题为《论句子分析的三个平面》的博士论文。这也许是以三个平面语法理论为研究课题的第一个博士论文。这部博士论文，较全面地梳理了三个平面语法理论的来龙去脉，具体分析了句子的句法内涵，句子的语义内涵和句子的语用内涵。同时该文还着重指出，虽然句子的句法内涵，句子的语义内涵和句子的语用内涵分属不同的范畴，但它们是有共同之处的，即它们同属语言所表达的内容。从语法形式和语法意义对应的角度看，三者同属语法意义。这部博士论文可以说是1994年出版的《文化的深层选择——汉语意合语法论》的雏形，而对三个平面理论的一些思考和疑惑则以《语法三个平面研究献疑》一文发表在《北方论丛》1992年第3期上，并被《中国人民大学报刊复印资料语言文字卷》转载。

3.2 《文化的深层选择——汉语意合语法论》

1994 年吉林教育出版社出版了《文化的深层选择——汉语意合语法论》，这是关于汉语意合语法的第一部专著。从书名就可以看出，这是从文化的角度考察汉语语法的尝试。该书是由申小龙主编的文化语言学丛书中的一部，也是众多文化语言学书籍中唯一讨论语法问题的专著。全书共有八部分：①文化和语言的深层沟通；②文化语言学的核心——文化语法观；③汉语意合语法论；④语法的语义内涵；⑤语法的语用内涵；⑥语法的句法内涵；⑦句子分析策略；⑧意合语法在人类知识系统中的地位。

从今天的角度看，该书的价值在于：

（1）具体分析了和描写了汉语语法的语法内涵。

①语义内涵：命题结构；事体结构；情态结构和情状类型。②语用内涵：指称结构；有定结构；话题和说明；前提和焦点；信息结构。③句法结构：汉语句子形式及特点；句法形式在语法中的作用；句法同语义、语用的关系。④句子分析策略：意合语法的词类观；意合语法的句型观；意合语法的析句方法；句子分析的策略。

（2）确立了语法的文化观。

认为语法本质上也是一种文化现象，文化和语言在语义和认知层面上是有一种深层选择关系的。

（3）在人类的大范系的知识系统中观照意合语法。

讨论了意合语法与自然逻辑的关系，意合语法同认知心理的关系以及意合语法的文化归宿。

（4）明确了语法研究的核心内容，把语法研究从三个平面归结为一个核心。

在语法的句法、语义、语用这三者中，语法的语义内涵是重心，是基础。

语法的语用内涵也是语义的一种类型，是映射在句法中的、反映说话人对语言信息的主观安排的语义范畴。而句法范畴是一种高度抽象化了的语义范畴，也是语义的一种类型。因此，语法中的三个平面实际上是语义的三种类型。

《文化的深层选择——汉语意合语法论》的主旨是：

（1）汉语语法研究应该抛弃以形态为主的研究范式，汉语语法研究应以语义研究为主。

（2）句法、语义、语用这三个平面只不过是形式和意义在不同领域、不同层面的对立。

（3）对于汉语来说，走以语义为主的研究之路应是汉语语法研究的根本之路。

总的看来，《文化的深层选择——汉语意合语法论》是汉语意合语法研究的开山之作，其基本理念和思想影响至今。当然，《文化的深层选择——汉语意合语法论》一书对一些具体问题的讨论略显粗糙，为此，作者又在此书的基础上对汉语句子的语义结构和语义句型这两个问题做了专题研究。关于汉语句子的语义结构，以《汉语句子的语义结构》为题发表在《北方论丛》1995 年第 5 期上。而对于语义句型问题，则以《试论汉语语义句型的划分》一文发表在《汉语学习》1995 年第 5 期上。尽管如此，由于是意合语法的草创时期，难免有一些不周全之处，对此金立鑫连续发表两篇专题文章，批评意合语法（详见金立鑫《汉语意合语法批判》，《北方论丛》1995 年第 5 期，《对张黎的“意合语法”批判之二》，《汉语学习》1995 第 6 期）。对此，张黎也连续发表文章（《语义搭配律》，《汉语学习》1996 年第 2 期，《什么是意合语法——关于意合语法的讨论》，《汉语学习》1997 第 1 期），在对金立鑫的批评的作答中，深化了意合语法的一些思想，而这也构成了汉语学界关于意合语法的一次争鸣。

4　汉语意合语法的语义范畴论（1994~2007）

4.1　语义范畴学

《文化的深层选择——汉语意合语法论》问世，标志着汉语意合语法理论的正式提出。此后，从 1994 年到 2007 年间，早期的意合语法理论重视对语义范畴和语义结构的探索，认为语法归根结底是要确立语义范畴，并探讨语义范畴间的组合搭配的规则。早在 1989 年《汉语意合语法论纲》中，我们曾写道："汉语的句法语义范畴到底有多少?这是需要认真探讨的问题。有人认为这是语言学界中的哥德巴赫猜想，而且很容易仁者见仁，智者见智。我们认为，迄今为止我们还没有对汉语的句法语义范畴进行过认真而系统的现代意义下的研究，因此，见仁见智是正常现象。如果我们能像研究传统语法那样花上几十年功夫，投入众多的人力，那么关于语义的研究局面就可能是另一个样子。"在 1997 年的《什么是意合语法?——关于意合语法的讨论之一》中我们又写道："从某种意义上说，意合语法又是一种范畴语法，它是以语义范畴的确立、语义范畴的次范畴化、层次化、系统化以及各层次的语义范畴间的组合搭配系统为研究对象的语法。我们相信，只要我们一个一个地确立汉语的语义范畴，澄清各范畴的内在结构及外在网络，并在此基础上加以系统化、形式化，汉语范畴语法的确立是可以期待的。"同时，在这篇文章中，我们提出了常理学或常识学的构想："语法又可称为思想之法。请注意，这里的'思想'一不是指作为意识形态的思想，二不是指思维（思维之法是逻辑之法)。思想之法也可称为常识之法或常理之法。(请注意，这里的'常识'、'常理')并不是指一般道理，而是指语义范畴的搭配之理"。而在 1999 年《范畴语法的若干理论问题》一文中，我们更进一步指出："汉语范畴语法就是关于语义范畴、语义特征的语法。范畴语法致力于语义范畴和语义特征的研究，旨在廓清人类语言结构中的语义范畴网络系统和语义特征的网络系统，揭示语言结构中的语义范畴，语义特征间的组合搭配规则。范畴语法致力于人类语言结构中语义范畴的组合规则的研究，并认为这是人类语言认知表达的根本。人类语言中到底有多少语义范畴?这些语义范畴之间有哪些合律和悖律?看来，这也许是二十一世纪语言研究的哥德巴赫猜想。

可以看出，在此期间意合语法的研究重点是以语义范畴为核心的语义范畴学。

语义范畴的问题是意合语法的核心问题。以语义范畴为核心的人类知识系统是一个必须进行充分研究的领域。语义的范畴化和条理化是意合语法所致力的目标，其间包含着十分丰富的内容。关于这些内容的系统深入的研究，构成了一个蔚为大观的学科：语义范畴学。语义范畴是人类经验结构的网节，是人类知识结构的罗致，也是人类常识结构的表征。语义的范畴化、条理化是目前以认知和自然语言的人工理解为目标的所有语言学流派关心和研究的领域。这一领域的研究进展构成了当代语言学最前沿、最精彩的篇章。这里，根据意合语法在1994～2007年间的探索将意合语法对语义范畴学的探索归纳如下：

（1）对显性语义范畴和隐性语义范畴的探索。

（2）对语义范畴的层次和类别的探索。

（3）对语义范畴分布的探索。

（4）对语义特征的探索。

（5）对语义范畴辨析的探索。

（6）对语义范畴间的制约关系的探索。

（7）对语义搭配律的探索。

（8）对语义函数的探索。

（9）对语义格式的探索。

（10）对语义范畴网络的探索。

（11）对百科知识系统中的范畴网络的探索。

4.2 《汉语意合语法学纲要》

2001年日本中国书店出版了《汉语意合语法学纲要》一书。这是第一本在国外出版的关于意合语法的著作。全书共十章。第一章，意合语法之哲学；第二章，句义结构总体观；第三章，句相结构；第四章，时制结构；第五章，方所结构；第六章，命题结构；第七章，体、界、相结构；第八章，主体表现结构；第九章，信息结构；第十章，句法结构。另有两个附录：一是关于现代汉语的心态谓词的附录，一是关于汉语言说动词的附录。

该书的价值在于：

（1）第一次在国外以专著的形式介绍汉语意合语法。

（2）承上启下，总括了意合语法的范畴研究阶段的成果，细化了一些语义范畴的研究，同时也为后来的《汉语意合语法研究——基于认知类型和语言逻辑》一书提供了基本框架。

（3）在范畴论的基础上，提出了“意合机制”的概念，这也为后来的研究展示了新的思路。关于意合机制，作者在该书中写到：意合机制就是指语言用语义规则进行组词造句的原则和规则系统。即：

意合机制 → 意合原则
意合机制 → 意合规则

意合原则包括：事理原则；经济原则。而意合规则可图式为：

意合规则 {语义范畴的组合搭配规则；语义特征的组合搭配规则} 语义搭配律

这种关于意合机制的思考是关于汉语“如何意合”的理论思考，为后来提出汉语“一音一意”的句法原则提供了理论依据。

5　基于认知类型学理念的研究（2007～2012）

2007 年以后，意合语法研究的理念发生了一个显著而又关键的变化，即意合语法在国内首次提出了认知类型学的概念，并自觉地在研究中系统地应用认知类型学的理念，对汉语语法理论和一些难题或重要问题提出了新的视角和新的观点。

之所以会发生这样的变化，乃是由于以认知类型学为理念的意合语法研究克服了意合语法前期理论的局限性。前期理论注重语义问题，系统地探讨语义范畴，这比起只注重形态的语法研究是有进步的，也是适合汉语语言实际的。但是，前期理论仍没有摆脱共性语法观，即仍是信守语义和语义范畴的普遍性和一般性。这种普世语法观已成为深化汉语意合语法研究的桎梏。而以认知类型学为理念的研究则为汉语意合语法研究的深化提供了理论依据。在 2007 年的《“把”字句的认知类型学解释》一文中，意合语法首次在汉语学界提出了认知类型学的理念，这使意合语法研究能够面对汉语的语言事实，大胆地提出适合汉语的理论主张，系统地梳理汉语语法研究中的各种问题，从此意合语法研究进入了新的阶段。

5.1 认知类型论

基于认知类型学理念研究的特征可概括为：以认知类型学理论为基础，自觉地建构汉语型语法理论体系阶段。认知语法学的研究是当今语法研究潮流之一，特别是对汉语语法研究而言，认知语言学的研究似乎更具有亲和力。但是由于认知语言学的基本理念是从印欧系形态型语言中提出的，因此许多所谓的认知语言学的研究仍然是以共性为研究取向、以印欧系形态及范畴的认知解释为研究对象的。汉语的语言类型是不同于形态型语言的，其认知理据、句法机制也是不同于形态型语言的。只有确立认知类型学的理念才能从根本上改变语法研究的既有范式、继而建构既适合汉语的语言类型学特征又对普遍语法做出贡献的汉语型语法理论。认知类型学语法观主要包括：

（1）语法是认知层面上的规则及其系统。形态语法学的理念源于形态型语言并应用于形态型语言，这是很自然的事情。但形态型语法理念有局限性，因为形态语法的规则不能涵盖语法的全部。特别是对汉语来说，汉语的语法规则系统是存在于认知平面的。也就是说，只有在认知平面上才能真正概括出汉语语法的规则系统。汉语的语法系统不可能完全从形态上归纳出来。汉语是意合型语法，所采取的组词成句的方略也是不同于形态语法的。汉语语法的规则是根植于常识结构中的，表现为一种常理，形成一个常识规则系统。该常识规则系统就是汉语语法根本所在，汉语语法的规则只有在认知平面上才能得到合理的解释和科学的概括。

（2）认知类型学注重各语言在认知方面的多样性和差异性，并在此基础上归纳语言的类型。语言类型学所追求的共性是一种形态上的共性；形式语言学所追求的共性是一种高度抽象的共性。相反，认知类型学所追求的共性是语言内在性的共性，是基于各语言在认知方面的多样性和差异性而构建的类型。

（3）认知类型学认为，即使是同一语法范畴，在不同语言中也会有不同的内涵和不同的句法价值。显然，这是因为不同语言在表达同一事象时，有着选取的角度、切分的片段、话者的视角以及所摄取的片段的不同所致。对同一事象，有的语言用词汇化的方式表达，有的语言用语法化的方式表达；有的语言是用动态的方式表达，有的语言是用静态的方式表达；有的语言用显性形式表达，有的语言用隐性形式表达；有的语言突显过程，有的语言突显结果。对于同一事象，不同语言所采取的视点、语义的认知策略、句法所摄取的事象片断以及侧重点是不同的。这构成了该事象类型在特定语言中的语义内涵和句法内涵。同时，这也就决定了不同语言反映同一事象时的认知结构也是不同的。

因此，概念的组合、命题的组合以及事象类型间的组合是有语言间的差异的，这种差异恰恰是该语言的语法核心及本质特征所在。汉语的语法是意合语法。汉语语法的意合性具体就体现在汉语是以概念的直接组合、命题的直接组合以及事象类型间的直接组合为特征的。汉语不需或只需必要的句法形式来调控意象的组合。这一点同以形态来统摄句法组合的语言是截然不同的。

在 2007 年以后的系列研究中，意合语法论者自觉地应用认知类型学理论主张，并把这一理论主张贯穿在整个系列研究中，这包括（2007）对“把”字句的研究，（2008）对位移句式的研究，（2009）对补语及其分类的研究，（2010a）对动结句式的研究，（2010b）对“了”语法意义的研究，（2011）对“着”语法意义的研究，（2012a）对汉语语态–句式系统的研究，（2012b）对汉语时制问题的研究。以上研究都是应用认知类型学的理念对汉语具体问题的探索，而张黎（2012c）的研究则是对意合语法的理论及认知类型学主张的理论探索。

2012 年张黎出版了《汉语意合语法研究——基于认知类型和语言逻辑的建构》一书。

5.2 《汉语意合语法研究——基于认知类型和语言逻辑的建构》

2012 年张黎出版了《汉语意合语法研究——基于认知类型和语言逻辑的建构》一书。这本书的前言中写道：继 1994 年《文化的深层选择——汉语意合语法论》一书出版后，又有 2001 年的《汉语意合语法纲要》出版。该书是作者在此后约十年间对意合语法探索的一个总结。书中主要收录了 2001 年以来的论文，同时兼顾各篇论文的话题性而对这些论文进行了专题性的分类。

此书共有七章：第一章，意合语法的理论研究；第二章，汉语时制的认知类型学研究；第三章，汉语动相的认知类型学研究；第四章，汉语语态和句式的认知类型学研究；第五章，汉语主观性结构的认知类型学研究；

第六章，汉语方所结构的认知类型学研究；第七章，意合语法的理论争鸣。从上述各章的标题即可看出，这本书是以认知类型学理念研究汉语的集大成，汇集了作者基于认知类型学的观点研究汉语具体问题的论文，是意合语法的认知类型学研究的代表作。该书的理论价值在于：

（1）指出意合和形合的对立具有类型学意义。

（2）应用认知类型学理念研究具体问题。该书讨论认知类型学的一些基本观念，并用这种观念具体研究了汉语的时体问题，动相问题，语态和句式问题，主观性结构问题，汉语方所问题。可以看出，认知类型学为我们解释汉语的诸多问题提供了新的视点。

（3）语言逻辑。作者认为，语言逻辑是汉语形式化的必由之路，也是发展新型逻辑的根本方向。为此，对语言逻辑的基本特征进行了描写。

正如该书的副标题所示，该书的关键词是：认知类型和语言逻辑。认知类型是该书的一个基本理念，它为意合语法的汉语语法研究提供了一个新的视角和维度，使意合语法对汉语语法的诸多问题提出了新的、合理的解释和主张，展示了汉语语法研究的一个新天地。而语言逻辑是意合语法关于语言的形式化的一贯理论主张。语言研究的逻辑化和逻辑研究的语言化是语言研究形式化的必由之路、也是必需之路。

6 汉语意合语法理论的现代阐释

6.1 需要澄清的几个概念

1. 意合法≠意合语法

意合法不等于意合语法。意合法和意合语法虽然只有一字之差，但却有本质上的不同。意合法是一种方法论意义上的语言组织法，而意合语法是一种语法类型，是具有本体论意义的语言观。一般认为，意合的说法是由王力先生在 20 世纪 40 年代提出来的。在 1944 年出版的《中国语法理论》中，王力先生谈到汉语“联合成分的欧化”问题时，提到了形合和意合的概念，并在括号里分别注上了英语的对应词，形合（hypotaxis），意合（parataxis）。后来王力先生在《汉语语法纲要》一书中（上海新知识出版社 1957 年版），也提到此问题，并举例说明：

（1）小王有病，他没来。（意合句）

（2）因为小王有病，所以他没来。（形合法）

可见，王力先生的意合法的最初含义指的是不使用关联词语的复句关联法。

再比如，在英语那样的形合型语言中，表示上述因果关系的词语一般不能省略。例如：

（3）Xiao Wang was sick，so he didn't come.

日语的情况同英语是一样的，表示逻辑关系的词语不能省略。例如：

（4）王さんは病気なので来なかった。

可见，意合法是作为形合法的一种补充形式被论及的，并且只限于复句。

而意合语法的概念则是在 1987 年作为一种语法观而提出来的，1994 年出版的《文化的深层选择——汉语意合语法论》（吉林教育出版社）一书则是第一部关于意合语法理念的专著。

2. 意合≠parataxis

英语学界和翻译学界常把意合翻译为 parataxis，把形合翻译为 hypotaxis。其实，这种翻译同我们所说的意合语法是不可同日而语的。意合语法是一种语言观，具有本体论价值，这里的"意合"和"形合"代表着不同的语言类型。而 parataxis 和 hypotaxis 是一种方法论上的概念，是句法中的不同层面的组合法。

英语的 parataxis 和 hypotaxis 是一对很普通的术语，据李靖民考察，分别来源于希腊语的 paratasseinhe 和 hypotassein，前者意为 arrange side by side，后者意为 arrange under，两者主要是一种句法概念，用来指能够体现句子成分从属和并列关系的两种排列方式。

而意合语法中的意合和形合的概念具有语言类型学的价值，意合主要指语义层面上的组合搭配规则及其系统，是语义型语言的根本，而形合主要是指形态的组合及其规则系统，是形态型语言的主要研究对象。因此，将意合翻译成 parataxis 的做法是很有问题的。汉语意合的丰富内涵是难以用 parataxis 这样的英译来对应的。汉语的意合就是意合，这是汉语学的一个基本概念。

3. 意合概念的内涵

意合这一概念有着丰富的内涵。这至少包括以下几大方面：

（1）类型学的内涵。意合是一个类型学的概念，屈折语，粘着语是形态型语言类型，而孤立语是意合型的语言。这是两种不同类型的语言。迄今为止，语言学界一直是以形态为划分语言类型的根本标准，这就忽视了像汉语这样的意合型语言的类型学价值。因此，注重意合的类型学价值对于深化汉语研究、丰富普通语言学具有重要意义。

（2）认知层面上的内涵。意合具有认知层面的意义。正如我们前面的研究所示，汉语在表达“动作一结果”这样的事象时是倾向于以“动作一结果”这样的语义链来表达的，相反像日语这样的语言，在表达“动作一结果”这样的事象时，更倾向于用包含动作行为的结果动词来表达。因此汉语中的“听懂了”“看见了”这样的“动作一结果”表达在日语中是用一个结果性动词表达的，即“わかった”“見えた”。这是因为在日语的语言认知中，“わかった”“見えた”这样的结果中已经包含着动作。可见，不同的语言有着不同的语言认知，而这也就形成了该语言认知层面上意义组合（意合）的内涵。

（3）语义结构层面的内涵。语义层面的内涵是意合学的基本内涵，包括成词的理据，复合词的语义组合，句法语义格式系统，语义搭配律的确立等等（详见语义范畴学一节）。

（4）语言应用层面上的内涵。这主要指各种各样的省略，例如：

他是日本老婆。（常理型省略）

我在赶论文。（语义省略）

东京的冬天没北京冷。（句法省略）

6.2 汉语“一音一意”的文化基因

2015 年 10 月在第三十届现代汉语语法国际研讨会上，张黎作了“汉语意合语法的句法机制”的大会发言。此后，该论文发表在《中国语文法研究》2016 年卷，并以同文刊于《汉语语法研究的新拓展》（八）。这篇论文反映了意合语法研究的最新成果，是以文化基因论的思想探讨汉语“一音一意”的句法原理的第一篇论文。

在这篇论文中，作者提出了“一音一意”是汉语语言文化的基因的观点，并以此为基础构建了汉语 $1+1=1$ 的语法，$1+1=2$ 的语法，$1+1>2$ 的语法。

作者认为，1 是汉语语言单位的基点和原点。这里的 1 就是“一音一意”单位体，汉语是用一音组一意，然后用这种“一音一意”体由前往后地线性组合，形成 1+1=1 的语法、1+1=2 的语法、1+1>2 的语法。其间，连动句式是一个中介过程。一方面连动句是由 1+1=2 构成的，其基础仍然是“一音一意”；另一方面，连动句式又是汉语动补结构、状中结构、时体等成分产生的框架。在汉语这种“一音一意”体由前往后地线性组合中，意合是汉语“一音一意”体联结的根本手段，而这种意合就是认知类型学所探索的以各种语言的经验结构和常识结构为内容的语义结构。这个研究，明确了意合语法同一音一意原则的关系，从而使意合语法的研究建筑在坚实的语言实体的基础上。这正是：一音一意，一一相加，意合为主，一以贯之。

意合语法的提出，在于意合语法的理念是建筑于汉语的“一音一意”这一铁的语言事实基础上的。在语言的音义关系上，形态型语言是一对多的关系，即一个意义对应多个音节，而汉语则是一对一的关系。这是汉语同形态型语言在语言初始状态上的不同，可以认为这种不同是言语组织策略的关键性的差异，是语言文化上的 DNA 的不同。正是由此，才生发出汉语的 1（n）=1 的组合，1+1=2 的组合和 1+1>2 的组合。因此，如果能够找出判定 1+1=1（复合词）、还是 1+1=2（词组或短语）、抑或是 1+1>2（句子）的规则系统的话，那么我们就可以把“一音一义”原则和句法挂钩，实现从词法到句法的过渡，从而也就能够建构由前向后的线性句法组合规则及其系统。我们的基本想法是：由 1（n）=1 的音节构成单纯词和复合词；再由 1（n）+1（n）=2 构成词组和短语，而这个词组或短语就是一个语块儿；最后由 1（n）+1（n）>2 的语块构成句式和句式系统。在这个句法化过程中，一音一意原则起着关键作用。因为线性组合的每一个音节必有一

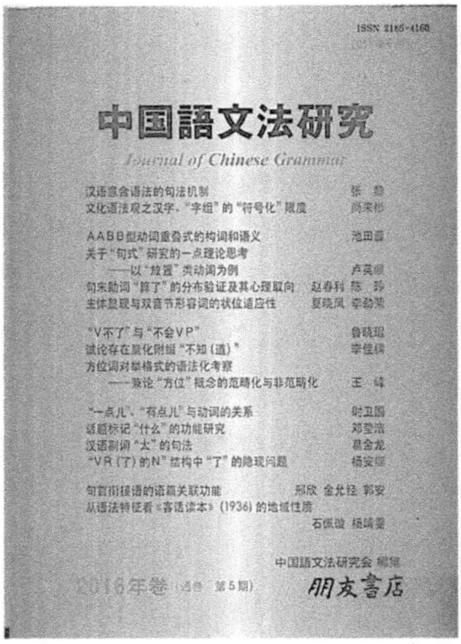

个意义在，音节和音节间的联结就是意义间的联结。而意义间的类别不同就决定了不同的句法组合。

从语言类型的角度看，汉语的一音一义性是汉语型语言的基本特征。屈折型语言是一种音素型语言，音节由音素构成，且音节不直接对应意义。也就是说是由几个音节对应一个意义单位的。Study（学）这一单词从语音直觉上听是三个音节，可以有诸如studying，studied等语法变化。这种语法变化都是发生在音素层面上的。而像日语那样的黏着语，一个平假名或片假名表示一个音节，由几个假名构成一个词。因此日语也是形态型的多音对应一个意义单位的语言。从这种意义上说，日语同英语一样都是形态型语言。不过，有趣的是，日语中的汉字所标记的部分是不能有语法变化的，日语的语法变化部分都是由假名承担的。这也从另一个角度印证了汉字所表达的一音一义体的不可分割性。

从理论上看，汉语的一音一义的不可分割性，使汉语在句法组合上呈现如下特征：

（1）以虚实为主要语法手段。汉字的一音一义的特征使汉语不可能把一个有机整体肢解成语素性单位并以此来表达语法规则，汉语的语法规则变化只能通过汉字的虚化来表达抽象的语法意义。这也就是汉语的语法学传统是以小学的音韵、训诂和文字为主的原因所在。

（2）汉语的一音一义一字性，使汉语形成了以意象直接组合为主的意合机制。每个字或字组都直接表达着一个单纯或复合的概念和意象。因此，字的组合就是概念的组合，就是意象的组合。

（3）一音一义是汉语连动式产生的基础。汉语不用形态构句，而是靠事理排序。其间，连动式成为其他句法现象产生的基础。可以认为汉语句法中的动补结构，兼语式以及一些表时体的虚化成分都是在连动式的基础上产生的。这种关系可表示为：

一音一义→连动式→动补式/动虚结构/时态虚词

关于这一点，学界似有共识。但我们想进一步指出的是，汉语的连动式是由一音一义原则所决定的，是在1＋1＋1n的序列中形成的。上文已指出，N1V1N2（X）V2（C/O）公式是汉语句式的共同的初始语符。其实，汉语的这个初始语符中的各项，就是一音一义体。

（4）汉语的一音一义一符性使语序在汉语语法中占据重要地位。不同的排序就会形成不同的句式结构，而这也就构成了汉语丰富的大句式系统。这同形态语法的词法和句法挂钩、词法和句法相互对应的句法格局是不同的。

总而言之，汉语是以 1 为核心型的语言。不论是 1＝1，还是 1＋1＝1，1＋1＝2，或是 1＋1＞2 结构，抑或是语块＋语块构造，都是以 1 为核心的语言单位。这也就是说：

（1）无论一个语块有多大，都可以还原为一个 1。

（2）无论一个语块有多复杂，都是透明体，都最终是作为一个语义单位起作用的。

（3）一个单位和一个单位间有直接组合关系，而这种组合就是意合。正所谓，一音一意，一一相加，意合为主，一以贯之。

6.3　意合的类型学价值

孙景涛（2005）令人信服地在词法层面上论证了汉语的“一音一义”性。我们进而认为，“一音一义”原则，不仅存在于词法层面上，也存在于句法层面，是汉语句法实现的关键和初始基因。我们把句法层面上这种现象称为“一音一意”。谈起语言类型学，人们一般就会想起以形态为对象，追求语言共性，源于西方形态语言的类型学。其做法是广集不同语言的形态数据，以此抽象和概括普遍语法规则。而我们认为，这种以西方形态语言为对象的类型学的理念原点就与汉语的语言事实相左，是以西方形态语的标准来框定汉语，因此是不适合汉语实际的。而且即使是在西方，也有人看到了这一问题。德国语言学家洪堡特（2001）说：“一切语言的语法都包括两个部分，一个部分是明示的，由标志或语法规则予以表达，另一部分是隐含的，要靠领悟而不是靠标志或规则。在汉语里，明示的语法要比隐含的语法所占的比重小得多。”而数理逻辑的创始人莱布尼茨则指出，汉语是一种组义语法。我们认为，汉语中的隐含语法，汉语的组义语法的特征，一语以蔽之，就是意合。由“一音一意”所产生的意合精神是汉语之为汉语的根本。

意合是和形合相对而言的概念，这应是语言类型学的一对初始概念。对形合和意合这一对概念，一般的理解是指形态的组合和语义的组合，形合和意合的对立只是形式和意义的对立。按照这种一般的理解，似乎人类语言都有形合的一面，也都有意合的一面。我们认为，这种观点要么是一种误解，要么是一种偏见。因为，从根本上说，意合和形合是人类语言组织方策的两大类型，应是语言类型学上的最初始的分类。屈折语，孤立语，黏着语，多式综合语的分类是形态语法的标准，是一种形态型的分类。在西方语言学以形态划分语言类型时，是以西方形态型语言为基准的。其实，像汉语这样的意合型语言是同形合型语言截然不同的语言，不可能也不应该把本属不同范畴的语言放在同一个连续统中。为此，我们认为形合和意合是语言类型学对立的两极，其关系为：

形合型：屈折语 黏着语 多式综合语

意合型：孤立语

如果以形态作为语言类型的划分标准的话，屈折语，黏着语，多式综合语都是形态型语言。虽然这些形态有的是内部曲折形态，有的是语尾黏着形态，有的是两者的综合，但从集形态而成范畴、集范畴而成体系这一点看，这些语言的言语组织策略是一致的。即通过形态的变化而组词成句。因此，屈折语，黏着语，多式综合语都是形态型语言，其语法也是组形型语法。

6.4 “一音一意”与汉字

汉语的形音义的关系可用如下公式表达：

((1 音→1 意) ←1 字)

此公式意为：一个音团指派一个意义，而后再由一个汉字对应和分化同音结构。比如：

单音：li3 里锂蠡理李礼鲤李（23 字）……

双音：zhong1dian3 中点 终点 钟点

可见，汉字的作用在于：一是对应“一音一意”的语言体；一是分化同音结构。

必须指出的是，“一音一意”中的“一音”不是印欧语系中的音节概念，汉语中的“一音”是一个声韵调的结合体。一个声韵调所构成的音团对应一个意义（意象）。而西方语言学中的音节概念是音素的结合体，而且一个音节不必与意义直接对应，而是多个音节对应于一个意义。即汉语是“一音一意”；印欧语是多音一意。

关于汉语的单音性，赵元任（1975）的一段话发人深省。兹录于此：

“音节词的单音节性好像会妨碍表达的伸缩性，但实际上在某些方面倒是提供了更多的伸缩余地。我甚至猜想，媒介的这种可伸缩性已经影响到了中国人的思维方式。语言中有意义的单位的简练和整齐有助于把结构词和词组做成两个、三个、四个、五个乃至更多音节的方便好用的模式。我还斗胆设想，如果汉语的词像英语的词那样节奏不一，如 male 跟 female（阳/阴），heaven 跟 earth（天/地），rational 跟 surd（有理数/无理数），汉语就不会有‘阴阳’‘乾坤’之类影响深远的概念。两个以上的音节虽然不像表对立两端的两个音节那样扮演无所不包的角色，但它们也形成了一种易于抓住在一个思维跨度中的方便的单位。我确确实实地相信‘金木水火土’这些概念在汉人思维中所起的作用之所以要比西方相应的‘火、气、水、土’（‘fire，air，water，earth’或‘pur，aer，hydro，ge’）大得多，主要就是 Jīn-mù-shuǐ-huǒ-tǔ 构成了一个更好用的节奏单位，因此也就更容易掌握。……节奏整齐的一个特例是数字的名称。我曾注意到中国小孩比其他国家同年龄的孩子更容易学会乘法表。汉语乘至八十一的九九歌可以既快又清楚地在三十秒内说完。用汉语，真的是只需说‘impenertrability’这一个词的时间就能表达一整段话的内容。”

赵元任先生所讲的很在理。因为汉语是单音节性语言，一个音节对应于一个概念，一个意象。而且一个汉字就是一个音节。因此，一个汉字就标记着一个概念或一个意象。这种关系可概括为：（1×1）×1＝1。这个公式的意思是说，一音一义先构成一个有意义的音节性单位，然后再由后起的汉字来标记这种一音一义的语言单位，从而形成了汉语一音一义一字的音节性语言的特质。音节是汉语言语活动的基本单位。汉语声调的别义性就是汉语音节性的表征。因为声调是加在整个音节上的。声调就是字调。字调管控着整个音节，使声韵浑然为一体，呈现为一个有意义的、言语活动的基本单位的特征。

汉字是标记音节的，罗马字是标记音素的。一般来说，一个汉字对应于一个音节，而一个罗马字对应于一个音素。英语那样的语言是音素性语言。音素是其言语活动的基本单位。汉语的音节性决定了汉语语法组合的基本形式是：音节（汉字）＋音节（汉字）。英语那样的音素性就决定了其语法组合的基本形式是：音素＋音素（音节内部的屈折变化）。

“一音一义”同文字的关系是：$(1\times1)\times1=1$。这就是说，音义关系是初始性的，音义结合体同文字符号的关系是后起性的关系，但同时语言和文字符号要有一种相互对应性。在音义关系上，汉语型（孤立语）语言同形态型语言（屈折语和黏着语）是不同的。汉语型语言的音义关系是一对一的关系，而形态型语言的关系是一对多的关系。像汉语那样的语言是一个音对应一个义（不论是实义还是虚义），而像英语那样的屈折语或像日语那样的黏着语是多个音对应一个义。在这里，需要注意的是，我们所说的一个音，并不是语音学上的音节或音素概念，而是某种特定语言听觉上的一个自然语音单位。音节作为语音学上的一个概念，是由不同的音素构成的结构体，是可以做理论分析和概括的。但对汉语来说，一个音是一个整体，浑然一体不可分割。因此，以拉丁字母为书写符号的汉语拼音方案很容易给人以误解，似乎汉语的每个字音都是由音素构成的。其实，汉语有一个音就有一个义，这个音是有意义的音团。而在像英语那样的形态语言中，一个音并不一定有一个义，常常是多个音表一个义。这是表音语言同表义语言的根本不同。

这里需着重指出的是，“一音一义”中的“音”既不是音素，也不是音节，而是一个音团。因为音素和音节主要是语音学中的概念，同意义并不直接挂钩。而本文的音团是指一个意义（实或虚）的最小的、可自由组合的语音单位。当然，音团也不是语素或词。因为语素或词不是语音单位。

据此，我们也可以从另一个角度说，汉语是单音节的词根性语言。正因为如此，才又产生了如下现象：①古代汉语的单音词占主导地位的倾向；②现代汉语双音字的词头和词缀的虚化；③汉语的实词虚词之分；④不同于西方语音学的声、韵、调的划分。调是字调，是横贯整个字音的。

6.5 《汉语意合语法学导论——汉语型语法范式的理论建构》

2017 年，北京语言大学出版社出版了《汉语意合语法学导论——汉语型语法范式的理论建构》一书，该书是意合语法研究的最新代表作。也是继 1994 年《汉语意合语法论——文化的深层选择》后的二十几年来作者的首次国内版。

1994 年《汉语意合语法论——文化的深层选择》（吉林教育出版社）的出版，标志着汉语意合语法理念的问世。以后又有 2001 年的《汉语意合语法学纲要》（日本，中国书店）和 2012 年的《汉语意合语法研究——基于认知类型和语言逻辑的建构》（日本，白帝社）等著作的出版。不过，由于后几本著作都是在国外出版的，因此该书的主旨是希望能把意合语法的新近研究成果介绍给国内学界。为此，我们以 2012 年版的著述为主，同时又增添了这两年来的研究成果，对汉语意合语法做了进一步的梳理，名之为《汉语意合语法学导论》。可以说该书是作者对意合语法探索的一个最新总括。

该书共分七章。第一章是关于意合语法学的理论探究，也是关于意合语法学的总论。第二章到第六章为专题分论，是依据意合语法学的思想对汉语具体问题的个论和专题研究。第七章是对意合语法研究的回顾和展望。第一章：意合语法学的理论探究。第二章：汉语时制的认知类型学探究。第三章：汉语空间表达的认知类型学解释。第四章是关于汉语动相表达的认知类型学探究。第五章是关于汉语语态－句式的认知类型学探究。第六章是关于汉语主观性的认知类型学探究。第七章是回顾和展望。该书的主旨是：

（1）语法研究应是人类的智能结构探索的一部分。

（2）汉语是意合语法。意合和形合具有语言类型学的价值，是划分语言类型的初始概念。

（3）汉语语法的规则及其系统主要是存在于认知层面上的。这主要表现为语言中的经验范畴的组合规则及其系统。

（4）认知也是分不同层面的，该书所强调的认知主要指经验结构，或曰常识结构。

（5）经验结构是不同文化积淀在语言结构上的历史演变结晶，在共时平面上表现为一种百科全书式的知识范畴系统。

（6）经验结构的逻辑探索，构成了语言逻辑或曰经验逻辑。语言逻辑的现实化是语法研究的智能化和形式化的必由之路。

（7）汉语语法，无论从范畴的内涵，还是从体系的框架上看，都不同于形态型语法。因此，汉语可以而且应当根据汉语的事实来构建汉语语法体系，提出适合汉语的概念术语及理论体系。

该书最值得瞩目的是：

（1）第一次系统而全面地论述了意合语法的理论。提出了意合的“一音一意”的原则，并认为“一音一意”是汉语语法机制的根本，是汉语之为汉语的文化基因。同时，该书认为意合不仅具有语言类型学价值，而且也具有文化学的价值，据此可以建构汉语意合学。

（2）旗帜鲜明地提出了建立汉语型语法学范式的主张，并认为汉语的语法机制是以 1 为核心的句法过程，可表述为：一音一意，一一相加，意合为主，一以贯之。而且汉语在句法信息的组构上有着二维扫描、线性组合、表意单位时长等时的特征，而这将使汉语在人类自然语言的人工智能化的过程中发挥决定性的、为其他类型的语言所无法比拟的优势。

参 考 文 献

论文

常理. 1987. 汉语语法研究观念的嬗变和走向. 语文导报, (5): 42-44 .
戴浩一. 1988. 时间顺序和汉语的语序. 黄河译. 国外语言学, (1): 10-20.
戴浩一. 1990. 以认知为基础的汉语功能语法刍议(上)(下).当代语言学, (5): 21-27, 25-33.
丁邦新. 2002. 上古汉语的构词问题//语言学论丛(26). 北京：商务印书馆: 194-210.
杜纯梓. 2006. 论意合构词法. 求索, (10): 193-195.
端木三. 1999. 重音理论和汉语的词长选择. 中国语文, (4): 246-254.
端木三. 2000. 汉语的节奏. 当代语言学, (4): 203-209, 278.
冯胜利. 1998. 论汉语的自然“音步”. 中国语文, (1): 40-47.
郭锐. 1993. 汉语动词的过程结构. 中国语文, (6): 410-419.
郭锐. 2003. “把”字句的语义构造和论元结构. 语言学论丛, (28): 152-183.
胡敕瑞. 2005. 从隐含到呈现(上)——试论中古词汇的一个本质变化.语言学论丛, (31): 1-21.
胡敕瑞. 2008. 从隐含到呈现(下)——试论中古词汇的一个本质变化.语言学论丛, (38): 99-127 .
黄居仁, 李逸薇. 2013. 知识的系统与知识系统的构建：知识本体语言科学整合研究. 当代语言学, (3)：284-293,376-377.
黄居仁等. 2010. 中文词汇网络：跨语言知识处理基础框架的设计理念与实践. 中文信息学报, (2): 14-23 .
沈家煊，柯航. 2014. 汉语的节奏是松紧控制节奏. 语言学论丛, (50): 47-72 .
刘丹青. 2012. 汉语理的若干显赫范畴：语言库藏类型学视角. 世界汉语教学, (1): 291-305.
刘丹青. 2015. 汉语及亲邻语言连动式的句法地位和显赫度. 民族语文, (3): 3-22.
刘宓庆. 1991. 汉英对比研究的理论问题(下). 外国语, (5): 8-12.
刘勋宁. 2002. 现代汉语句尾“了”的语法意义及其解说. 世界汉语教学, (3)70-79,3-4.
刘玉杰. 1993. 汉语语法意合特点说略. 学术交流, (5): 36-43.
娄成英. 2000. 形合和意合：英汉语篇衔接的对比. 南京航空航天大学学报, (2): 57-61.
吕叔湘. 1963. 现代汉语单双音节问题初探. 中国语文, (9): 10-22.
吕叔湘. 1984. 把字用法的研究//汉语语法论集. 增订本. 北京：商务印书馆: 176-199.
齐沪杨，张琬. 2013. 现代汉语连动式的形成基础及条件. 汉语与汉语教学研究, (4): 25-35.

任永军. 2010. 汉语意合问题研究述述略. 汉语学习, (3): 64-71.
邵敬敏. 2004. 语义语法说略. 暨南大学学报, (1): 100-106,141.
邵敬敏, 赵春利. 2005. 关于语义范畴的理论思考. 世界汉语教学, (6): 29-40.
申小龙. 1988. 论汉语句子的心理视点. 语言教学与研究, (1): 12-31.
沈家煊. 1995. “有界”与“无界”. 中国语文, (5): 367-380.
沈家煊. 2003. 现代汉语“动补结构”的类型学考察. 世界汉语教学, (3) : 17-23.
沈家煊. 2006. 概念整合和意义浮现. 修辞学习, (5): 1- 4.
盛林. 2002. 汉语词语中的意合现象探析. 汉字文化, (2): 18-21.
王灿龙. 2002. 句法组合中单双音节选择的认知解释. 语法研究与探索, (11): 128-140 .
王菊泉. 2007. 关于形合和意合问题的几点思考. 外语教学与研究, (6): 409-416,480.
武元, 杨洪升. 2008. 文言句式的意合探究. 学术交流, (3): 142-144.
徐国玉. 2013. 汉语语法研究的方向性探索——《汉语意合语法研究》评介. 汉语学习, (3): 106-112.
徐静茜. 1987. 汉语的“意合”特点与汉人的思维习惯. 湖南师范专科学校学报, (1): 15-19.
许剑宇. 1998. 意合法琐谈. 杭州师范学院学报, (9): 4-7.
袁毓林. 2015. 汉语意合语法的认知机制和描写体系. 中国语学, (1): 1-22.
张黎. 1987. 谈谈“意合法”——兼论汉语语法特点. 北方论丛, (2): 26-38.
张黎. 1991. 语义范畴之文化价值//文化的语言视界——中国文化语言学论集. 上海: 三联书店: 235-245.
张黎. 1995. 汉语句子的语义结构. 北方论丛, (5): 54-60.
张黎. 1996a. “着”的语义分布及其语法意义. 语文研究, (1): 6-12.
张黎. 1996b. 语义搭配律. 汉语学习, (2): 41-44 .
张黎. 1997a. “处所”范畴大河内康宪教授退官纪念//中国语学论文集. 东京: 东方书店: 141-156.
张黎. 1997b. “谓了 C”和“谓 C 了”. 中国语学, (243): 34-42.
张黎. 1997c. 什么是意合语法——关于意合语法的讨论之一. 汉语学习, (1): 58-61 .
张黎. 1999. 范畴语法的若干理论问题//现代中国语学论文集. 东京: 中国书店: 275-291.
张黎. 2003a. “界变”论——关于现代汉语“了”及其相关现象. 汉语学习, (1): 12-24 .
张黎. 2003b. “有意”和“无意”——汉语“镜像”表达中的意合范畴. 世界汉语教学, (1): 30-39 .
张黎. 2006. 汉语的动相——从补语问题谈起//中国语の补语. 东京: 白帝社: 126-138 .
张黎. 2007. 汉语“把”字句的认知类型学解释. 世界汉语教学, (1): 52-63 .
张黎. 2008. 汉语位移句的语义解释. 现代中国语研究, (8): 8-15 .

张黎. 2009. 汉语补语的分类及其认知类型学的解释. 对外汉语研究, (4): 1-17.
张黎. 2010a. 汉语“动作–结果”的句法呈现及其认知类型学的解释. 对外汉语研究, (6): 94-110 .
张黎. 2010b. 现代汉语“了”的语法意义的认知类型学解释. 汉语学习, (6): 11-23 .
张黎. 2011. 汉语“着”的语法意义及其相关现象的认知类型学解释.中国语教育,(9): 24-36.
张黎. 2012a. 汉语句式系统的认知类型学解释——兼论汉语的语态. 汉语学习, (3): 12-24 .
张黎. 2012b. 汉语时制认知类型学解释. 中国语文法研究, (1): 193-205 .
朱彦. 2016. 意象图式与多义体系的范畴化——现代汉语动词“赶”的多义研究. 当代语言学, (1): 38-50.

专著

白乐桑. 1989. 汉语语言文字启蒙. 北京: 华语教学出版社.
陈承泽. 1920. 国文法草创. 北京: 商务印书馆.
董秀芳. 2011. 词汇化——汉语双音词的衍生和发展. 北京: 商务印书馆.
冯胜利. 2000. 汉语韵律句法学. 上海: 上海教育出版社.
高名凯. 1948. 汉语语法论. 上海: 上海开明书店.
高增霞. 2006. 现代汉语连动式的语法化的视角. 北京: 中国档案出版社.
龚千炎. 1995. 汉语的时相 时制 时态. 北京: 商务印书馆.
郭锐. 2002. 现代汉语词类研究. 北京: 商务印书馆.
郭富强. 2006. 意合形合的汉英对比研究. 上海: 华东师范大学博士学位论文.
何群雄. 2000. 中国语文法学事始. 东京: 三元社.
洪堡特. 2001. 洪堡特语言哲学文集. 姚小平译. 长沙: 湖南教育出版社.
胡以鲁. 1923. 国语学草创. 北京: 商务印书馆.
蒋绍愚, 曹广顺. 2005. 近代汉语语法史研究综述. 北京: 商务印书馆.
柯航. 2012. 现代汉语单双音节搭配研究. 北京: 商务印书馆.
李葆嘉. 2007. 语义语法学导论——基于汉语个性和语言共性的建构.北京: 中华书局.
李靖民. 2013. 形合和意合及 Hypotaxis 和 Parataxis //李靖民. 英汉翻译实践要略. 天津: 天津社会科学院出版社.
李明. 2004. 中国近事报道. 郭强等译. 郑州: 大象出版社.
李铁根. 1999. 现代汉语时制研究. 沈阳: 辽宁大学出版社.
利玛窦, 金尼阁. 1983. 利玛窦中国札记. 何高济等译. 北京: 中华书局.

连淑能. 1993. 英汉对比研究. 北京: 高等教育出版社.
陆丙甫. 1992. 核心推导语法. 上海: 上海教育出版社.
陆俭明, 马真. 1999. 现代汉语虚词散论. 北京: 语文出版社.
吕冀平. 1984. 句法分析和句法教学//汉语析句方法讨论集. 北京: 语文出版社.
吕叔湘. 1982. 中国文法要略. 北京: 商务印书馆.
吕叔湘. 1986. 中国语法学史稿·序. 北京: 语文出版社.
潘文国. 1997. 汉英语对比纲要. 北京: 北京语言大学出版社.
潘文国. 2002. 字本位与汉语研究. 上海: 华东师范大学出版社.
申小龙. 1991. 中国句型文化. 长春: 东北师范大学出版社.
申小龙. 1995. 当代中国语法学. 广州: 广东教育出版社.
申小龙. 2013. 中国古代语言学史. 上海: 复旦大学出版社.
苏新春. 2014. 汉字的语言性与语言功能. 济南: 山东教育出版社.
孙常叙. 1956. 汉语词汇. 长春: 吉林人民出版社.
王力. 1943. 中国现代语法. 北京: 商务印书馆.
王力. 1957. 汉语语法纲要. 上海: 上海新知识出版社.
吴其尧. 2006. 庞德与中国文化. 上海: 上海外语教育出版社.
徐通锵. 2005. 汉语结构的基本原理——字本位和语言研究. 青岛: 中国海洋大学出版社.
徐通锵. 2008. 汉语字本位语法导论. 济南: 山东教育出版社.
张伯江, 方梅. 1996. 汉语功能语法研究. 南昌: 江西教育出版社.
张黎. 1994. 汉语意合语法论-文化的深层选择. 长春: 吉林教育出版社.
张黎. 2000. 汉语范畴语法论集. 北京: 中国书店.
张黎. 2001. 汉语意合语法学纲要. 北京: 中国书店.
张黎. 2012. 汉语意合语法研究——基于认知类型学和语言逻辑的建构. 东京: 白帝社.
张黎 2017. 汉语意合语法学导论——汉语型语法范式的理论建构. 北京: 北京语言大学出版社.
张敏. 1998. 认知语言学与汉语名词短语. 北京: 中国社会科学出版社.
张旺熹. 1998. 汉语特殊句法的语义研究. 北京: 北京语言大学出版社.
周法高. 1980. 论中国语言学. 香港: 香港中文大学出版社.
朱德熙. 1980. 现代汉语语法研究. 北京: 商务印书馆.
朱德熙. 1982. 语法讲义. 北京: 商务印书馆.
朱德熙. 1985. 语法问答. 北京: 商务印书馆.
朱彦. 2004. 汉语复合词语义构词法研究. 北京: 北京大学出版社.
赵元任. 1975.中国现代语言学的开拓和发展——赵元任语学论文选. 北京: 清华大学出版社.

The Grammar of “意合” in the past 30 years

Abstract This paper mainly demonstrates and describes the development of Chinese grammar of “意合” and its various achievements in the past thirty years, and also gives a brief explanation of its basic theory. We hope that, through such a diachronic retrospection，on the one hand, it will reveal the contents of “意合” grammar and its practical value to the academic circle, and on the other hand, demonstrate a true chapter in the history of Chinese grammar.

Key words Chinese Grammar of “意合”，History of Chinese Grammar

张黎

日本大阪产业大学，教授

电子邮箱：zhangli@las.osaka-sandai.ac.jp

论句子由小句构成*

陈立民

摘　要　传统上通常认为汉语中有四级语法单位：语素→词→短语（词组）→句子。本文提出，句子不是直接由短语构成的，在句子和短语之间还有一级语法单位，作者称之为小句。句子是由小句构成的，小句才是由短语构成的。同时，作者还把过去的句子分化出句子和复句两级语法单位来。这样一来，汉语中就有六级语法单位：语素→词→短语（词组）→小句→句子→复句。作者还分析了两个实例来证明建立小句这级语法单位的必要性和合理性。

关键词　小句　句子　构成

一、引言：汉语的语法单位及其关系

在过去，通常认为汉语中有四级语法单位，它们之间的关系如下：[①]（如吕叔湘 1979、1984a；朱德熙 1982；张斌 1998）

语素→词→短语（词组）→句子

由于语素和词与本文的讨论无关，所以下面只举短语和句子的例子：

（1）漂亮的房子

（2）很新鲜

---

* 本文完成于 2007 年 7 月，写完后直接放在了东方语言学网。当时还写了一个作者按，这里转录如下：本文的基本思想是：在词组（短语）和句子之间，存在着小句这样一级语法单位（不同于吕叔湘先生的小句（单句）概念），并且句子（复合句）由两个（或两个以上） 小句融合而成。这个思想形成于 1999 年前后，当时已经写成文章，但作者对其中的论证并不满意。经过多年的思考，这次我在原稿的基础上作了很大的修改和补充，最终写成现在的这个样子。自己感觉论证得比较充分了。当然相对于对汉语句子结构的全面的描写和分析，本文仍然是提纲性的，是非常简略的。现在把文章发表在这里，请读者批评指正。

（3）洗衣服

（4）我有点儿不舒服。

（5）前一天下雨，第二天刮风。

（6）因为昨天晚上下了雨，所以地上有水。

其中例（1）～（3）是短语。例（4）～（6）是句子，这其中例（4）是单句，例（5）（6）是复句。

此外吕叔湘（1979）还提出过一个小句概念，指的是通常所说的单句和复句中的分句，相当于本文所说的句子。如例（4），以及例（5）中的“前一天下雨”和“第二天刮风”，例（6）中的“昨天晚上下了雨”和“地上有水”。

实际上，过去之所以把例（4）和例（5）（6）都归入句子，依据的是如下的句子定义：“句子是前后都有停顿并且带着一定的句调表示相对完整的意义的语言形式。”（朱德熙 1982：28）不难看出，这个定义主要是从语音角度出发的，而不是从语法结构角度出发的。请看下面例子：

（7）前一天下雨（A）。第二天刮风（B）。

（5）前一天下雨（A），第二天刮风（B）。

按照朱德熙的观点，例（7）中的“前一天下雨”“第二天刮风”是句子。例（5）作为整体是句子，但例（5）中的“前一天下雨”“第二天刮风”不是句子。这是根据语调的不同分的类。即在例（7）中的A、B两个语言片段分别是句子，例（5）中的A、B两个语言片段合在一起是句子，是因为例（7）中的A的末尾的语调（停顿时间的长度）、B的末尾的语调与例（5）中的B的末尾的语调相同。然而从语法结构的角度来观察，我们实在难以把例（7）中的A、B与例（5）归入一类，更愿意把例（7）中的A与例（5）中的A归入一类，把例（7）中的B与例（5）中的B归入一类。

不仅如此，在我们看来，例（7）中的A、B两个语言片段之间与例（5）中的A、B两个语言片段之间的语调差异（例（7）中的A、B之间停顿时间要长一些，例（5）中的A、B之间停顿时间要短一些，分别用句号和逗号来标记），并不是表明例（7）中的A、B是两个句子，而例（5）中的A、B不是句子。而是表明：说话人认为，例（7）中的A、B两个句子之间的语义关系相对疏远一些，而例（5）中的A、B两个句子之间的语义关系相对密切一些。

下面情况也值得我们注意：吕叔湘（1979）一方面同意例（7）中的“前一天下雨”“第二天刮风”，以及例（5）都是句子；另一方面又把例（7）中的“前一天下雨”“第二天刮风”，以及例(5)中的“前一天下雨”“第二天刮风”都归入小句，而复句是由两个（或两个以上）的小句构成的。朱德熙（1982：242）一方面认为例（5）中的“前一天下雨”“第二天刮风”不是句子，另一方面又说它们是“抽象化的句子”，而复句正是由这些“抽象化的句子”构成的。这些看起来多少有些前后矛盾的说法促使我们对句子和复句的含义及关系作新的思考。

根据上面的理由，我们主张从过去所谓的句子中分化出两个语法单位来：句子和复句②。句子就是过去所说的单句和复句中的分句，如例（4）、例（5）（7）中的“前一天下雨”和“第二天刮风”、例（6）中的“昨天晚上下了雨”和“地上有水”。复句就是过去说的复句，由两个或两个以上的句子按照一定的方式构成，如例（5）（6）。

对于上面公式中的短语和句子（单句、分句）的关系我们也有不同看法。在我们看来，句子不是直接由短语构成的，在句子和短语之间还有一级语法单位，我们称之为小句。句子是由小句构成的，小句才是由短语构成的。这样一来，汉语中就有六级语法单位，它们的关系如下：

语素→词→短语（词组）→小句→句子→复句

关于句子和复句的关系的具体讨论，我们另文进行。本文主要讨论小句和句子的关系。

二、小句及小句如何生成句子

下面语言片段都是小句：

（8）我用这把刀切肉

（9）那个老大爷昨天晚上死了

（10）她的眼睛大大的

（11）他是外科医生

（12）我们班有许多外国留学生

（13）你的袜子在沙发上

（14）他给了我一支笔

（15）妈妈让我自己去

上面每个例子代表一个小句类型。例（8）（9）是一般动词谓语小句（简称一般动词小句，下同），其中例（8）是动作（或行为）动词小句，例（9）是状态动词小句。例（10）是形容词小句。例（11）是“是”字小句。例（12）是“有”字小句。例（13）是“在”字小句。例（14）是“给”字小句。例（15）是“使/让”小句。完全可能还有其他一些类型的小句，不过就目前而言，这些例子足以说明问题了。

观察上面例子，不难发现小句具有如下两个显著的特点（下面的表述肯定还有改进的余地）：

（1）它们就是过去所说的标准的“主谓宾句”，其中施事（广义的）做主语，受事（广义的）做宾语，时间、处所、工具等等做状语。

（2）谓语部分只包含一个动词或形容词（“使/让”小句有些特殊，宾语名词后面的动词及其连带成分是宾语补足语）。

过去学者们总是用“主语—谓语—宾语”结构模式来分析句子，尽管从来没有人能够对主语、谓语、宾语等概念作出明确的、统一的定义，但也很少有人对“主语—谓语—宾语”结构模式是句子的结构模式这一点产生过怀疑，总以为是自己考察的语料不够多，或者在研究方法上存在着问题。现在我们认识到，“主语—谓语—宾语”结构模式不是句子的结构模式，而是小句的结构模式。用小句的结构模式来解释句子当然会显得格格不入。③关于用“主语—谓语—宾语”结构模式来解释句子遇到的种种困难，人们已经说了许多，这里不再重复。这里需要强调的是，如果我们用小句构成句子的观点来看问题，就会发现，所有句子都可以切分出若干个小句，而这些从句子中切分出来的小句都是符合“主语—谓语—宾语”结构模式的。请看下面的例子：

<table>
<tr><th>句子</th><th>小句</th></tr>
<tr><td>（16）我读过这本书。</td><td rowspan="2">我读过这本书</td></tr>
<tr><td>（17）这本书我读过。</td></tr>
<tr><td>（18）你哭醒了她。</td><td rowspan="3">（a）你哭了
（b）她醒了</td></tr>
<tr><td>（19）你把她哭醒了。</td></tr>
<tr><td>（20）她被你哭醒了。</td></tr>
<tr><td>（21）我走过去跟她攀谈起来。</td><td>（a）我走过去
（b）我跟他攀谈起来</td></tr>
<tr><td>（22）黑板上写着一行字。</td><td>（a）黑板上有一行字
（b）某人在黑板上写了一行字</td></tr>
<tr><td>（23）我们选他当班长。</td><td>（a）我们让他当班长
（b）我们选他</td></tr>
</table>

上表右栏中的九个小句是由左栏相应句子切分而来，它们都是标准的“主谓宾句”。剩下的问题就是具体描述句子是如何由小句生成的。

句子可以由一个小句构成，也可以由两个（或两个以上）小句构成。由一个小句构成的句子我们称作简单句，由两个（或两个以上）小句构成的句子我们称作复合句。前面列举的八种小句都可以直接生成简单句（括号里的语言片段是小句）：

（8′）我用这把刀切肉。（＝我用这把刀切肉）

（9′）那个老大爷昨天晚上死了。（＝那个老大爷昨天晚上死了）

（10′）她的眼睛大大的。（＝她的眼睛大大的）

（11′）他是外科医生。（＝他是外科医生）

（12′）我们班有许多外国留学生。（＝我们班有许多外国留学生）

（13′）你的袜子在沙发上。（＝你的袜子在沙发上）

（14′）他给了我一支笔。（＝他给了我一支笔）

（15′）妈妈让我自己去。（＝妈妈让我自己去）

下面再举些例子。由于一般动词小句是本文讨论的重点，所以下面我们只举由这种小句构成的简单句：

（24）花猫逮住了一只耗子。（＝花猫逮住了一只耗子）
（25）我给小王写了一封信。（＝我给小王写了一封信）
（26）他们明天上广州。（＝他们明天上广州）
（27）这灯泡坏了。（＝这灯泡坏了）
（28）他笑了。（＝他笑了）

上面的简单句都是通常所说的“一般主动宾句”，此外简单句中还有许多所谓的“主谓谓语句”。那么“主谓谓语句”又是如何生成的呢？

“主谓谓语句”也是由一个小句生成的，但不是由小句直接生成的，而是由“一般主动宾句”在一定条件下通过移位手段转化来的。“主谓谓语句”的生成遵循旧信息在前新信息在后的信息组织原则，即把旧信息成分移位到句子前面，让新信息成分留在句子后面。具体来说有下面几种情况：（详见陈立民 2006）

（1）宾语是旧信息，其前面的谓语动词是新信息，把旧信息成分提到句首。例如：

（29）这套房子他们‹已经买下了›∧。（他们已经买下了这套房子。）

（30）她（肖科平）回到过厅，看到那摞堆在地板上的俄文书，朝李缅宁房间喊：“喂，把你的破书搬走，搁在这里怪碍事的。”

李缅宁从房间出来，看了眼那堆书：“这些书我‹不要∧了›。”（我不要这些书了。）

旧信息成分也可以提到句中，从而形成另一种形式的“主谓谓语句”。但要受到一定的限制：

（31）甲：这套房子呢？

乙：a.? 我这套房子‹不怎么喜欢›∧。（我不怎么喜欢这套房子）

b. 我这套房子‹不怎么喜欢›∧，那套250平方米的倒想再看看。

c. 这套房子我‹不怎么喜欢›∧。

在上面例子中，针对甲的问话，乙的答话a句很不自然，c句很自然。但b句中加了一个对比句，就显得很自然了。

（2）一般简单句的状语的全部或一部分是旧信息，其前面的定语或句子的主语是新信息，把旧信息成分提到句首。例如：

（32）这事‹老高∧有意见›。（老高对这事有意见。）

（33）这把刀‹我∧切萝卜›。（我用这把刀切萝卜。）

（3）一般简单句的主语的一部分是旧信息，主语的其他部分及谓语是新信息，把旧信息成分提到句首。例如：

（34）这个人‹∧心眼儿好›。（这个人的心眼儿好。）

（35）这一次分配来的知识青年，‹上海∧的最多›。（这一次从上海分配来的知识青年最多。）

再看下面的例子：

（36）甲：你吃羊肉吗？

乙：a. 我不吃羊肉。（“不”带加强重音）

b. 羊肉我（可）不吃。

c. 我羊肉不吃（吃牛肉）。

这三个句子都是由一般简单句“我不吃羊肉”转换来的。三个句子的信息结构相同（其中“羊肉”是旧信息，“不吃”是新信息），但表现手段不同。a句是用在新信息成分之上加加强重音的方式来表现，这是一般简单句。b、c两句是用移位的方式来表现，它们是“主谓谓语句”。

上文列举的八种小句也可以两两组合构成在结构上比简单句复杂的复合句（下面的分析是相当粗疏的，关于各个句型的语法结构的详细描写和分析，我们另文进行）：

（1）动补句由一个动作（或行为）动词小句和一个状态动词小句、形容词小句或动作（或行为）动词小句构成。下面是一般动补句的例子：

（37）你爸爸老糊涂了。（＝你爸爸老了＋你爸爸糊涂了）
（38）哥哥骂哭了弟弟。（＝哥哥骂了弟弟＋弟弟哭了）
（39）他喊哑了嗓子。（＝他喊＋他的嗓子哑了）
（40）他喝酒喝醉了。（＝他喝了酒＋他醉了）

下面是“把”字句的例子：

（41）风把路旁的树木吹弯了。（＝风吹＋路旁的树木弯了）
（42）这包衣服把我洗累了。（＝我洗了这包衣服＋我累了）

下面是“被”字句的例子：

（43）杯子被他打破了。（＝杯子破了＋他打了杯子）
（44）弟弟被哥哥骂哭了。（＝弟弟哭了＋哥哥骂了弟弟）

下面是“得”字句的例子（其中副小句的谓语部分比较复杂）：

（45）我们笑得腰都直不起来了。（＝我们笑＋我们的腰都直不起来了）
（46）羊吃青草吃得很肥。（＝羊吃青草＋羊很肥）

（2）连动句由一个动作（行为）动词小句和一个动作（行为）动词小句或形容词动词小句构成。例如：

（47）他去车站接人。（＝他接人＋他去车站）
（48）老人拍着手笑。（＝老人笑＋老人拍手）
（49）我跑出去开门。（＝我开门＋我跑出去）
（50）春风轻轻地吹。（＝春风吹＋春风轻轻的）

（3）兼语句由一个“使/让”小句和一个动作（或行为）动词小句、状态动词小句或形容词小句构成。例如：

（51）萧队长催他快把车子赶出来。（＝萧队长让他快把车子赶出来＋萧队长催他）

（52）你别惹他生气。（＝你别让他生气＋你别惹他）

（53）他鼓励我参加比赛。（＝他让我参加比赛＋他鼓励我）

（54）我已经派了车子来接你们。（＝我已经让车子来接你们＋我派了车子）

（4）存在句由一个“有”字小句和一个动作（或行为）动词小句构成。例如：

（55）台上坐着主席团。（＝台上有（一个）主席团＋主席团在台上坐着）

（56）床上躺着一个病人。（＝床上有一个病人＋这个病人在床上躺着）

（57）墙上挂着一幅画。（＝墙上有一幅画＋某人在墙上挂了一幅画）

（58）外头下着雨。（外头有雨＋雨在下）

（5）“在”字句（其中的“在”为动词）由一个动作（行为）动词小句或状态动词小句和一个“在”字小句构成。例如：

（59）孩子掉在井里。（＝孩子掉下来＋孩子在井里）

（60）小猴子跳在马背上。（＝小猴子往马背上跳＋小猴子在马背上）

（61）他死在医院里。（＝他在医院里死了＋他在医院里）

（62）刀砍在石头上。（＝刀在石头上＋某人用刀砍）

（6）“给”字句（其中的“给”为动词）由一个“给”字小句和一个动作（行为）动词小句构成。例如：

（63）我送给他一本书。（＝我给他一本书＋我送了这本书）

（64）他寄给老张一个包裹。（＝他给老张一个包裹＋他寄了这个包裹）

（65）我买了一批书给学校。（＝我买了一批书＋我给学校这批书）

（66）我打了一件毛衣给他。（＝我打了一件毛衣＋我给他这件毛衣）

（7）包孕句由一个动作（行为）动词小句（其中的动作（行为）动词

是特定的动作（行为）动词）和一个任意类型的小句构成。例如：

（67）他知道你今天会来。（＝他知道一件事＋你今天会来）

（68）我看见他从那边走过去了。（＝我看见一件事＋他从那边走过去了）

（69）他同意另写一篇。（＝他同意一件事＋他另写一篇）

（70）他问我你去不去。（＝他问我一件事＋你去不去）

现在我们来说明复合句是如何生成的。在讨论这个问题之前，我们需要区分两个跟组合有关的概念：直接组合和变异组合。所谓直接组合是指两个直接成分组合成一个大的单位之后具有相对的独立性，它们彼此的界限仍然是清楚的。所谓变异组合是指两个直接成分组合成一个大的单位之后已经融为一体，不分彼此了。换句话说，这两个直接成分在组合过程中发生了变异（关于这个问题的详细情况我们另作专文讨论）。下面语言片段是通过直接组合方式生成的：

（1）漂亮的房子（＝漂亮＋房子）

（3）洗衣服（＝洗＋衣服）

（71）你和我（＝你＋我）

（5）前一天下雨，第二天刮风。（＝前一天下雨＋第二天刮风）

（6）因为昨天晚上下了雨，所以地上有水。（=昨天晚上下了雨+地上有水）

其中例（1）是把“房子”置于“漂亮”之后并用“的”（作为两个直接成分语义关系的标记）连接而成。例（3）是把“衣服”直接置于“洗”之后形成的。例（71）是把“我”置于“你”之后并用“和”（作为两个直接成分语义关系的标记）连接而成。例（5）是把“第二天刮风”置于“前一天下雨”之后并用语调（停顿）连接而成。例（6）是把“地上有水”置于“昨天晚上下了雨”之后并用“因为……所以”（作为两个直接成分语义关系的标记）及语调（停顿）连接而成。而复合句则是通过变异组合方式生成的（详见下文）。

复合句的生成还涉及若干语法手段，每个语法手段都有相应的语法规则。这些语法手段是：

（1）插入：把一个小句置于另一个小句当中。

（2）添加：增加某个在原来小句中没有的成分。

（3）省略：省去某个在原来小句中已有的成分。

（4）移位：把原来小句中的某个成分移动位置。

（5）替换：用某个新的成分来代替原来小句中的某个成分。

需要指出的是，上述语法手段同样适用于其他语法单位的生成，只不过出于本文的研究目的，我们从句子生成的角度来定义这些概念。

下面我们通过分析两个具体例子来说明小句是如何运用上述手段及相应的语法规则复合成复合句的。先看下面例子：

（72）a. 他铲平了那块地。

b. 他把那块地铲平了。

c. 那块地被他铲平了。

例（72）中的三个句子是同义句，同时它们之间又存在着细微的语义差别，这可以通过它们适用于不同的语境看出来：（参看郑远汉 2001：238）

（73）a. 他铲平了那块地，又去挖沟。

b. 他整整用了半天时间，才把那块地铲平了。

c. 那块地土质坚硬，竟然被他铲平了。

现在我们来描写这三个句子的生成过程，顺便也解释三个句子的语义联系和区别。三个句子都是由下面两个小句构成的：

（A）他铲了那块地

（B）那块地平了

其中 A 是动作动词小句，B 是状态动词小句，两个小句所表示的事件具有因果关系。我们可以把 A 看作主小句，把 B 看作副小句，B 事件是 A 事件造成的结果，上面的例（72a）（72b）就是按这种方式生成的。例（72c）是一个“被”字句，关于“被”字句的生成方式还涉及一些比较复杂的因素，我们另作专文讨论。例（72a）（72b）的具体生成过程可以图示如下：

他铲了那块地＋那块地平了

↓（把副小句 B 插入主小句 A 的末尾）

他铲了那块地[那块地平了]

↓（省略 B 中的重复成分“那块地”）

他铲了那块地[平了]

（把“那块地”移位↙ ↘（把“那块地”移位到动词前

到句末位置） 并加“把”字）

他铲了[平了]那块地 他把那块地铲了[平了]

（省略前一个重复的“了”）↓ ↓（省略前一个重复的“了”）

他铲平了那块地 他把那块地铲平了

再看下面例子：

（67）他知道你今天会来。

这是一个包孕句，由下面两个小句构成：

（A）他知道一件事

（B）你今天会来

其中 A 是主小句，B 是副小句，B 小句的所指与 A 小句的宾语“一件事”的所指相同。例（67）的生成过程可以图示如下：

他知道一件事＋你今天会来

↓（用 B 小句替换 A 小句的“一件事”）

他知道[你今天会来]

↓

他知道你今天会来

三、以往研究的启示

在第二节我们提出了汉语中存在小句一级语法单位并且句子由小句复合而成的思想。提出这样一个思想，中外语言学家以往的相关研究成果给了我们很大的启发。下面我们选取斯托克威尔（1977）、李临定（1986）、徐世荣（1999）为代表加以评述。

美国语言学家斯托克威尔（1977）提出了一个“原子句”（atomic structure of sentence）的概念。所谓原子句指那些只包含一个限定动词（有时的标记）而又没有非限定动词的主动陈述句（128 页）。所有其他句子都是派生的，它们通过各种方式把原子句组合而成，或者是它们在句子里加进去某种表示 Tense（时）、Aspect（态）、Mood（语气）、否定等语义概念的语言成分（18 页）。

斯托克威尔的原子句仍然属于句子范畴，所以并不完全等同于我们的小句概念。例如他只把 John left 看作是原子句，而把 John didn't leave. John possibly left. Did John leave?等排除在原子句范围之外（18 页）。但二者在很大程度上是相合的，至少在下面例子（以及同类例子）中的原子句就是我们所说的小句。

斯托克威尔（1977：217～218）对于英语的存在句（existential sentence）的结构问题作了比较详细的讨论。他指出，像下面这样的句子，没有完全令人满意的分析：

（74）There's a snake in the garden.

（75）There's a concert at two o'clock.

（76）There're plenty of good cellists in the world.

人们普遍假设它们是从下面这些简单句派生而来的：

（74′）A snake is in the garden.

（75′）A concert is at two o'clock.

（76′）Plenty of good cellists are in the world.

这种建议的一个严重问题是，这些想象中更为基本的句子是很成问题的，尽管它们并非是完全不能接受的，至少它们十分不自然，暗示着它们违反了某种语法限制。但是，同一句子如果主语名词短语是有定的，情况就会好得多：

（74″）The snake is in the garden.

（75″）The concert is at two o'clock.

（76″）The world has plenty of good cellists.

很明显，there 的功能是实用上的：在言谈中它引进了新的词语，把所指分配给它们，此后这个所指就为听话人和说话人所共有了。同时，虽然它在陈述句动词的前面，但显然不是普通意义上的名词短语主语，因为它并不支配和动词的一致关系：

（74）There is a snake in the garden.

（77）There are some snakes in the garden.

形式上，它像副词 there“在那儿”，但在好几个重要方面它与副词很不相同。第一，它不重读，而副词在动词之前时是要重读的：

（78）There（副词）is another firecracker.

（79）There is another firecracker there（副词）in the drawer.

第二，副词 there 的意义可以明确地解释为“在那儿”：

（80）There you can find another firecracker. = In that place you can find another firecracker.

而把表示呈现（存在）的 there 解释为“在那儿”就完全行不通：

（79′）In that place is another firecracker there in the drawer.

于是斯托克威尔提出了一个新的观点：英语的存在句是由两个原子句按一定方式组合而成的，用 There's a snake in the garden 为例，可以分析为：

（A）there's a snake

（B）a snake is in the garden

其生成过程可以描述如下：

there's a snake + a snake is in the garden

↓（把从属原子句插入主要原子句句末位置）

there's a snake[a snake is in the garden]

↓（省略从属原子句中的重复成分 a snake，相应地省略 is）

there's a snake in the garden

再看一个例子：

（81）Mary said she was leaving.

我们注意到有两个动词：said 和 was leaving，那就一定有两个原子句：

（A）Mary said something

（B）she was leaving

两个原子句按下面方式派生为例（87）：

Mary said something + she was Leaving

↓（用从属原子句替换主要原子句中的 something）

Mary said [she was leaving]

↓

Mary said she was leaving

现在我们用另一个句子，加上一点稍微复杂的因素：

（82）Mary expected to leave.

这儿又有两个动词：expect 和 leave。因此例（82）一定也有两个原子句。但动词 expect 后面没有其他名词短语，我们从句子的语义中填补了一个：它表示玛丽希望她（玛丽）能够离开（比较：Mary expected John to leave.）。因而有：

（A）Mary expected something

（B）Mary will leave

其生成过程可以描述如下：

Mary expected something + Mary will leave

↓（用从属原子句替换主要原子句中的something）

Mary expected [Mary will leave]

↓（省略在下层出现的 Mary，并用 to 来替换情态动词 will）

Mary expected [to leave]

↓

Mary expected to leave

斯托克威尔还分析了两个相当复杂的例子：

（83）The girl who lives next door persuaded two friends to help her paint the kitchen.

（84）His failing the exam proved that he was wrong in deciding to quit school.

例（83）由四个原子句派生而来：

（A）the girl lives next door
（B）the girl persuaded two friends some event
（C）two friends help her some event
（D）she painted the kitchen

例（84）由五个原子句派生而来

（A）he failed the exam
（B）some event proved some event else
（C）he was wrong

（D）he decided something

（E）he quit

限于篇幅，我们不再转述这两个句子的具体生成过程。

李临定（1986）用两个表述分析法来分析结构复杂的句子。下面是一些复杂句子的分析式，其中等号后面的语言片段是表述：

（85）他伸出手接过烟去＝他伸出手＋他用手接过烟去（“他用手接过烟去”是“他伸出手”的目的）

（86）他摇晃着头说＝他摇晃着头＋他说（他以“摇晃着头”的方式“说”）

（87）老张熬夜熬病了＝老张熬夜＋老张病了（“老张熬夜”与他“病了”有因果关系）

（88）他逼我检讨＝他逼我＋他让我检讨（句子有使令义）

（89）他原谅我小＝他原谅我＋我小（“我小”是“他原谅我”的原因）

李临定实际上是在对复杂句进行语义结构分析，其中的表述实际上是对句中两个动词与相关名词性成分之间的语义关系的形式化的表达方式。因此上面的表述并不是小句，而是小句的表现对象。然而李临定的工作却因而向我们透露了一个重要的信息，这就是：我们对上述句子的句法结构分析与李临定对这些句子的语义结构分析是完全一致的。换句话说，我们把上述句子切分为小句与我们对这些句子的语义理解是完全一致的。而如果我们把这些句子切分为短语，就与我们对这些句子的语义理解是脱节的。④

其实对一个语法单位的句法结构分析应该与对这个语法单位的语义结构分析相一致，或者说把一个语法单位进行切分的结果应该与本地人对这个语法单位的语义理解相一致，这也是结构主义学派所主张的基本原则，（参看朱德熙 1962：167～169；范继淹 1981：131；张斌 1998：45～46）遗憾的是他们在具体的语言研究实践中并不能始终贯彻这个原则。

融合的思想集中体现在语音学家对儿化音节（儿化韵）的分析上，徐世荣（1999：133）对此有相当完整的表述：

普通话里有一些词（主要是名词）带着辅助成分“儿尾”如“花儿”“鸟

儿”等。“儿”本来是独立的音节，但经过长时期的极流利的连读，就产生一种连音变化，两个音节（“儿”和它前面的音节）融合成为一个音节，“er”失去了独立性，只保持了因卷舌动作而发出的十分短弱的卷舌音（-r 音）。这个卷舌音附加在它前面一个音节的韵母上，使原来那个韵母有或多或少的变化。这种变化的韵母就叫做“儿化韵”。

徐世荣指出，儿化音节（儿化韵）的发音变化规律最基本的有两条：

（1）变得多或变得少，完全看这个韵母是不是便于卷舌。卷舌很便利的，原韵母就不变，只加上-r；能卷舌，但不太便利，就稍变，迁就卷舌动作；不能卷舌的，大变，甚至去掉韵尾，增添音素，使其有卷舌动作。

（2）原来的主要元音在音节中所居地位并不因“儿化”而移动。这种情况出现在增加 er 的一类变化上。如 dǐ（底）变 dǐ- er，qǔ（曲）变 qǔ- er，xīn（心）变 xīn- er，qún（裙）变 qún- er（在这里，er 由一个独立的音节降级为一个韵尾成分）。

具体说来，儿化音节的生成涉及插入、减音、移位、替换等多种音变手段，下面举例加以说明：（参看徐世荣 1999：135～136；鲁允中 1995：83～90）

（90）huā“花” + er“儿”→huār “花儿”（用-r（卷舌特征）替换 er 并移位到前一个音节中的主要元音 ɑ 上使其卷舌化为 ɑr）

（91）zhāng“纸张” +er“儿”→zh$\bar{\tilde{a}}$r“纸张儿”（用-r（卷舌特征）替换 er 并移位到前一个音节中的主要元音 ɑ 上使其卷舌化为 ɑr；同时用˜（鼻音特征）替换 ng，移位到前一个音节中的主要元音 ɑ 上使其鼻化为 ã。这样最终得到一个既鼻化又卷舌化的元音 ãr）

（92）yān“烟” + er“儿”→yār“烟儿”（丢 n；用-r（卷舌特征）替换 er 并移位到前一个音节中的主要元音 ɑ 上使其卷舌化为 ɑr）

（93）jiē“小街” + er “儿”→jiēr “小街儿”（用 er 替换前一音节中的主要元音 e）

（94）jī“小鸡” + ēr“儿”→jī-er“小鸡儿”（把 er 嵌入到前一个音节的韵尾位置上）

下面我们打算分析两个具体的例子，力图说明这样一个事实：很多语法现象如果从短语构成句子的角度看问题是解释不了的，但如果从小句构成句子的角度看问题就能得到合理的解释。

四、“动补短语”的合法性问题

在20世纪80年代初，中国语法学界曾有过一次关于中心词分析法和层次分析法（直接成分分析法）谁优谁劣的大讨论，最后的结果是越来越多的人接受了层次分析法。其实现在看来，层次分析法优于中心词分析法是先天注定的，两者是建立在不同的理论假设之上的。中心词分析法的理论假设是：句子是由词构成的。层次分析法的理论假设是：句子是由词组（短语）构成的。很显然后者比前者更接近语言事实。⑤

中心词分析法和层次分析法的理论假设不相同，这一点胡裕树（1981：287）说得很明白：⑥

> 传统语法以词为句法单位，充当句子成分的必须是词。这是因为在形态变化丰富的西方语言里，形态变化附丽于词，词在句子里的位置比较自由，让词充当句子成分是很自然的。近代的西方语言，形态变化不如古代的那么发达，这种析句的办法已在逐步改变。例如“He will be arriving soon”中，人们认为谓语是“will be arriving”。这就不是一个词而是一组词充当谓语了。近代有些语言学家，例如英国的 G. Leech 等人，认为组成句子的成分是词组（phrase），而他们所讲的词组是概括了词的。比如名词词组就包括了以名词为中心的词组以及名词。这样一来，充当句子成分的全是词组，即使是一个词，也不过是词组的变形。这不仅是术语上的改变，而且是对充当句子成分的材料的基本看法的改变。
>
> 汉语虽然是一种缺少词形变化的语言，可是自马建忠以来的语法学家，大都看重词与句子成分的对当关系。

用以词构成句子为基础的中心词分析法来分析汉语的句子，会导致很不合理的结果。吕叔湘（1979：529）的批评是很中肯的：“句子成分分析法也不是不讲层次，但是在顺序上颠倒了。它拿过来一个句子，先摘出两个词，说这是主语，那是谓语，然后把那个连带成分，这个那个附加成分，一个一个加上去。这些成分没加上去以前，往往是讲不通的。比如说，'我从前不喜欢喝酒，现在还是不喜欢喝酒，将来大概仍然不喜欢喝酒'如果先摘出主语和谓语，就变成'我喜欢，喜欢，喜欢'不是跟原来的意思恰好相反吗？主语、谓语以外同样有这种情形。例如'哭瞎了眼睛'，光是一个'哭'不能拿'眼睛'做宾语，必得是'哭瞎'；'尽最大的努力'，光是'努力'不能做'尽'的宾语，没有人说'尽努力'，必得是'尽最大的努力'。”张斌（1998：48）也说：“可是遇到'于福的老婆是小芹的娘'，找出句子的主干'老婆是娘'未免滑稽。把'大家笑痛了肚皮'的主干抽出来成为'大家笑肚皮'，总觉于理不通。”

我们在上面说层次分析法的理论假设比中心词分析法的理论假设更接近语言事实。但接近事实并不意味着符合事实。实际上用以短语构成句子为基础的层次分析法来分析汉语的句子同样会导致不合理的结果。过去用以短语构成句子为基础的层次分析法来切分“动补句”时就出现了这种情况。这就是说，用这种方法切分得到的“动补短语”是一种非语法形式。这里说的“动补短语”（马希文称作动结式动词）是指“由两个动词或是一个动词跟一个形容词组成的结合式述补结构”。（马希文 1987：510）其中充当“补语”的动词或形容词是实义动词或形容词，不包括通常所说的弱化动词（实际上是一种表示抽象结果的虚词，我们不妨暂时称之为结果助词）。举例来说：

（95）焦菊隐以脾气臭、好损人著称，多次在排练场训哭演员，他曾被当作天才呵护着。（三联生活周刊 2007 年 4 月 28 日）

（96）春风吹，春风吹，吹绿了柳树，吹红了桃花，吹来了燕子，吹醒了青蛙。（人教版小学一年级语文课本下册）

（97）这一笑，倒把昭仙给笑乐了。（转引自吕叔湘，1984）

（98）你念书念入了神。（转引自李临定，1986）

按照过去的层次分析法（即以短语构成句子为基础的层次分析法），上面例子中的动补句的层次结构如下：

（95）焦菊隐｜多次｜｜｜在排练场｜｜｜｜训哭｜｜演员

（96）春风｜吹绿｜｜｜了｜｜柳树

春风｜吹红｜｜｜了｜｜桃花

春风｜吹来｜｜｜了｜｜燕子

春风｜吹醒｜｜｜了｜｜青蛙

（97）他｜把昭仙给｜｜笑乐｜｜｜了

（98）你｜念书｜｜念入｜｜｜｜了｜｜｜神

不难看出，上面例（95）中的“动补短语”“训哭”、例（96）中的“吹绿、吹红、吹来、吹醒”、例（97）中的“笑乐”、例（98）中的“念入”都是没有意义的成分。换句话说，这些“动补短语”在各自所在的句子中是可理解的，而一旦独立出来，就成为不可理解的了。这是与层次分析法的基本原则不合的。（朱德熙 1962：167～169；范继淹 1981：131；张斌 1998：45～46）上面的动补句本身没问题，而运用以短语构成句子为基础的层次分析法从中切分出来的“动补短语”却有问题，这只能说明用这种层次分析法对于动补句来说是不合适的。

为了说明问题，下面再多举一些例子。下面是吕叔湘（1986）所举的有关一般动补句的全部例子：

（99）小刘爬上车身，拉紧帆布篷，拴牢绳子。（*拉紧、*拴牢（固））

（100）十一平以后，他一连发出界两个球，攻球力量也软。（*发出）

（101）踢球，踢球，一个月踢坏了三双鞋。（*踢坏）

（102）你说破了嘴唇皮也不中用。（*说破）

（103）有了钱买块糖吃，他还说吃馋了嘴。（*吃馋）

（104）他们觉得铁健一个月挣二百多块，有的是钱，吃几顿面条也吃不穷他。（吃不穷）

（105）孟姜女还能哭倒长城呢。（*哭倒）

（106）小姑娘们想是睡花了眼出去，风摇的树枝儿，错认了人。（*睡花）

（107）贾大奇熬红了眼，跑肿了腿，喊哑了嗓子。（*熬红、*跑肿、*喊哑）

（108）吃不着芦虾籽儿/馋得直打滚儿/姥姥馋掉了牙/奶奶馋瘪了嘴儿。（*馋掉、*馋瘪）

（109）你真是吃浆糊吃迷了心。（*吃迷）

（110）今天我们总算苦出了头。（*苦出）

（111）这个班是“乱”出了名。（*乱出）

（112）稻子熟过了劲，荒在地里。（*熟过）

（113）别理他，他是喝醉了酒发酒疯。（*喝醉）

（114）这个时候我已经睡醒了一觉。（*睡醒）

（115）我答对了三道题。（*答对）

（116）他记错了门牌号码。（*记错）

（117）我的伤已经好了，再闲就闲疯了。（*闲疯）

（118）二十几年，咱们都围着这口大锅吃饭。咱们吃老了，儿子吃大了，还有了孙子。（*吃老、*吃大）

（119）你今后别再研究火箭了！人也研究老了，家也研究穷了，身体也研究垮了，还是研究不出来。（*研究老、*研究穷、*研究垮）

（120）地已经下饱和了，雨不再渗进去。（*下饱和）

（121）这个字写错了。（*写错）

（122）要看的书看不完，要做的事做不完。（看不完、做不完）

（123）这种酒喝不醉的。（喝不醉）

（124）这种饼一块就能吃饱。（*吃饱）

在上面，除了例（104）（122）（123）三个例子，其他例子中切分出来的“动补短语”都很不自然。四个合法的“动补短语”都带“不”，表示可能。如果把这三个动补句加以变换，情况又有所不同：

（104）他们觉得铁健一个月挣二百多块，有的是钱，吃几顿面条也吃不穷他。（吃不穷）→吃几顿面条也不会吃穷他。（*吃穷）

（122）要看的书看不完，要做的事做不完。（看不完、做不完）→要看

的书不能看完，要做的事不能做完。（看完、做完）

（123）这种酒喝不醉的。（喝不醉）→这种酒不会喝醉的。（*喝醉）

其中例（104）中的“吃穷”、（122）中的“喝醉”变得不合法，（123）中的“看完、做完” 仍然合法，但其中的“完”是弱化动词。

下面现象值得注意：

（125）春风吹，春风吹，吹动了小河的水，河水轻轻流。（北京少年儿童出版社版《娃娃识字课（1）》）

（96）春风吹，春风吹，吹绿了柳树，吹红了桃花，吹来了燕子，吹醒了青蛙。（人教版小学一年级语文课本下册）

对比上面两个例子，可以发现，虽然例（96）中的“吹绿、吹红、吹来、吹醒”独立出来不能说，但例（125）中的“吹动”独立出来却并不是那么不自然，似乎可以说。那么，怎样解释这种现象呢？这应该从“吹”和“动”这两个词的词义方面来解释。“吹”的正常结果是“动”，因此一说“吹”，立刻会推想到“动”。这是现代语义学里说的推断（inference），是与常识有关的，不是句法结构固有的关系。（参看马希文 1987：512）其实，“吃饱”（吃面条吃饱了）、“晾干”（“衣服晾干了”）、“洗干净”（把碗洗干净了）、“说清楚”（你把话说清楚）这些例子中，都有类似的情况，只不过程度不同，所以初读时感觉不同罢了。

为什么“动补短语”是不合语法的？这是因为其中的两个动词（或者一个动词和一个形容词）没有语义指向关系，即它们之间不发生直接的语义关系。（详见陈立民 2007）很难想象，两个没有直接语义关系的语言成分能组成一个合语法的语言形式。例如下面句子中的“补语”不指向主要动词而是指向主语，因此“吃饱”、“急红”不合语法。

（126）他的脸都急红了。（他的脸都红了）

（127）你吃饱了。（你饱了）

下面的结果弱化动词补语（轻音补语）则不然：

（128）他都急死了。（他死了）

（129）我看见了他。（我见了他）

（130）我改掉这毛病。（*我掉这毛病）

把主要动词取消后，或是意义全变，或是根本不成话，可见这些轻音补语是指向主要动词的，和主语没有直接关系。正因为如此，其中的“急死”“看见”“改掉”都是合语法的。（林焘 1957：61-74）

其实吕叔湘（1984：478）已经注意到了“动补短语”的不合法问题：

作为动结式的第二个成分的动词和形容词，最重要的是“了（liǎo），着（zháo），住，掉，走，动，完，好，成”等。此外的例子：

拉长，缩短，提高，长大，吃饱，压扁，装满，伸直，磨光，打通，堵死，说清楚，洗干净

有时候，一个动结式动词具有临时凑集的性质，不能形成一个整体意义，离开宾语不好理解。例如：

笑断了肚肠

吓破了胆

踏破铁鞋无觅处

最近这阵子忙，把这件事给忙忘了

吕叔湘所说的“动结式动词”包括三种情况：①动结式动词本身是词，如“拉长、缩短、提高”等；②“动词＋弱化动词/形容词”短语，即第二个成分是“了（liǎo），着（zháo），住，掉，走，动，完，好，成”等的情况；③“动词＋实义动词/形容词”短语，即“笑断、吓破、踏破、忙忘”之类。（李临定 1986：204）其中前两种情况是合法的，不合法的是后一种情况。可惜这一点并没有得到人们的足够重视，吕叔湘本人也没有对此作进一步的研究。

不合语法的“动补短语”是按照以短语构成句子为基础的层次分析法切分动补句的必然结果。但是如果我们按照以小句构成句子为基础的层次分析法来切分动补句，那么得到的就是合格的小句（以及由小句切分得到

的合格的短语），而不会得到“动补短语”，从而也就不存在“动补短语”合法不合法的问题的了。下面分析一些具体例子：

（95）焦菊隐以脾气臭、好损人著称，多次在排练场训哭演员，他曾被当作天才呵护着。

焦菊隐多次在排练场训哭演员＝焦菊隐多次在排练场训演员＋演员哭（过）

（96）春风吹，春风吹，吹绿了柳树，吹红了桃花，吹来了燕子，吹醒了青蛙。

春风吹绿了柳树＝春风吹＋柳树绿了

春风吹红了桃花＝春风吹＋桃花红了

春风吹来了燕子＝春风吹＋燕子来了

春风吹醒了青蛙＝春风吹＋青蛙醒了

（97）这一笑，倒把昭仙给笑乐了。

他把昭仙给笑乐了＝他笑＋昭仙乐了

（98）你念书念入了神。

你念书念入了神＝你念书＋你入了神

对于其余例子，限于篇幅，我们只选择三个其中的“动补短语”看起来最别扭的例子加以分析：

（108）吃不着芦虾籽儿/馋得直打滚儿/姥姥馋掉了牙/奶奶馋瘪了嘴儿。

姥姥馋掉了牙＝姥姥馋＋姥姥的牙掉了

奶奶馋瘪了嘴儿＝奶奶馋＋奶奶的嘴儿瘪了

（118）二十几年，咱们都围着这口大锅吃饭。咱们吃老了，儿子吃大了，还有了孙子。

咱们吃老了＝咱们（围着这口大锅）吃（饭）＋咱们老了

儿子吃大了＝儿子（围着这口大锅）吃（饭）＋儿子大了

（119）你今后别再研究火箭了！人也研究老了，家也研究穷了，身体也研究垮了，还是研究不出来。

你人研究老了＝你研究（火箭）＋你的人老了

你家研究穷了＝你研究（火箭）＋你的家穷了

你身体研究垮了＝你研究（火箭）＋你的身体垮了

五、兼语句和连动句之争的解决

通常认为，兼语句和连动句是两种对立的句型，朱德熙（1985：322～323）提出了不同看法。在朱德熙看来，兼语句和连动句属于同一种句型，更准确地说，兼语句只是连动句中的一类。朱德熙（1985）阐述了自己的理由：

兼语句的形式是：

N1＋V1＋N2＋V2

通常认为 N2 是 V1 的宾语，同时又是 V2 的主语。连动句也可以有这样的形式，只是其中的 N2 和 V2 之间不存在主谓关系。所以这两种结构的区别取决于 N2 和 V2 的关系。仔细分析起来，N2 和 V2 的关系相当复杂，过去在这一点上的考虑是不充分的。例如：

（131）N2 是施事：他请客人吃饭｜我们选他当主席

（132）N2 是受事：我买一份报看｜我找点事做

（133）N2 是与事：我帮他洗碗｜他找人聊天儿

（134）N2 是工具：我借辆车运货｜我炒个菜下酒

（135）N2 是处所：他上广州开会｜你进屋里暖和暖和

（136）N2 是时间：他花两个小时买菜｜我等一会儿告诉你

（137）N2 和 V2 没有明显的关系：我们开着窗户睡觉｜他穿上大衣出去

按照一般的看法，只有例（131）是兼语句，其余都是连动句。其实除了例（131）之外，其他例子里的 N2 和 V2 之间也都有关系。因此把 N2 是 V2 的施事的那些句子单独提出来归为一类，说是兼语句，而把 N2 是 V2 的受事、与事、工具的那些句子归为另一类，说是连动句，这种做法并没有充分的根据。

从结构上说，以上例子里的 N2 都是 V1 的宾语。N2 和 V2 之间只有语义上的关系，没有结构上的关系，因为 N1+V1+N2+V2 层次构造是：N1+((V1+N2) +V2)，N2 和 V2 根本不是互相对应的直接成分。

朱德熙最后指出，把兼语句看成是跟连动句对立的结构是不妥当的。连动句可以按照其中的 N2 和 V2 之间的不同的关系分成若干小类，兼语句只是其中的一类，即 N2 是 V2 的施事的那一类。

朱德熙（1985）对于过去关于兼语句的定义的批评是有力的，如果从短语构成句子的角度来看，他的论证也是无懈可击的。尽管如此，我们却仍然不能接受他的最后结论。问题出在朱德熙只注意到了兼语句中低层次的语义关系，而没有注意到其中的高层次的语义关系。这就是兼语句具有使令义，（李临定 1986：144）具体来说，就是 N1 影响 N2，从而促使 N2 作出 V2 的反应(现实的或可能的)。这种使令义的相应的表现形式就是“使/让”小句。因此可以认为兼语句是由一个“使/让”小句和一个一般动词小句构成的，例如：

（131a）他请客人吃饭。=他让客人吃饭+他请客人

（131b）我们选他当主席。=我们让他当主席+我们选他

（138）你通知他来开会。=你让他来开会+你通知他

（139）他逼老刘参加比赛。=他让老刘参加比赛+他逼老刘

说兼语句中包含有一个“使/让”小句，下面例子很能说明问题：

（140）可人家姑娘嫌援朝在一个局机关里做工会工作，没名气。逼着要他进外事部门，至少也要做旅游工作。（转引自李临定 1986）

其中“逼着”的后面直接用了一个“要”（相当于“让”），这个句子可以切分为：

（140）人家姑娘逼着要他进外事部门。=人家姑娘要他进外事部门+人家姑娘逼他

这种句子的生成过程如下（以例（131a）为例）：

他让客人吃饭＋他请客人

↓（把副小句插入到主小句的状语位置上）

他[他请客人]让客人吃饭

↓（省略副小句中的重复成分“他”及“客人”）

他[请]让客人吃饭

↓（省略主小句中的“让”）

他请客人吃饭

而连动句由两个一般动词小句构成，例如：

（132）我买一份报看。＝我买一份报＋我看这份报

（133）我帮他洗碗。＝我帮他＋我给他洗碗

（134）我借辆车运货。＝我借辆车＋我用这辆车运货

（135）他上广州开会。＝他上广州＋他在广州开会

（136）他花两个小时买菜。＝他花两个小时＋他用这两个小时买菜

（137）我们开着窗户睡觉。＝我们睡觉＋我们开着窗户

这种句子的生成过程如下（以例（132）为例）：⑦

我买一份报＋我看这份报

↓（把副小句插入到主小句的句末位置上）

我买一份报[我看这份报]

↓（省略副小句中的重复成分“我”及“这份报”）

我买一份报[看]

↓

我买一份报看

附注

① 朱德熙（1985）提出，短语和句子之间的关系不是组成关系，而是实现关系。我们认为这种说法还可以商量（这个问题另文讨论）。即使承认短语和句子之间的关系是实现关系，这种说法也只适用于单句，不适用于复句。

② 其实最好的名称是“句组”（由两个或两个以上的词构成的语言片段是词组，由两

个或两个以上的句子构成的语言片段是句组）。但人们已经习惯了复句这个术语，为了不引起误解，我们沿用旧的术语。

③ 英语也有小句和句子的区分，主语—谓语—宾语结构模式也只适合于分析小句，不适合于分析句子，只不过用来分析英语句子不像用来分析汉语句子问题那么突出罢了。在我们看来，英语句子和汉语句子的结构原则在总体上是一致的，它们之间的区别（在英语中要求主谓一致，一个句子中只有一个限定动词等）属于细节方面的问题。这个问题我们另文讨论。

④ 陈立民（2005）在分析中动句（“这块料子摸上去滑溜溜的”“她跑起来比羚羊还快”）的语法结构时详细讨论了这个问题，可参看。

⑤ 吕叔湘（1979：529）：“传统语法以词为造句的单位，因此才不得不把宾、补、定、状都作为句子成分。但是一个句子成分常常是，甚至可以说是更多的是短语，这个事实也没法儿视而不见。”

⑥ 又如朱德熙（1985：61）：“中心词分析和层次分析的对立不在提取中心词这一点上，而在中心词分析法不承认词组可以做句子成分这一点上。其实层次分析并不排斥提取中心词，而中心词分析法却不能容忍包含在层次分析里的词组可以做句法成分的原理。”张斌（1998：47）：“中心词分析法或称为成分分析法，是传统语法的析句方法。它的特点是尽可能让单个的词充当句子成分。”

⑦ 例（137）的生成方式与其他连动句有所不同。在这个例子中，V2 所在的小句是主小句，V1 所在的小句是副小句。而在其他例子中，V1 所在的小句是主小句，V2 所在的小句是副小句。从这个意义上讲，连动句可以分为两类。这个问题我们另文讨论。

参 考 文 献

布鲁斯.L.莱尔斯. 1985. 转换语法入门. 殷洪元译. 济南: 山东科学技术出版社.
陈立民. 2018. 中动句的范围和结构——兼评曹宏的中动句研究//学问的创造. 陈立民的微信公众号.
陈立民. 2017. 焦点概念及相关的几个问题//学问的创造. 陈立民的微信公众号.
陈立民. 2018. 谈谈语义指向理论//学问的创造. 陈立民的微信公众号.
丁声树等. 1961. 现代汉语语法讲话. 北京: 商务印书馆.
巴南. 1981. 谈谈层次分析法. 中国语文(1-6): 187-190.
胡裕树. 1981. 有关句子分析的几个问题中国语(日本)(1): 127-139.
李临定. 1986. 现代汉语句型. 北京: 商务印书馆.
林焘. 1957. 现代汉语补语轻音现象反映的语法和语义问题. 北京大学学报(2): 61-74.
鲁允中. 1995. 普通话的轻声和儿化. 北京: 商务印书馆.
吕叔湘. 1979. 汉语语法分析问题. 北京: 商务印书馆.

吕叔湘. 1984a. 现代汉语语法要点//吕叔湘. 现代汉语八百词. 北京: 商务印书馆 .
吕叔湘. 1984b. 语文杂记//吕叔湘. 吕叔湘文集. (5). 北京: 商务印书馆.
吕叔湘. 1986. 汉语句法的灵活性. 中国语文(1): 1-9.
马希文. 1987. 与动结式动词有关的某些句式. 中国语文(6): 424-441.
诺姆•乔姆斯基. 1989. 语言与心理. 牟小华, 侯月英译. 北京: 华夏出版社.
申小龙. 1987. 汉语语法方法论反思. 复印报刊资料(语言文字学)(7): 23-43.
斯托克威尔. 1986. 句法理论基础. 吕叔湘，黄国营译. 武汉: 华中工学院出版社.
徐世荣. 1999. 普通话语音常识. 北京: 语文出版社.
徐通锵. 1991. 语义句法刍议: 语言的结构基础和语法研究的方法论初探. 语言教学与研究(3): 38-63.
张斌. 1998. 汉语语法学. 上海: 上海教育出版社.
郑远汉. 2001. 同指异位句的选用//郑远汉. 修辞风格研究. 北京: 商务印书馆.
朱德熙. 1962. 论句法结构. 中国语文(8-9): 351-361.
朱德熙. 1982. 语法讲义. 北京: 商务印书馆.
朱德熙. 1985. 语法答问. 北京: 商务印书馆.
朱德熙. 1986. 变换分析中的平行性原则. 中国语文(2): 81-87.

On the Formation of Sentence by Clause

Abstract Chinese is traditionally believed to have four grammatical levels: morpheme, word, phrase and sentence. Yet, in this paper, the author proposes that a Chinese sentence is not directly constituted by phrase but clause, a grammar unit between sentence and phrase and that it is clause that is made up of phrase. He also divides the traditional "sentence" into two parts: sentence and combination of sentences and puts forward a new hierarchy: morpheme, word, phrase, clause, sentence and combination of sentences. Lastly, he proves the necessity and rationality of the establishment of clause by analyzing two examples.

Key words Clause, Sentence, Formation

陈立民

高等教育出版社，《中国大学教学》编辑部，编审

电子邮箱：chenlm@hep.com.cn

第三人称回指形式与篇章主题的联系*

李　榕

摘　要　第三人称回指研究一直是语言学、心理学和自然语言处理研究的交叉热点问题之一。与前人研究不同的是，本文探讨汉语篇章第三人称回指形式和篇章主题之间的联系，主要考察篇章主题在预测第三人称代词或零形回指对象时的准确程度，结果发现篇章主题对第三人称代词回指的影响远大于零形式。而且第三人称回指形式的篇章功能有差异：第三人称代词多用于回指篇章主题（主人公），而零形式则同时回指主人公和配角。这可能是汉语篇章有时不能省略句首代词的原因。

关键词　第三人称代词回指　零形回指　篇章主题

一、引　言

什么是回指？在篇章中，作者初次提到一个人、事物或事件之后，会在后文中第二次、第三次重复地提到这个人、事物或事件。这种重复提到就是回指。语言使用者必须理解篇章中的回指才能畅通无阻地交际或阅读篇章。如例（1）所示，语言使用者必须理解其中的第三人称代词“他”和零形式回指第一个小句的“何章勇”才能准确地理解篇章。

（1）从四川来新疆谋生的何章勇$_i$干完一天的活，不仅$Ø_i$没拿到工钱，$Ø_i$还被*老板*$_j$扔掉铺盖给轰了出来。他$_i$坐在雪地里伤心哭泣。[①]

---

* 本研究为国家社会科学基金项目“基于指称的汉篇章章与句法互动机制研究”（16CYY045）的阶段性成果之一，在此表示感谢。

回指形式在篇章中具体指代的实体（人、事物等），称为回指对象（Referent）。如上例中的“何章勇”和“老板”都是回指对象。区别是“何章勇”是第三人称代词和零形式的真正回指对象，而“老板”不是其回指的对象，下文称为代词或零形式的非回指对象。

前人文献多研究第三人称回指的局部篇章影响因素②，如语法角色（回指主语还是其他成分）、先行语的指称形式（回指代词还是 NP 等）、动词的语义特征、话题角色等。（Li & Thompson，1979；Givón，1983；陈平，1987；Barbra Fox，1987；Ariel，1990；徐赳赳，1990；Peter Gordon，1993；许余龙，2004；高兵，2006；李榕 2012 等）以上因素均出现在含回指形式的小句之前的一个小句中。回指形式所在的小句称为局部篇章。除回指形式所在小句以外的所有篇章称为整体篇章。篇章主题就属于整体篇章因素。注意本文讨论的篇章主题指整个篇章的中心主旨（Text Theme），而并非某个句子或者某段话的主题（topic）。Van Dijk（1977）提出篇章的主题不同于句子的主题，是一个被整个篇章中的所有句子蕴涵的复杂命题。有贯穿整个篇章的总主题，也有存在于某一部分的次主题，它们之间是一种层级关系。Dressler（1994）提出控制整个篇章意义的“超级主旨”。关于篇章主题的研究多关注篇章主题模式的系统，如 Goutsos（1997）提出的主题线性序列，Chafe（1994）等提出的主题等级序列。Dubois（1987）提出的分裂推进等。前人研究较少注意到整个篇章的主题对篇章中某一句话的回指判定也有影响。Garrod 等（1994）发现篇章主题对代词歧义消解的重要性，而且这种重要性持续影响整个篇章的理解，而不只影响随后几句话的理解。姜望琪（2006）提出一个篇章之所以成为篇章就是因为它有一个主题。主题是为整个篇章服务的，应该是篇章中所有文字所围绕的核心。整个篇章的主题即是篇章的核心，即使和篇章局部的某句话相隔甚远，也能对其产生影响。那么这种影响会不会具体到回指的形式选择呢？如将上文例（1）中的零形式换做“他”，语法正确也不影响理解，但汉语母语者语感上觉得不适合。这种第三人称回指形式的不同导致的细微语感差异是否和整个篇章的主题有关呢？

基于以上思考，本文将借助真实语料分析考察以下两个问题：①汉语的篇章主题能否帮助确定局部篇章中第三人称代词和第三人称零形式的回指对象？②局部篇章使用第三人称代词或零形式的差异能否帮助确定篇章主题？即汉语篇章主题和第三人称回指之间的具体联系是什么？

与前人研究不同，本文选取了一种特殊语料，在含第三人称代词和零形式的前一句话中出现了两个可能的回指对象，如下例：

（2）王刚打了张建国，他/Ø……..。

例（2）如果没有下文，第二个小句的第三人称代词或零形式回指“王刚”还是“张建国”会成为疑问。选择这种特殊语料的原因有：①这类语料可以称为第三人称回指的“语篇最小对立对”。根据前人文献提出的方法无法正确预测出这类语料中代词或零形式实际的回指对象。如 Givón（1983）的判断方法是以间隔的小句计算先行语和回指对象之间的距离，但本例的两个先行语和回指形式的距离一样。②这种语料并不少见。在我们考察的2004～2008年《人民日报》的80篇叙述文中，有2.8%的句子含有我们要考察的语料，共143例，其中含第三人称代词的71例，含第三人称零形式的72例。这种语料也是计算机处理语篇及对外汉语教学中会遇到的棘手问题。

上述的143例语料中排除了直接引语句，共49例，如例（3）：

（3）父亲$_j$说：“鲁迅$_i$爱老鼠，似乎有些特别。其实他$_i$是同情弱小。”

因为其不符合我们对语料的要求。例（3）中引号里的话常常是对话，并不参与叙事。直接引语与主句只是一种文本链接的关系。即直接引语中的第三人称代词与主句的言说主语不存在回指关系。如果只看上例直接引语里的句子，“他”只有一个前指实体“鲁迅”，不存在回指不清的问题。

我们收集到的语料还排除了同指句，共23例，如例（4）：

（4）李鸿海$_i$是一位勇于奉献的优秀村干部$_j$。他$_i$在村支书岗位上二十二年如一日，带领干部群众，在一个原本贫穷的村庄里努力建设社会主义新农村。

这类句子不符合我们的语料标准，如例（4）中“李鸿海”和“村干部”

实际上指的都是一个人，是以两种面目出现的一个“竞争者”。值得注意的是这类语料在计算机处理篇章时仍会产生问题。简单的解决方法是用动词控制。可以表示同指关系的动词很有限。比如：“是”③、“历任”、“当选”、“成为”、“像”、“担任”等，在我们的语料中，真正的回指对象一般都是专有名词，而竞争者多是类指职业名词。

篇章主题至今为止没有一个明确形式化的界定方式。根据研究目的，我们需要既有全局的视角又有局部相关的篇章主题界定方法。一般来说，以人物事迹为叙述对象的叙述文中，篇章主题就是反复出现的中心人物，会以各种形式被指称，包括人名、专名、名词短语以及代词、零形式等。本文所考察的语料均出自《人民日报》的报道文学，正好符合上述标准。我们选择以篇章主题是否出现在文章的题目和文章的前五句话中作为判定的标准（参考 Henk P. M. & Ted S，2009）。结果发现，在我们考察的语料中，并未出现两者相左的情况，即出现在题目中的回指对象都出现在文章的前五句话中，所以以下分析中我们直接使用文章题目作为篇章主题的考察标准。

二、汉语篇章第三人称代词和篇章主题的关系

我们首先逐一考察 71 例含有第三人称代词的语料，观察两个可能的回指对象是否在篇章题目中出现。结果发现，74%的第三人称代词真正回指对象出现在题目中。统计结果如下：

表 1 第三人称代词回指对象在文章题目中的出现次数

文章题目的出现形式	出现次数	比例/%
只有第三人称代词所指对象出现	52	74
两个实体同时出现	2	3
只有第三人称代词“他”出现	3	4
两个实体都没有出现	14	19
总计	71	

从表 1 可以看出：即使在实际语料中，篇章题目与含第三人称代词的

句子距离很远，可能间隔若干段落，但仍对其有重要影响。我们的语料中，52 篇文章都是叙述一个人的故事，第三人称代词的真正回指对象都是文章的主人公，非回指对象是配角。如《你了解莫扎特吗？》一文介绍莫扎特的生平故事。莫扎特是主人公，而配角包括他的父亲、同事和朋友等。《救死扶伤 情系华夏——写在白乐夫诞辰一百周年》主人公 “白乐夫”就是我们语料中第三人称代词的实际回指对象，如下例：

（5）一次，白乐夫$_i$在十分紧急和困难的情况下，成功地抢救了一个被野狼咬破腹部的农家男孩儿$_j$。更让他$_i$难以忘怀的是，1940 年 6 月去香港接运一批药品和医疗器材，租用的船只在从香港返回内地的夜航途中……

上例中的“白乐夫”为第三人称代词的真正回指对象，“农家男孩儿”并未被第三人称代词回指，也没有出现在篇章题目中。

第三人称代词的真正回指对象和非回指对象同时出现在篇章题目中的情况很少见，我们的语料中只发现了 2 例，占 3%。一种情况是非回指对象是比较有名的人物，作者就会在篇章主题中使用非回指对象来引起读者注意。如下例中的“邓小平”虽然是非回指对象，但是很有名，比第三人称代词真正的回指对象“华莱士”容易引起注意，所以放在篇章题目《华莱士曾与邓小平面对面》中。

（6）华莱士$_i$问邓小平$_j$：邓小平以后的中国会怎样，是否会回到过去的状况？邓小平$_j$回答：“肯定不会”，至今在他$_i$心目中仍留有深刻的印象。

例（6）中的第三人称代词回指篇章主题主人公“华莱士”，而“邓小平”作为配角则一直使用专有名词回指。

另一种情况是第三人称代词实际所指比较神秘或者有争议。为了避免争议或者不必要的麻烦，作者采用“在某人的眼中”这样的格式来做标题，比如《记者眼中的荣仁毅》告诉我们他是如何看待这位人物的。第三人称代词的实际回指对象为“荣仁毅”。

还有一类特殊的情况是只有第三人称代词“他”出现在篇章题目中，

本文的语料发现 3 例，占 14%。原因是文章介绍的人物本身没什么趣味，但是人物的相关事实却是作者要表达的重点。这类文章的特点是表面介绍了一个人，实际上代表的是一类人，如《奥运会让他爱上了北京》这篇文章介绍了一位来北京参加奥运会的外国志愿者，本身并没有什么名气，但是其在奥运会中的经历却非常引人注意。这里的“他”就指的是一类人，即通过奥运会喜欢上北京的外国志愿者们。

第三人称代词的真正回指对象和非回指对象均未出现在篇章题目中的例子有 14 例，占 19%。是因为两者都无法引起读者的兴趣，如《活一天就多干一点》为题的文章歌颂了一群基层劳动者的事迹，并未突出某一个人物。

综上所述，根据我们考察的语料，现代汉语叙述文的篇章主题对第三人称代词的回指对象有很强的预测作用，影响显著。不过本研究的语料局限在报道文学，其他文体的情况需要进一步研究。

三、汉语篇章第三人称零形式和篇章主题的关系

我们用同样的方式考察第三人称零形式的两个回指对象是否在题目中出现，结果发现 58%的零形式真正的回指对象出现在题目中。统计结果如下：

表 2　第三人称零形式回指对象在文章题目中的出现次数

文章题目的出现形式	出现次数	比例/%
只有零形式所指对象出现	42	58
两个实体同时出现	0	0
零形式非回指对象出现	20	28
两个实体都没有出现	10	14
总计	72	

从表 2 可以看出，篇章主题对第三人称零形式的回指对象也有重要影响，和其对第三人称代词的影响相似。分析语料发现，第三人称零形式真正回指对象往往就是文章的主人公，出现在篇章题目中的例子有 42 例，占 58%。这类篇章的题目一般就是人物的名字，如《海军抗震救灾第二医疗队内科组组长马贵喜 群众叫他“老马哥”》。我们的语料中，第三人称零形

式回指的就是这篇文章题目中的“老马哥”，如下例：

（7）$\emptyset_i$整整3天不眠不休，马贵喜$_i$诊治了279名重症伤病员$_j$，$\emptyset_i$创造了青白江区人民医院专家门诊个人日接诊量纪录。

和第三人称代词不同的是，零形式的非回指对象也大量出现在题目中，共20例，占28%，不过值得注意的是其并非文章的主要人物，多为在局部篇章中出现的配角。如：

（8）2006年圣诞节，傅铁山主教$_j$的身体已经非常虚弱，**医生**$_i$要求他$_j$在医院静养，$\emptyset_i$不同意他；出席任何活动。

上例中第三人称零形式回指的是“医生”，并不是篇章主题，而非回指对象“傅铁山”才是文章的篇章主题。本例的文章题目是《一息尚存 爱国爱教——写在傅铁山主教弥留之际》。这种现象证明了李榕（2013）的发现，即现代汉语篇章不同层级的回指影响因素作用不同：第三人称代词受整体篇章的影响大于局部篇章。而零形回指正好相反，受局部篇章的影响大于整体篇章④。

第三人称零形式的真正回指对象和非回指对象均未出现在篇章题目中的例子有10个，占14%。其原因是文章一般是关于一些非生命体的，比如一本书或者一部电影。人物都不重要，故而都未出现。

总之，篇章主题对第三人称代词和零形式都有一定的影响，但是对代词影响更大。这启发我们思考另一个问题：第三人称回指形式能否反过来预测篇章的主题呢？语法上看似可以省略的第三人称代词是否具有特别的篇章功能呢？

四、第三人称回指形式不同的篇章功能

J.R. Martin（1992）提出主位可以分为三个层级：宏观主位、超主位和一般主位。宏观主位是整个篇章的主位可以预测整个篇章的发展线索；超主位是某个段落的主位可以预测这个段落的发展线索；而一般主位就是某

个小句的主位。对于本文语料（人物事迹报道）来说，这里的叙述基点和宏观主位就是文章主要人物。我们的语料都是叙述人物事迹的新闻报道，篇章的主题就是文章的主人公。上文发现第三人称代词的真正回指对象常出现于篇章主题中（74%），远大于零形式回指对象的出现比例（58%）。另外，李榕（2012）发现第三人称代词的实际回指对象也常使用第三人称代词形式，而其竞争者一般不被代词回指。例（9）中的第二句话的第三人称代词回指第一个小句中的“袁隆平”和第二个小句中的同形式的“他”。而“这位博士”虽然是主语，但是并未被第三人称代词回指，且在第二个小句中被零形式回指。

（9）这位博士$_j$把袁隆平$_i$称为“杂交水稻之父”，Ø$_j$并郑重地向各国专家介绍他$_i$的成就不仅是中国的骄傲，也是世界的骄傲。他$_i$的成就给世界带来了福音。

与第三人称代词不同的是，第三人称零形式的真正回指对象使用第三人称代词、名字和 NP 的数量大致相当，并无明显倾向。下面分析一个篇章片段，摘自《没有时间伤心——北川县民政局局长王洪发失去 15 位亲人后的抗震记录》。从题目就可以看出文章的主人公是“王洪发”，其他人都是配角。

（10）大地震后的 5 天间，王洪发$_i$总共只睡了 7 个小时。*记者*$_j$每次见*他*$_i$，*他*$_i$的眼圈都是红的。Ø$_j$在救灾现场寻找王洪发$_i$，是一件极其困难的事情。*记者*$_j$通过各种努力终于找到*他*$_i$，Ø$_j$百般劝说，*他*$_i$才勉强同意接受采访。

17 日上午，记者$_j$采访王洪发$_i$。其间，*四川宜宾县民政局一位领导*$_h$带着 50 万元的救灾物资前来捐赠。*他*$_i$立即带领来人和前线救灾指挥部接洽 Ø$_h$，记者$_j$跟着*他*$_i$，Ø$_j$一不留神跟丢了。Ø$_j$找寻好久，Ø$_j$到处打听，Ø$_j$终于发现*他*$_i$在北川县救灾指挥部的帐篷里开会。*县委书记*$_k$要求*他*$_i$马上制订方案，Ø$_i$给受灾乡村运送粮食和食品。王洪发$_i$走出帐篷，Ø$_i$对记者$_j$说：“别跟着我了，我有十万火急的事情！”

例（10）中出现了四个人物：“王洪发”是本文主人公，用下标 $_i$ 表示。配角是“记者”，“四川宜宾县民政局一位领导”和“县委书记”，分别用下标 j，h，k 表示。其中被第三人称代词“他”回指的只有“王洪发”，其余三个人物都没有。而零形式回指的有主人公“王洪发”也有配角“记者”和“四川宜宾县民政局一位领导”。

例（10）的画线句子使用了第三人称代词，在上文有三个可能的回指对象“记者”、“王洪发”和“四川宜宾县民政局一位领导”。从语法角色看，“记者”和“四川宜宾县民政局一位领导”都是主语，“王洪发”是宾语。从距离远近看，“四川宜宾县民政局一位领导”离得最近。但是作者只使用一个代词就能打败这些回指规则，使其跨越一个小句回指前一个小句的宾语。另外，这里的“他”是绝对不能省略的，如果这里使用零形式，那么读者的感觉一定回指“四川宜宾县民政局一位领导”。

通过研究我们发现：第三人称代词一般回指篇章主人公，而零形式则身兼数职，既可以回指主人公也可以用于配角。可见第三人称回指形式也对篇章主题有一定的预测作用。这可能是汉语篇章有时不能省略第三人称代词的原因。

五、余　　论

本文通过《人民日报》报道文学的语料分析了第三人称回指形式和篇章主题之间的关系。结论是：①篇章主题对第三人称代词和零形式的影响都很大，可以帮助读者判断其回指的对象，但对第三人称代词的影响大于代词。②在报道文学语料中，第三人称回指形式本身也可以帮助我们判断篇章主题。第三人称代词一般回指篇章主人公，而零形式则身兼数职，既可以用于回指主人公也可以用于配角。这导致汉语篇章有时不能省略话题，即使话题只是简单的第三人称代词“他”。这可能是汉语篇章区别于其他语言篇章的重要特色。

按照 Li 和 Thompson（1976）的“主语注重语言和话题注重语言”之分。英语或法语等印欧语属于主语注重语言，而汉语是话题注重语言。

两者之间的最大差别是主语注重语言一定要保持主谓一致关系，而话题注重语言并不如此。反过来说，在语言运用上，一种语言的主要运用模式是句法关系，另一种语言的主要运用模式是另一种层次上的话语取向。因此与英语相比，汉语较容易省略主语，但英语不能，所以英语主语省略现象不如汉语频繁。如老舍的长篇小说《骆驼祥子》的中英文对译本中的一个例子：

（11）A 汉语：祥子 $_i$ 的手哆嗦得更厉害了，$\emptyset_i$ 揣起保单，$\emptyset_i$ 拉起车，$\emptyset_i$ 几乎要哭出来。

B 英语 ：Xiangzi$_i$'s hands were shaking even more violently as he$_i$ tucked the guarantee away and $\emptyset_i$ pulled his rickshaw out，$\emptyset_i$ feeling ready to burst into tears.

B 句是 A 句的英文翻译句，汉语中只显示一个主语“祥子的手”而后续小句的主语“祥子”被省略。虽然后续句的动词并不能与“祥子的手”发生一直关系，但是因为“祥子”已经出现，根据上下文能够找出线索，所以后续句省略其主语。相反，英文不允许主谓不一致现象，必须把第二个小句上的主语补出来，因此 B 句显示出原文上不存在的第三人称代词“he”。

并不是所有的印欧语都与英语一样，印欧语中也存在主语省略频繁的语言，如下例：

（12）A $\emptyset$ Discuteva.

B He was arguing.

A 句是意大利语的句子，B 句是与此相应的英文句子。因为意大利语动词具有人称、数范畴的屈折变化，所以仅根据动词形态变化也能够补出主语。因此 A 句只出现动词而不出现主语。与此相反，英语并不如此。综上所述，世界上存在两类可省略主语的语言：一种是依靠上下文语境省略主语的，比如汉语。另一种是依靠动词屈折变化规则省略主语的，比如意大利语。

值得思考的是，是否还有其他语言和汉语一样？由于注重话题经常出现省略句首 NP 的情况？从朱芬（2013）对日语篇章和金贤姬（2013）对韩语篇章的考察来看，日语和韩语的主题省略现象比汉语更广泛，甚至可以跨越多个小句回指。如金贤姬（2013）中的例子：

（13）遇上交际多，饭局多的主儿，平均一月有上十来个饭局，他 1 就可以白落两三块的车饭钱。加上他每月再省出个块儿八角的，也许是三头五块的，一年就能剩起五六十块！ 这样，他的希望就近便多多了。他 1-1 不吃烟，不喝酒，不赌钱，没有任何嗜好，没有家庭的累赘，只要他自己 1-2 肯咬牙，事儿就没有个不成。他对自己起下了誓，一年半的工夫，他 2——祥子——非打成自己的车不可！是现打的，不要旧车见过新的。

他 2-1 真拉上了包月。可是，事实并不完全帮助希望。不错，他 2-2 确是咬了牙，但是到了一年半他并没还上那个愿。包车确是拉上了，而且谨慎小心地看着事情；不幸，世上的事并不是一面儿的。他 2-3 自管小心他的，东家并不因此就不辞他；不定是三两个月，还是十天八天，吹了！他 2-4 得另去找事。自然，他 2-5 得一边儿找事，还得一边儿拉散座；骑马找马，他 2-6 不能闲起来。[⑤]

例（13）编号 1-1、1-2 以及 2-1 到 2-6 的“他”在韩文版上都被省略。编号 1-1、1-2 的先行词是第一句上的“他 1”。在阅读时，韩语读者遇到缺话题“他 1-1”、“他自己 1-2”的句子，就会前溯去找出该句子原话题的线索，可以追溯到“他 1”。编号 2-1 到 2-6 的“他”，这些被省略成分的先行词都在上一个段落中——“他 2”。上例的省略以及恢复的整个过程不是以同句或相邻句子为范围发生的，而以同段落甚至跨段落为范围而发生的。韩语虽然是主语和话题并重语言而且具有动词形态变化，但是动词并不能表示人称、数之范畴。正因为如此，韩语句法规则上并不存在主谓一致的概念，句子就根本不能要求主谓一致关系[⑥]。因此我们不能把韩语的省略情况和意大利语等同起来。如果听话者要找未出现的主语，一定要从语义或语用层面去找。

比较汉语、英语、意大利语、日语和韩语中第三人称代词和零形式的使用情况[⑦]，可以初步得出汉语零形式的使用频率处于中间，比日语和韩语少，比英语多。汉语篇章的第三人称代词常指称主人公，而零形式则身兼数职，同时回指主人公和配角。这可能是汉语篇章的第三人称代词不能随便省略的原因。相较而言，日语和韩语相同位置的代词却可以省略，且使用零形式更加符合母语者的语感，不妨碍语篇的理解。

总之，类型学视野下的汉语篇章第三人称回指问题应该成为未来研究的方向之一。借助多语种篇章的分析比较，我们才可以发现语言的共性和汉语篇章的个性。

附注

① 本文使用下标 i-k 来标示回指对象，如果下标相同，则回指相同对象。符号 Ø 标示零形式。

② 局部篇章指含第三人称代词或零形式小句的前一个小句，如例（2）中的“王刚打了张建国”。

③ “是”表示同指关系比较复杂，可能还需要其他的辅助手段判定。

④ 具体参见李榕. 2013. 汉语篇章层级对第三人称回指的影响。《汉语学习》，(5)。

⑤ 本例引自金贤姬. 2013. 汉语篇章回指特点考察：以话题省略和话题生命度等级的汉韩对比为例.《语言学论丛》，(48)：146. 例（8）。

⑥ 韩语动词具有敬语附加成分，根据主语所指动词形态会变。但是这并不是句法上的规则而是礼貌上的规则，就是可变可不变的。所以与印欧语相比，韩语还是不存在主谓一致关系。

⑦ 以上其他语言的研究都是引用相关文献，笔者自己尚未研究，文中发现还需要进一步证实。

参 考 文 献

陈平. 1987. 汉语零形回指的话语分析. 中国语文, (5): 363-378.

高兵. 2006. 篇章理解中语境对代词理解的影响. 北京: 中国科学院博士论文.

姜望琪. 2006. 篇章与回指. 外语学刊, (4): 33-40.

金贤姬. 2013. 汉语篇章回指特点考察: 以话题省略和话题生命度等级的汉韩对比为例. 语言学论丛, (48): 137-152.

李榕. 2012. 现代汉语篇章主题性第三人称回指的多学科研究. 北京: 北京大学博士论文.

李榕. 2013. 汉语篇章层级对第三人称回指的影响. 汉语学习, (5): 71-77.

徐赳赳. 1990. 叙述文中“他”的话语分析. 中国语文, (5): 325-337.

许余龙. 2004. 篇章回指的功能语用探索. 上海: 上海外语教育出版社.

朱芬. 2013. 汉日篇章零形回指对比及其在翻译中的应用. 日语学习与研究, (1): 121-127.

Ariel, M. 1990. *Accessing Noun Phrase Antecedents*. London: Routledge.

Chafe, W. L. 1994. *Discourse, Consciousness, and Time: The Flow and Displacement of Conscious Experience in Speaking and Writing*. Chicago& London: The University of Chicago Press.

Dressler, W. U. 1994. Functional sentence perspective within a model of natural text linguistics. In S. Čmejrkova&F. Šticha(Eds.). *The Syntax of Sentence and Text*: 89-104.

Dubois, B. L. 1987. A Reformulation of the Thematic Progression Typology. *Text* 7(2): 89-116.

Fox, B. 1987. *Discourse Structure and Anaphora*. Cambridge: Cambridge University Press.

Givón, T., 1983. *Topic Continuity in Discourse: A Quantitative Cross-Language Study*. Amsterdam, Philadelphia: J. Benjamin's Pub.

Garrod, S. C., Freudenthal, D. & Boyle, E. 1994. The role of different types of anaphor in the on-line resolution of sentences in a discourse. *Journal of Memory and Language*, 33(1): 39-68.

Gordon, P. C., Grosz, B. J. & Gilliom, Laura A. 1993. Pronouns, Names and the Centering of Attention in Discourse. *Cognitive Science*, (17): 311-347.

Goutsos, D. 1997. *Modeling Discourse Topic: Sequential Relations and Strategies in Expository Text*. Norwood, New Jersey: Ablex.

Henk P. M. & Ted S. 2009. How Grammatical and Discourse Factors May Predict the Forward Prominence of Referents: two Corpus Studies. *Linguistics*, 47(6): 1273-1319.

Hoover, M. L. 1997. Effect of textual and cohesive structure on discourse processing. *Discourse Processes*, (23): 193-220.

Li, C. N., & Thompson, S. A. 1979. Third-person pronoun and zero-anaphora in Chinese discourse. In T. Givón. *Syntax and Semantics 12: Discourse and Syntax*. New York: Academic Press.

Martin, J. R. 1992. *English Text: System and Structure*. Philadelphia/Amsterdam: John Benjamins.

Van Dijk, T. A. 1977. *Text and Context: Explorations in the Semantics and Pragmatics of Discourse*. London and New York: Longman.

The Links between the Third Person Anaphora and Text Theme

Abstract The study about third person anaphora has been a hot topic in linguistics, psychology and natural language processing for a long time. Unlike the previous study, this paper discusses the links between the third personal anaphora and text theme. It mainly examines whether text theme can help resolve the third person pronoun anaphora or zero anaphora. We find that the influence of text theme on the third person pronoun anaphora is far greater than zero anaphora. They also have different text functions. The third person pronoun is often used to refer to the text theme (the protagonist), while zero anaphora plays two roles, can both refer to the protagonist and a supporting role. This may be the reason why sometimes the Chinese text cannot omit the first pronoun of the sentence.

Key words the Third Person Pronoun Anaphora, Zero Anaphora, Text Theme

李榕

西安外国语大学，副教授

电子邮箱：lirong1210@126.com

汉语习得研究

中高级韩国学习者口语产出中“A+N”类形名搭配的偏误类型及自然度考察*

李梅秀

摘　要　文章考察了中高级韩国学习者口语产出中定中结构形名搭配在句法、语义、语用等层面的偏误类型及其自然度，结果发现语义上有问题的偏误搭配最多。从具体偏误情况来看，句法上有问题的偏误搭配多为违反单音节形容词修饰名词的规则，其次是违反单向或双向形容词的特定搭配形式；语义上有问题的偏误搭配多为范畴错配，其次为语义特征失谐；语用层面的偏误搭配主要表现为搭配的使用不符合语境。从中级到高级阶段，形容词的“向”、单音节形容词修饰名词的规则、语义特征的匹配等方面的搭配知识有一定的发展，其他方面无明显变化。自然度比较低的是：句法和语义均有问题、违反单向或双向形容词搭配结构、词性偏误、基本语义不通、语义范畴错配以及语义重复的搭配。因此，要有效提高学习者的语言表达质量，需在形名搭配的教学中有意识地提升这些方面的搭配知识。

关键词　韩国学习者　口语　形名搭配　偏误类型　自然度

1　引　言

定中结构形名搭配是汉语学习者经常出现偏误的一类搭配，且造成偏误的因素很多。因为定中结构形名搭配知识涉及形容词的功能、“的”字

* 本论文得到北京语言大学梧桐创新项目（中央高校基本科研业务费专项资金）（16PT01）资助。

的隐现、形名搭配的结构转换、形名互选规律、韵律等诸多方面，各个方面内部又涉及很多制约因素。比如，在功能方面，性质形容词有限制、类指和分类等功能，状态形容词有定指、描写等功能（朱德熙，1956），根据形容词修饰功能的强弱，形容词对名词的修饰又分比较自由、不太自由、局限性很大等情况（吕叔湘，1966），形容词修饰功能上的这些差异在不同程度上制约着其对搭配对象的选择；“的”字的隐现受形容词和名词结合的松紧度（吕叔湘，1957）、形容词修饰的对象类型（王力，1985）、整个形名组合的指称对象（陈琼瓒，1955）、形容词所属类型（沈家煊，1997；王启龙，2003）、韵律（徐阳春，2003）等因素的制约；形名搭配结构的转换受形容词与名词的语义关系（赵春利，2007）、形容词的“向”（刘丹青，1987；张银丹，2009）、形容词的类型（张国宪，2006）等因素的制约；形名互选规律涉及形容词和名词所属语义类/范畴（朱德熙，1956；祁峰，2011；赵春利，2006，2012）、语义特征（铃木庆夏，2000）等方面的问题。这些搭配知识中，任何一方面没有掌握好都有可能导致学习者产出不自然的形名搭配。因此，需要较系统全面地了解学习者对这些搭配知识的掌握情况，才能有效减少学习者的偏误。

已有面向对外汉语教学的形名搭配研究主要关注形容词充当定语时“的”字隐现规律的习得（王利峰、肖奚强，2007；谢成名，2008；雷友芳，2012），不同类型形容词和名词互选规律的习得（雷立娜，2008；张悦，2015），还有少量研究考察学习者对形名搭配结构转换规律的习得情况（张银丹，2009）。

在“的”字隐现规律的习得方面，学习者的偏误表现为该用“的”时不用“的” 或者不该用“的”时用了“的”。相关研究发现学习者语料中简单式（“A（de）N” 式）使用频率高，偏误率低，复杂式（“Nde[A（de）N]”式或“N[AdeN]”式）使用频率低，但是偏误率高（王利峰、肖奚强，2007），多项定语后“的”的隐现是习得的难点（谢成名，2008；雷友芳，2012）。

在形容词和名词的互选方面，相关研究主要参考赵春利（2006，2012）等的分类方法将常用形容词和名词分别划分为主体、事体、物体、时空、评价、逻辑等类型进行考察，如雷立娜（2008）在考察不同范畴双音节形容词与名词互选规律的基础上，提出教学中应加强典型搭配和常用搭配的输入，通过辨析双音节形容词使用范围的不同来纠正学生的近义词偏误。张悦（2015）考察了学习者不同类型双音节性质形容词与名词搭配的使用情况，发现学生的主要问题是形容词混淆，主要包括相同语素形容词的混淆、对形容词可搭配的名词类型把握不到位、不了解各类形容词搭配能力和搭配倾向上的差异等，因此强调教学中应注重形容词和名词的分类教学以及强调形容词的搭配倾向。

形名搭配结构转换方面，张银丹（2009）通过实验的方法考察了留学生形容词单向、单双向意识以及句法、语义信息意识的形成和发展情况。研究结果显示学习者形容词单向搭配和单双向搭配意识会随着汉语水平的提高而增强，但发展比较缓慢，搭配知识的发展总体上呈“僵化”的趋势。

总结已有这些研究成果，学习者形名搭配习得过程中出现的问题主要集中在句法层面的“的”字隐现规律、形容词单向和双向搭配方面，以及语义层面的搭配范畴上。但从留学生形名搭配的使用情况来看，单音节形容词修饰名词的规则、语义特征的匹配、语用等方面搭配知识的欠缺也会导致大量偏误搭配的产生。已有研究除了考察的搭配知识不全以外，对于有些层面搭配知识的分析也不够深入，比如，语义层面搭配知识的研究主要集中在基本范畴的匹配方面，没有涉及更细微的语义特征层面。

另外，学习者产出的搭配还存在自然度上的差异。比如，有些搭配可能直接影响到基本语义的表达，有些并不影响语义表达，但是母语者听起来不太自然，有些虽然听着不太地道，但我们勉强可以接受。这种自然度上的差异可能是由不同的因素造成的。通过观察不同搭配知识导致的偏误搭配在自然度上的差异，我们可以知道哪些搭配知识的习得在提高语言表达质量方面起到关键作用。

因此，我们在概括已有本体和习得研究成果的基础上，对可能制约定中结构形名搭配习得的因素进行了归纳总结。将学习者产出中不符合母语习惯的形名搭配初步归纳为句法问题、语义问题、语用问题等类，再根据具体语料分出不同的小类，分别进行统计和分析。在此基础上考察中高级韩国学习者口语产出中各类偏误搭配的分布情况及其自然度差异，以期对影响中高级学习者形名搭配习得和产出质量的因素有一个较系统的了解，对形名搭配的教学提供一些参考。

2 语料来源及研究方法

2.1 语料来源

语料来自 2010 年 HSK 高等口语考试。该考试分两个部分，第一部分为朗读短文，第二部分为回答问题。我们的研究只选取第二部分的语料，该部分一共有两个问题，要求考生在限定的时间内陈述自己的答案，是半自然的口语产出。

2.2 研究方法

2.2.1 研究对象的界定

由于搭配的界定尚无统一的标准，我们根据已有多数研究在界定搭配时主要关注的几个标准，将本文的研究对象界定为构成定中关系、各自最多带一个修饰词的形容词和名词组成的定中结构形名搭配。该界定首先参考了英语搭配研究中将搭配看作可表现为多种具体文本形式的抽象关系的观点（如 Cowie，1998；Howarth，1996；Nesselhauf，2005），将“美丽的姑娘”、“非常美丽的姑娘”、“美丽的中国姑娘”、“非常美丽的中国姑娘”等组合均视为“美丽”和“姑娘” 组成的“形＋名”搭配。又根据 Jones & Sinclair（1974）关于构成搭配的节点词左边和右边分别可以有“±4 个词（orthographic words）”的观点，以及 Gyllstad（2007）等关于搭配词之间不必相邻但必须限定在一定范围内的观点，并结合汉语的特点及修饰词对搭配的影响等因素，将搭配词所带的修饰词限制在一个词的范围内（不限制字数）。

2.2.2 语料的提取、测评和分析方法

首先从话题相同的口试录音中随机抽取了 400 名韩国考生的录音，对每个录音进行了总体口语水平的评分。然后从中穷尽地提取了不恰当的定中结构形名搭配（下文简称“形名搭配”）及其所在句子。对提取到的不恰当搭配进行自然度的评分，对不恰当的搭配进行分类，并找出从学习者母语中直接逐词翻译而来的搭配，最后对不同口语水平、不同偏误类型形名搭配的分布情况、自然度及偏误原因进行分析。具体方法和标准如下：

（1）总体口语水平评分方法：按照美国外语教学委员会（ACTFL）的口语能力测试（IPO）分级标准进行评分。由于参加高等口语水平考试的考生口语基本都达到中级或以上水平，因此评出的最低分对应中级低等，没有初级，分值为 1～7 分（1 分：中级低等；2 分：中级中等；3 分：中级高等；4 分：高级低等；5 分：高级中等；6 分：高级高等；7 分：最高级）。

（2）形名搭配的提取：在提取语料的过程中首先根据语感判断搭配是否恰当，然后参考 BCC 语料库中的搭配进行筛选。最后选出了语感上不自然且在 BCC 语料库中出现次数低于 10 次的形名搭配，一共 203 例（见表 1）。

（3）自然度：将接受度分为 1～5 分，由 20 位汉语（普通话）母语者对提取到的 203 条语料进行接受度的评定（每 5 位评定约 50 条），最后将 5 位母语者的平均接受度作为搭配的自然度进行比较分析。

（4）从母语直译而来的搭配：请 3 位韩语母语者（分别为汉语言文学专业和汉语国际教育专业研究生）判定以上提取到的搭配哪些可以逐词翻译成韩语中合法的短语，将可以逐词翻译的搭配判定为受母语迁移影响而产出的搭配。

3 结　　果

3.1 不自然形名搭配的总体产出情况

最终得到的考生水平分布以及对应的偏误搭配产出情况如表 1 所示。

表 1　各水平考生人数及偏误搭配的产出情况

等级	人数	偏误搭配数量		偏误搭配产出率
中级低等（1 分）	5	2		0.40
中级中等（2 分）	18	6		0.33
中级高等（3 分）	146	62		0.42
高级低等（4 分）	185	96		0.52
高级中等（5 分）	32	28		0.88
高级高等（6 分）	12	7		0.58
最高级（7 分）	2	2		1.00
合计	400	203	平均值	0.51

由各个水平“偏误搭配数量 ÷ 人数”得到不同水平学习者的偏误产出率，发现高级水平学习者的偏误产出率比中级水平学习者还要高。说明不恰当的形名搭配没有因学习者口语水平的提高而减少。这可能是因为高级水平学习者在口语产出中对语言复杂性、词语组合多样性以及修饰限制等方面有更高的需求，产出的形名搭配更多，但他们的搭配知识还没达到相应的水平。而中级水平学习者搭配知识水平可能更低，但是产出也相应较少，语言相对较简单，涉及的形名搭配相对较少。因此，与高级学习者相比，中级学习者的偏误产出率就显得少一些。但无论何种原因，这个结果都说明从中级到高级阶段，学习者搭配能力并没有与总体语言水平同步提高。

3.2 偏误类型及自然度

学生产出的形名搭配在偏误特点上有不同的表现，我们根据具体偏误的倾向性将提取到的搭配分为句法问题、语义问题、句法兼语义问题、语境问题四类，各类型的分布情况和自然度如表 2 所示。

表 2 不同类型偏误的分布情况和自然度

偏误类型	中级/%	高级/%	总体分布/%	自然度
句法问题	16.18	16.79	16.58	2.87
语义问题	55.88	59.54	58.29	2.83
句法兼语义问题	10.29	9.92	10.05	1.89
语境问题	17.65	13.74	15.08	3.57

总体上看，一半以上的不自然形名搭配主要是语义上有问题（58.29%），其他层面有问题的偏误搭配相对较少。从不同水平的分布上看，中级水平和高级水平在句法、语义、语用层面的偏误分布差不多，说明从中级到高级阶段各个层面形名搭配知识均未随着整体语言水平的提高而有明显提高。

从自然度上看，“语境问题”的偏误虽然在语感上同样不自然，但并不违反搭配词之间的互选限制和整体语义的表达，自然度相对高一些（母语者平均接受度在 3 以上），其他几类偏误的自然度都很低。可见，句法和语义层面的搭配知识对语言表达质量的影响更大。

3.2.1 句法问题

形名搭配偏误在句法层面主要涉及形容词的“向”、结构助词“的”的使用[①]、词性、单音节形容词修饰名词的规则、语素和词的界定等方面的问题。因此，凡是倾向于这几方面问题的偏误均归为句法问题（见表 3）。

根据刘丹青（1987）和张银丹（2009），形容词可以分为单向形容词（只能用于“A＋N”结构或只能用于“N＋A”结构的形容词）和双向形容词（既可以用于“A＋N”结构也可以用于“N＋A”结构，但与某些名词搭配时只可以用其中一种结构）。如果“A＋N”类单向形容词出现“N＋A”结

① “的”字的隐现在某些情况下也与韵律有关，如徐阳春（2003）提出“的”字隐现的制约因素涉及三个原则：板块原则、凸显原则和韵律原则，但从多数本体研究的结果来看，形名搭配中“的”字的隐现更多的是与形容词和名词结合的松紧度（吕叔湘，1957）、形容词的类型（沈家煊，1997）等相关，且学生的偏误很难根据多种因素细分，因此将其笼统地归入句法问题一类。

构的搭配或者“N+A”类单向形容词出现“A+N”结构的搭配，就属于违反单向形容词的搭配结构。双向形容词如果与某些名词搭配只能构成“A+N”形式，却用了“N+A”形式，或者只能构成“N+A”形式却用了“A+N”形式，属于违反双向形容词的搭配结构。如例（1）和（2）中“健康”和“大”都是双向形容词，但“健康”与“精神”搭配、“大”和“年龄”搭配时，只能组成“N+A”式。

表 3　句法问题的类型及比例分布情况

偏误类型	例句	中级/%	高级/%	整体比例/%	自然度/%
违反形容词的向	（1）或者是跟别人多交流、跟朋友多交流，也会帮助你保持健康的精神。 （2）我奶奶当时 78 岁，相当大的年龄。	36.36	19.05	25.00	2.51
结构助词偏误	（3）我以为人最重要的是健康身体。 （4）他们不应该吃咸的味儿的菜。	18.18	14.29	15.63	3.47
词性偏误	（5）他们应该好好准备更老年的生活。 （6）有些人天天有否定的想法，这样对身体不好。	0.00	23.81	12.50	2.75
违反单音节形容词的规则	（7）如果制定一个高的目标，那这个目标步骤的程度也很高的。 （8）你觉得有大的压力，就会有好的未来吗？ （9）做特别高的目标，而给自己大的心理负担。	36.36	28.57	34.38	3.35
其他	（10）对人类，压力是最害的敌人。 （11）每天做少点儿的运动。	9.10	14.29	12.50	1.7

关于结构助词的使用，学生的偏误分为应加“的”而未加和不应加“的”而加“的”两种情况。如例（3）中的“健康身体”，应加结构助词“的”，而例（4）“咸的味儿”应该去掉“的”。例（3）属于定中结构简单式的结构助词偏误，例（4）属于特殊复杂式（与王利峰、肖奚强等所说的复杂式略有不同）的结构助词误用。我们提取到的语料中，简单式和复杂式的“的”字偏误数量相当。

在词性方面，学生最常出现的偏误是误用了语义与目标形容词相近的其他词类。如例（5）“老年的生活”属于误将近义名词用作形容词，例（6）误将形容词“肯定”的词性和功能类推到其反义动词“否定”的使用中。

单音节形容词修饰双音节名词构成“形容词＋的＋名词”的结构时，

一般需要在形容词前加修饰成分。如例（7）～（9），“高”常常用来修饰“目标”，“大” 常常修饰“压力”“负担”等，所以组成搭配没有问题，但是形容词前面须加“很”“非常”等程度副词，这与形名搭配的韵律也有关系。

除此之外还有误将近义语素用作词或者用不恰当的词组代替形容词等。如例（10）“最害的敌人”为误将语素“害”当作词来使用，例（11）用近义词组“少点儿”替代“少量”，语义上可以搭配，但违反句法规则。

从总体分布上看，句法层面偏误最多的是违反单音节形容词修饰名词的规则造成的搭配，占 34.38%，其次是违反形容词的“向”造成的偏误搭配，占 25%。其他类型的偏误比例差不多。比较中级和高级学习者的分布，高级学习者“违反单音节形容词修饰名词的规则”“结构助词偏误”及“违反形容词的‘向’” 的比例明显比中级学习者低，但是“词性偏误”及其他类型的偏误比例高于中级学习者。说明到了高级阶段，学习者对单向形容词的搭配规则、形容词的“向”和结构助词“的”的隐现规律有了一定的把握，但是在近、反义词的词性、功能和搭配范畴的区分方面还是存在问题，甚至在搭配中常常混淆意思相近的语素、词和词组。

从自然度上看，由于在定中结构形名搭配中多用或少用结构助词“的”或者违反单向形容词搭配规则并不影响深层的搭配关系和语义的表达，母语者对其容忍度要高一些，因此自然度略高。其他几类违反句法的搭配虽然大部分在语义上可以理解，但是从母语者的语感角度看，都很不自然。

3.2.2 语义问题

从分析的语料来看，违反词汇语义匹配规约的形名搭配有四种情况（见表 4）：

（1）基本语义不通，即完全不合常理、无法理解或不放在句子语境中无法推知大意的偏误搭配。如例（12）“主要的心脏”属于不合常理的搭配，因为心脏本身并没有主次之分。例（13）“紧的运动”如果不放在句子语境中我们猜不出其要表达的意思。

表 4　语义有问题的偏误搭配类型及其自然度分布情况

偏误类型	例句	中级/%	高级/%	整体分布/%	平均自然度/%
基本语义不通	（12）因为手是我们主要的心脏。 （13）中老年人的话有点紧的运动对身体不好。	16.22	26.67	22.81	2.28
语义范畴错配	（14）而比较好的是有正确的时间，有正确的规律来饮食，可以维持健康，可以延长一些生命。 （15）虽然他年轻的时候就赚了很多钱，有了很多的名誉，但他都没有用完那笔钱就那么去世了。 （16）保持自己快乐，有优良的心态，这样…… （17）最后一个是规则的生活习惯，比如说几点吃饭、几点洗脚、几点睡等。	45.95	41.33	42.98	2.80
语义特征失谐	（18）第二是要吃好吃的饮食。 （19）中老年人的生活时间是越来越少的，所以对未来会有绝望的心态。	35.14	24.00	28.07	3.45
语义重复	（20）这种锻炼也可以成为延年益寿的最基本的基础。 （21）保养身体，延年益寿的方法是，最重要的关键是减小压力。	2.70	8.00	6.14	2.29

（2）语义范畴错配，这类偏误搭配在基本语义的匹配上没有问题，即使脱离句子语境我们也能理解其要表达的意思，但是构成搭配的两个成分均不在对方可以搭配的语义范畴内。语义范畴错配主要有三类：第一类为一般形容词的搭配范畴错配，如例（14）“规律”是指自然、社会等客观关系范畴，无所谓对错，不属于“正确”可以修饰限定的范畴。第二类为高频常用形容词语义泛化导致搭配范畴泛化，多为“大”“小”“多”“少”“高”“低”等高频常用形容词搭配范畴泛化。如例（15）为“多”的使用泛化，将其修饰范围扩大到抽象的价值类范畴。第三类为近义词或形近词混淆导致的搭配偏误。如例（16），“优良”和“良好”语义相近，且有一个相同的语素，但是搭配范畴不一样，用前者代替后者导致搭配范畴不匹配。例（17）是误用了与“规律”有相同语素的形近词“规则”。

（3）语义特征失谐。搭配成分彼此属于可匹配的范畴，但是语义特征上不和谐或者相矛盾导致搭配不自然。如例（18）“好吃”本身主要搭配食物类范畴的词，但只能搭配具有[＋可吃]、[＋具体]等特征的词，“饮食”

属于食物类范畴，但“饮食”本身是一个集合名词，有[-可吃]、[-具体]的语义特征，因此二者语义特征上不能匹配。例（19）“绝望”可以搭配精神情感状态范畴的词，“心态” 也属于该范畴，但是“心态”有[＋恒常性]特征，“绝望”一般是[＋短时性]的，因此二者构成的搭配就不自然。

（4）语义重复。这类偏误表现为中心词本身已经包含“定语”所带语义，如例（20）和（21），“基础”本身已经有“基本”义，二者搭配后语义重复，“关键”本身隐含了“重要”之义，再用“重要”进行修饰，语义上明显重复。从表 4 所示的统计结果来看，语义范畴错配的比例最高（42.98%），其次是语义特征失谐（28.07%）和基本语义不通（22.81%），语义重复的情况比较少。比较中级和高级水平之间的分布差异，高级水平学习者语义范畴错配和语义特征失谐的比例比中级水平学习者低，基本语义不通和语义重复的比例却高于中级水平学习者。这与我们预想的情况正好相反，可能跟语料数量少也有关，但在某种程度上也说明语义层面看似容易的搭配知识对于学习者来说也有一定难度。

从自然度上看，相对于其他情况，如果基本语义、搭配范畴均没有问题，且语义上没有重复，只是更细微的语义特征不匹配，母语者在一定程度上可以容忍，平均自然度为 3.45。其他几类语义上有问题的搭配自然度都比较低。

需要注意的是，除语义重复之外，其他三类偏误本质上都属于语义范畴的问题，只是属于不同层次上的范畴问题。“基本语义不通”属于大范畴层面的问题，这个层面的范畴比较宽泛，从搭配学习的角度讲不具备区别的意义；“语义范畴错配”所谈的范畴是指互相之间有明显的区别特征、界限相对清楚的范畴，可以进行系统地归纳和区分，属于基本层次范畴，这个层面的范畴无论是在研究中，还是教学上，都具有区别意义，以及操作上的可行性；“语义特征失谐”涉及的区别特征实际上是基本层次范畴内次范畴之间的区别特征，但是这个层次的范畴之间区别特征不明显、界限不清晰，难以归纳概括，不易区分，无法从范畴的角度系统地进行描述，因此我们只能针对具体的例子来讨论具体的区别特征，这是教学中最难具体化，也是学生最难把握的一类搭配知识。

3.2.3 句法兼语义违反

从句法和语义层面看，还有一种不自然的搭配既明显地违反了句法规则，又明显违反语义上的匹配规约。例如：

（22）首先你们要有**规定的生活**，按照良好的生活习惯来生活。

（23）不光是老人，对于所有人，我觉得**规定的生活习惯**是最好的保养身体的方法。

例（22）和（23）“规定的生活”“规定的生活习惯”，从句法层面看，将动词“规定”用作形容词（根据句子语义，排除动词作定语的可能性），属于词性偏误，从语义层面看，混淆了“规定”和“规律”的语义，属于近义词替代。

相比较而言，这类偏误搭配是最明显、最不自然的，但是高级阶段的学习者仍然会出现这样的搭配（10.08%）。该类偏误多为混淆了词形相近、词性不同或者词义相近、词性不同的词。可见，形近词、近义词语义和功能的区分也是词语搭配知识的一个难点。

3.2.4 语境问题

搭配的使用除了涉及搭配成分之间的匹配问题，还有整个搭配与语境的匹配问题。有些形容词和名词，只有在特定的语境下才可以构成搭配，脱离其适用的特定语境，就会显得不自然。这类搭配由于使用频率比较低，在教学和研究中往往被忽略。但是母语者使用频率比较低，不等于学习者不需要用或者不会出错。在我们提取到的语料中这也是出现频率比较高的一类偏误（15.08%）。这类偏误主要源于学习者对搭配的整体语义或搭配成分的适用语境把握不到位。例如：

（24）a. *还得为了现在的生活做一个计划，来活出**平安的生活**，美丽的生活。（学习者语料）

b. 拥有一个天蓝、水清、空气洁净的空间，人们才会远离疾患，拥有健康，拥有一份**平安的生活**。（来自 BCC 语料库的母语者语料）

（25）a. *豆腐里面包括很多水，还有很多**良好的材料**。（学习者语料）

b. 实践证明，热压微晶碳化硼是制造气体动压轴承的一种**良好的材料**。（来自 BCC 语料库的母语者语料）

如例（24）和（25），“平安的生活”在例（24）b 中并无不妥，但在（24）a 学生产出的这个句子中就很不自然，自然度只有 2.4。例（25）b 中使用“良好的材料”也很自然，但用在（25）a 中就不合适，自然度为 2.8。例（24）a 的偏误属于对搭配的整体意义与语境的关系把握不准确，主要源于对形容词的语义和搭配的整体语义理解不到位。例（25）a 的偏误主要源于对两个搭配成分的语义理解不准确，不清楚“良好”不适合用于修饰食物的组成成分，“材料”不能用于指称食物的组成成分。

4 讨 论

根据韩语母语者的判断结果以及上一节讨论的偏误类型分布情况，导致中高级学习者产出不自然形名搭配的原因主要有以下几点。

第一，母语的负迁移。根据韩语母语者的判断结果，总体上有 69.61%（中级：66.67%；高级：71.21%）的不自然搭配是母语负迁移造成的。可见，对于韩国学习者，母语负迁移始终是导致形名搭配偏误的一个非常重要的原因。韩语母语的负迁移涉及句法、语义、语用等各个方面，比如句法方面，汉语的结构助词“的”大致相当于韩语里的“의”“것”，但“的”和“의”“것”的句法规则并非是对等的，韩国学习者习惯于将母语中带“의”“것”的结构直接翻译到汉语中，就会出现错误。语义和语用方面，根据韩国母语者的介绍，我们的研究涉及的词在韩语中大多数都有对应的翻译，但是两种语言在词语的搭配以及搭配适用的语境方面都有很大区别，比如韩语里“平安的生活”这样的搭配是很常用的，适用于大多数语境，在汉语里却是只适用于特定语境的低频搭配。学生在口语表达中往往习惯于将韩语中的搭配逐词翻译成汉语，因而产出大量不自然的搭配。

第二，缺乏搭配的范畴意识。在词语搭配的学习中，对于基本或典型搭配范畴的把握非常重要，因为大部分词的搭配是受范畴制约的，不同语义范畴的形容词通常只能搭配特定范畴的名词（相关研究和论述可见雷立娜，2008；祁峰，2011；张悦，2015；赵春利，2012等），超出词语可搭配的范畴，就会造成偏误。从前面关于偏误类型分布情况的统计结果来看，大部分不自然的形名搭配主要是语义层面有偏误（见3.2表2），其中大部分为范畴的匹配上有问题（见3.2.2表4）。而且这种情况并没有随着汉语水平的提高而明显改善。

第三，对近义词、形近词在功能和语义上的差异把握不到位。语义层面和句法层面的很多偏误搭配都是近义词或形近词的混淆造成的，这在动宾搭配中也很明显（如李守纪，2016）。可见近义词或形近词的区分是搭配教学中需要重点强调的一方面。

第四，缺乏对单向形容词、双向形容词搭配结构限制的认识。从我们的统计结果来看，“A+N”搭配句法上的偏误很大一部分是将只适用于“N+A”式的形容词用于“A+N”式。这种情况在中级水平学习者语料中最常见（50%），高级水平学习者语料中明显减少（26.67%）。说明学习者形容词单向搭配和单双向搭配意识随着汉语水平的提高有一定的提升，这与张银丹（2009）实验研究的结果一致。

第五，很难准确掌握结构助词“的”在形名搭配中的隐现规律。近三分之一违反句法的形名搭配为多用或少用“的”造成（3.2.1表3）。因此，这也是在教学中应该注意的一个问题。

第六，其他。为了了解更多可能影响形名搭配自然度的因素，我们还考察了自然度、母语迁移、形容词频度和名词频度几个因素之间的相关性。结果发现名词频度和汉语水平之间存在显著的负相关，从这一点来看，可能对于更高水平的学习者来说，低频名词的大量使用也是造成其产出不自然形名搭配的一个因素（不自然形名搭配中名词平均频度为：中级学习者0.004283，高级学习者0.002675）。高级水平学习者在大量使用频度较低的名词时由于对这些名词本身的语义范畴、语义特征等把握不准确，从而产生了大量的偏误。这也是高级水平学习者偏误搭配总体上没有比中级学习者少的一个可能解释。在未来的研究中，搭配成分本身的频度、语义和功能方面的难度与搭配准确度之间的关系也是需要考虑的一个方面。

从搭配知识的发展情况来看，高级水平学习者口语产出的总体水平明显高于中级水平学习者，并且从使用更多低频名词可以看出高级水平学习者的词汇量和一般词汇知识应该比中级水平学习者要高，但除了违反形容词“向”以及违反语义特征的偏误搭配以外，高级水平学习者各类偏误搭配的比例并没有明显比中级水平学习者少，可见学习者这些方面的搭配知识并没有与一般词汇知识同步发展起来。

从自然度上看，除了“结构助词偏误”“语义特征失谐”和“语境有问题” 的偏误搭配平均自然度略高（大于 3），其他偏误类型的自然度都很低，母语者基本上不能接受。从自然度的差异上我们可以推断造成形名搭配自然度比较低的这些因素是影响语言表达质量的重要因素。

鉴于以上结果，在形名搭配的研究和教学中，除了注意母语的迁移影响，语义范畴和语义特征对搭配的制约是最重要的方面。另外，句法层面的形容词单、双向搭配问题、“的”的隐现以及近义词的功能等方面的知识也很重要，低频搭配的语境适应性也不容忽视。

5 结　　论

研究通过考察中高级韩国学习者口语产出中“A＋N”类形名搭配的偏误类型和自然度，主要得出以下几点结论：

（1）总体上看，韩国学习者口语产出中“A＋N”偏误搭配涉及句法、语义、语境等多个层面的问题，其中语义层面有问题的偏误搭配最常见。从母语者的语感来看，“违反句法规则”或“语义有问题”的搭配自然度都比“语境有问题” 的搭配低。

（2）从具体偏误的分布情况看，在违反句法规则的偏误搭配中，多数为违反单音节形容词修饰名词的规则，以及违反单向、双向形容词的特定搭配形式，其次是多用或少用结构助词“的”；语义上有问题的偏误搭配多为搭配范畴有问题，其次为语义特征不匹配。

（3）从中级到高级阶段，只有形容词的“向”、单音节形容词修饰名词的规则、语义特征的匹配等方面的搭配知识有一定的发展，其他方面的搭配知识并没有与总体语言水平同步发展起来。

参 考 文 献

陈琼瓒. 1955. 修饰语和名词之间的“的”字研究. 中国语文, (1): 22-27.

雷立娜. 2008. 常用双音节形容词与其后置名词搭配研究. 北京: 北京师范大学硕士学位论文.

雷友芳. 2012. 多项定语与“的”字隐现的定量研究. 北京: 北京大学硕士学位论文.

李守纪. 2016. 美国留学生词语搭配的偏误分析及其对词语教学的启示. *The Journal of the Chinese Language Teachers Association*, USA, 51(1): 62-78.

铃木庆夏. 2000. 形名组合不带“的”的语义规则初探——兼论形容词的区别性//中国语文杂志社. 语法研究和探索(九). 北京: 商务印书馆.

刘丹青. 1987. 形名同现与形容词的“向”. 南京师范大学学报(社会科学版), (3): 56-61.

吕叔湘. 1957. 中国文法要略. 北京: 商务印书馆.

吕叔湘. 1984a. 形容词使用情况的一个考察//吕叔湘. 现代语法论文集(增订本). 北京: 商务印书馆: 301-325.

吕叔湘. 1984b. 单音形容词用法研究//吕叔湘. 汉语语法论文集(增订本). 北京: 商务印书馆: 377-349.

祁峰. 2011. 单音形容词与名词组合的语义选择关系分析——基于定量统计的形容词“小”的个案研究. 华文教学与研究, (3): 70-77.

沈家煊. 1997. 形容词句法功能的标记模式. 中国语文, (4): 242-250.

王力. 1985. 中国现代语法. 北京: 商务印书馆.

王利峰, 肖奚强. 2007. 形容词定语后“的”字隐现习得研究. 汉语学习, (2): 83-90.

王启龙. 2003. 现代汉语形容词计量研究. 北京: 北京语言大学出版社.

谢成名. 2008. 多项定语定中结构中“的”字隐现规律. 北京: 北京语言大学硕士学位论文.

徐阳春. 2003. “的”字隐现的制约因素. 修辞学习, (2): 33-34.

张国宪. 2006. 现代汉语形容词功能与认知研究. 北京: 商务印书馆.

张银丹. 2009. 留学生形名搭配句法与语义关系习得研究. 北京: 北京语言大学硕士学位论文.

张悦. 2015. 基于对外汉语教学的双音节性质形容词与名词的搭配研究. 南京: 南京师范大学硕士学位论文.

赵春利. 2006. 形名组合的静态与动态研究. 广州: 暨南大学博士学位论文.

赵春利. 2007. 情感形容词与名词同现原则. 中国语文, (2): 125-132.

赵春利. 2012. 现代汉语形名组合研究. 广州: 暨南大学出版社.

朱德熙. 1980. 现代汉语形容词研究//朱德熙. 现代汉语语法研究. 北京: 商务印书馆: 3-25.

Cowie, A.P. 1988. Stable and creative aspects of vocabulary use. In Carter, R. and McCarthy, M.(eds.), *Vocabulary and Language Teaching*, (pp.126-139). London: Longman.

Gyllstad, H. 2007. *Testing English Collocations: Developing Receptive Tests for Use with Advanced Swedish Learners*. Lund University doctoral dissertation.

Howarth, P. 1996. *Phraseology in English Academic Writing: Some Implications for Language Learning and Dictionary Making*. Tübingen: Max Niemeyer.

Jones, S. & Sinclair, J. 1974. English lexical collocations: A study in computational linguistics. *Cahiers de Lexicologie* (24): 15-61.

Nesselhauf, N. 2005. *Collocations in a Learner Corpus*. Amsterdam: John Benjamins.

A Study on the Error Types and Naturalness of Mandarin “A + N” Collocations in Intermediate and Advanced Korean Learners’ Oral Production

Abstract This study investigated the error types of “A+N” collocations, including syntactic violation, semantic violation, and pragmatic violation as well as their naturalness in intermediate and advanced Korean CSL（Chinese as a second language）learners’ oral production. 203 “A+N” collocations produced by 400 learners were evaluated and analyzed. The result showed that the vast majority of “A+N” collocational errors were semantic violation. Among syntactic violation errors, most of the errors were violating collocational rule of monosyllabic adjective, followed by misusing of unidirectional adjectives or bidirectional adjectives. Among the semantic violation errors, most of the errors were semantic category mismatch, followed by incompatibility of semantic features. In addition to the “directional rule” of adjectives, collocational rule of monosyllabic adjectives and the match of semantic feature, advanced learners were not better than intermediate learners in other aspects. According to native speakers' reports, collocational error types such as syntactic-semantic violation, misusing of unidirectional adjectives or bidirectional adjectives, using wrong words category, basic meaning violation, semantic category mismatch or semantic duplication were almost unacceptable, which implied that those collocation knowledge plays an important part in promoting learners' quality of expression.

Key words Korean Learners, Oral Production, "A+N" Collocations, Error Types, Naturalness

李梅秀

北京语言大学，博士

电子邮箱：lmxgrace@126.com

“一带一路”专题研究

“一带一路”语言研究热点与趋势分析*

曹彩虹

摘　要　“一带一路”战略的实施需要语言铺路。作为研究的起点，国内对“一带一路”语言领域的研究状况成为首要解决的问题。本文利用CNKI数据库收录的自我国改革开放以来有关“丝绸之路”或“一带一路”语言研究领域的文献为研究对象，利用共引分析、聚类分析和共词分析等方法，运用可视化应用软件CiteSpaceⅤ对相关数据进行了定量分析，并以知识图谱的方式呈现该研究领域具有影响力的机构、作者以及研究的热点与研究趋势等。研究结果表明，目前我国在相关领域的研究特征表现为三个研究梯队、八大重要作者、两大研究热点与五个研究趋势。

关键词　语言研究　“一带一路”　热点与趋势　知识图谱

一、引　　言

2013年，习近平主席先后提出“新丝绸之路经济带”和“21世纪海上丝绸之路”新的亚洲、欧洲地区合作框架。“一带一路”的构想一经提出就引起巨大反响，吸引各行各业以及学者们的高度关注，有关方面的研究及成果迅速增长。基于CNKI全数据库进行粗搜索①，以“一带一路”或“丝绸之路”为主题的搜索结果有58996条，其中2014年至

* 本成果受北京语言大学教育教学改革立项一般项目（A201501A）资助；北京语言大学梧桐创新平台“中央高校基本科研业务费专项资金”（16PT03）资助。

① 粗搜索是指将主题词输入检索条件后，直接呈现的检索结果，即没有进行数据相关性剔除。

2016年三年共计为45710条，占与丝路有关研究的77.5%；直接以“一带一路”为主题的粗搜索结果有29959条，占总发文量的50.8%。从以上这些数据可以看出自2013年习近平总书记提出“一带一路”战略构想以来，“一带一路”受到社会极大关注，以此为主题的各种研究也迅速展开。语言作为人类最重要的交际工具，在“一带一路”的“五通”中起着重要的媒介作用。“因为只有语言相通，才能有效沟通。只有有效沟通，才能实现相互理解、获得信任，别人才会支持你铺路架桥、经贸往来、合作发展”，因此，“一带一路”需语言铺路。汉语的国际发展，特别是在“一带一路”国家的发展，对促进我国经济文化交流，提升我国世界政治经济地位发挥着重要作用。然而在CNKI全数据库进行粗略搜索中，关于“一带一路”或“丝绸之路” 的“语言”研究一共仅有743条，仅占“一带一路”或“丝绸之路”全部研究论文数量的1.26%。可见，从数量上可直观地看出，有关语言方面的研究远远不足。同时，由于研究是有连续性以及传承的，我们后续的研究一定是在前面的学者们努力的基础上进行的，因此，非常有必要对“研究共同体”已有工作进行梳理，以避免无谓的重复劳动，帮助学者们做出对社会更有意义的研究成果。因此，本文希望对我国有关“一带一路”的语言研究进行系统的定量分析，以可视化的方式揭示目前我国关于“一带一路”语言特别是汉语研究的发展状况，以及该领域研究走在前列的作者、文献、期刊以及科研机构等，以期能够较清晰地呈现目前该领域的研究热点以及发展趋势，为“一带一路”汉语言这一新兴研究领域的未来发展做好基础工作。

二、研究方法与数据来源

（一）研究方法

本文所使用的研究方法是文献分析法。文献分析是一种科学的文献计量分析工具，经过上百年的发展，已经被国内外广泛用于各个研究领域的文献研究，以用来描述所研究学科领域研究的总体发展状况，学科知识领域发展及其研究热点、前沿和趋势，从而使研究者特别是新人迅速了解该学科的研究全貌、重要研究者与文献、研究机构与期刊、研究的发展脉络、当前的热点问题以及发展趋势等。近年来，随着计算机技术的发展，文献分析实现了科学知识图谱的可视化分析。目前在国内外影响比较大的分析工具之一是 CiteSpace 可视化软件，该软件既能展现某个研究领域的整体状况，也能突出该领域的重要文献与作者等。因此，本文选择最新版本 CiteSpace Ⅴ来分析我国“一带一路”语言研究现状、研究主题以及热点等，希望能够客观地展现目前我国关于“一带一路”语言研究的总体图景，为进一步研究提供科学参考。

（二）数据来源

本文对各种数据来源如 CNKI、CSSCI 以及 WOS 进行了初步的检索，由于如前所述整体的发表数量非常有限，在 CSSCI 仅检索到 50 条有效信息，WOS 可以检索到国外论文信息，但仅检索到 47 条，而且检索主题为“Silk Road”或“the Belt and Road”下没有检索到相关信息。而 CNKI 数据库由于收录的范围比较广，因此可以检索到的条目也比较多，易于对该领域的研究进行较全面的分析。因此，本文选取中国知网（CNKI）的全数据库作为研究数据来源，包括了所有收录的期刊、博硕论文、会议以及报纸数据库。此外，期刊类别选择全部期刊，包括 SCI 来源期刊、EI 来源期刊、核心期刊、CSSCI 期刊以及非核心期刊。具体检索策略是以主题（即题目、关键词或者摘要）为“一带一路”或“丝绸之路”并含“语言”或“汉语”“语音”“语法”“教学”“语言翻译”“机器翻译”“外语”“民族语”与“语言服务”等作为检索条件在“精确”的匹配模式下进行检索。数据采集时间为 2016 年 12 月 31 日，检索的时间跨度为 1978 年至 2016 年共 48 年。在 CNKI 的四个子数据库期刊、博硕论文、会议以及报纸下进行检索，分别得到 402 条、145 条、26 条与 29 条检索结果。经过人工筛选，去掉书评、访谈、学术会议介绍或通知、学院公告，以及涉及语言但属于其他研究领域的，如新闻播音、一带一路国际合作标准、阿联酋教育发展趋势、媒体的未来、媒体十大流行语、美国媒体关于“一带一路”的报道等，保留了外语能力建设、其他语言的战略与人才培养、区域性语言、文化及其传播以及教科文等，报纸文章只选取了学者们的学术研究论文，最终获得有效数据分别为 229、38、16、13 条，共计 296 条。最后，分别将所采集数据转换成 Refworks 格式，利用 CiteSpaceⅤ进行分析。

三、研 究 结 果

（一）研究文献的总体情况与时间分布

筛选后的 296 篇论文的时间分布为，2014 年之前的三十多年合计发表 78 篇，“一带一路”战略构想提出后的 2014 年发表 19 篇，2015 年 81 篇，2016 年 138 篇，三年合计 238 篇。

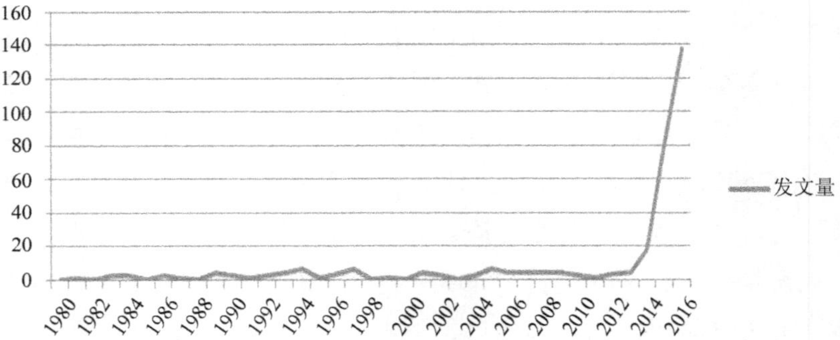

图 1　相关文献的时间分布

从图 1 中，我们可以清楚地看到，在“一带一路”战略构想提出之后，关于该主题的研究迅猛增长，2014～2016 年，三年的时间总发文量达 238 篇，远远超出从改革开放到 2014 年之前 35 年的发文量总和。近三年内每年的发文量也呈迅猛增长之势，2015 年比 2014 年增长了 326.3%，2016 年比 2015 年全年增长 70.4%。但从发表的质量上看，如果简单地以发表期刊的质量为初步评价标准的话，只有 48 篇发表在 CSSCI 期刊上，仅占期刊总发文量的 20.8%。由此可见，虽然关于“一带一路”语言研究的数量在迅速增加，但相关研究无论数量上还是质量上都不能满足我国语言战略发展的需要，难以保障“一带一路”发展对语言的需求，其中针对汉语的研究更为有限，远远不足以建立以汉语为龙头的“语言互联网”，无法打造国家语言战略智库。

（二）研究机构与地区图谱

CiteSpace V 可将各机构发表的论文影响力以“年轮”的形式直观地展示出来，并可得到相关研究的全部机构图谱。圆形结点代表机构，结点越大表明该机构引证频次越高，即其在业内的影响力越大、研究成果的贡献越大。根据运行数据（见图 2），共有 152 家机构做过相关研究，其中引证频次在 30 次及以上的有 5 个，形成第一研究梯队，分别为北京语言大学，为 59 次，在相关研究领域处于遥遥领先地位，可以说是业内的领头羊；国家语委为 54 次，居于第二位；北京大学为 35 次，居于第三位；宁夏大学与广东外语外贸大学均 30 次，并列第四位。引证频次为 10 到 30 次的研究机构形成第二梯队，共有 9 家，依次是重庆师范大学 28 次、黑龙江大学 28 次、武汉大学 27 次、国防科学技术大学 27 次、江苏师范大学 26 次、西南财经大学 25 次、鲁东大学 25 次、新疆大学 11 次、新疆师范大学 10 次。第三梯队为引证频次 2 到 10 次的机构，一共有 7 家，分别是中国社会科学院、上海外国语大学、西安翻译学院、中国传媒大学、海南热带海洋学院、暨南大学与石河子大学。其他引证频次为 1 到 2 的研究机构共有 131 家，形成广大的研究基础。总体来讲，该领域中比较有影响力的是第一第二梯队，共有 14 家，占总研究机构的 9.2%。

图 2 中的连线表示各个机构之间的合作，连线的粗细表示合作程度。由图中可以看出各个研究机构之间的合作情况，152 家机构中有 56 家机构之间进行过合作，这些连线都比较细小，说明他们之间的合作频次较低，

特别是第一梯队各机构之间没有出现合作。同时，进一步的数据分析表明，这里的机构合作均表现为个体之间的联系，而不是以机构的名义开展的正式的合作关系。

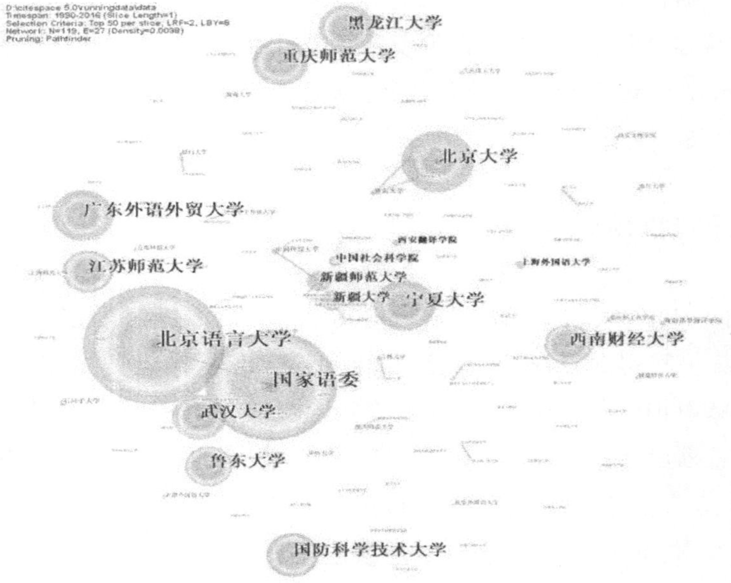

图 2　“一带一路”汉语或语言研究机构图谱

该主题下的学位论文共有 38 篇，涉及 24 个学校，其中多达 10 篇来自新疆师范大学，西北师范大学 4 篇，而其他学校中有 6 所有 2 篇，分别为新疆大学、陕西师范大学、西北大学、西安外国语大学、吉林大学与大连理工大学，其他学校均为 1 篇。观察这些学校，可以看出，这些学校的学位论文选题表现出明显的地域特征。该主题下的学位论文中有 65.8%来自新疆、陕西和甘肃三个地区，这些地区成为丝绸之路经济带研究核心地区，也可以看出这些地区的学者对“一带一路”的研究及本地区发展有更多关注与贡献。

在相关会议的举办上，北京则成为核心地区，占比为 36.4%。厦门举办 2 次，位居第二，是海上丝绸之路的主要研究阵地。

（三）主要研究者及其相关研究领域图谱

为了发现在该领域研究走在前列的作者及其研究主题，本文选取主题词来源为标题、摘要、关键词，节点类型为论文作者，由此得到国内该领域研究者知识图谱，反映目前各位学者对“一带一路”语言研究的影响力与贡献。目前，共有 251 位研究作者（包含第 2、第 3 作者）发表了所检索主题下的相关论文，有 8 位研究者非常突出。

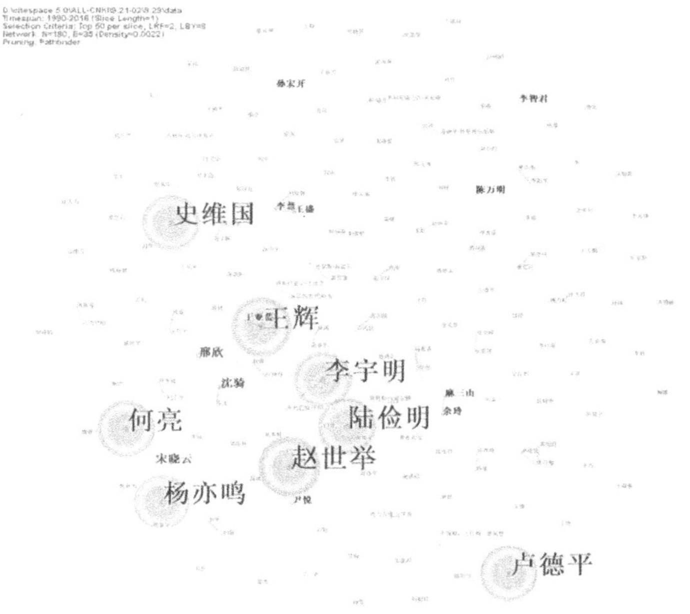

图 3 “一带一路”语言研究领域研究者知识图谱

由图 3 可以明显地看出相对于其他作者，这几位研究者的“年轮”突显，其引证频次分值处于 25～29，彼此之间差别不大。这几位研究者分别是北京语言大学的李宇明、武汉大学的赵世举、宁夏大学的王辉、北京大学的陆俭明、江苏师范大学的杨亦鸣、黑龙江大学的史维国、北京语言大学的卢德平与重庆师范大学的何亮。居于这 8 位之后的研究者的引证频次值与他们差距较大，分值仅为 1～3，其中有 3 位的分值为 3，分别是宋晓云、沈骑和邢欣；8 位为 2，231 位为 1。

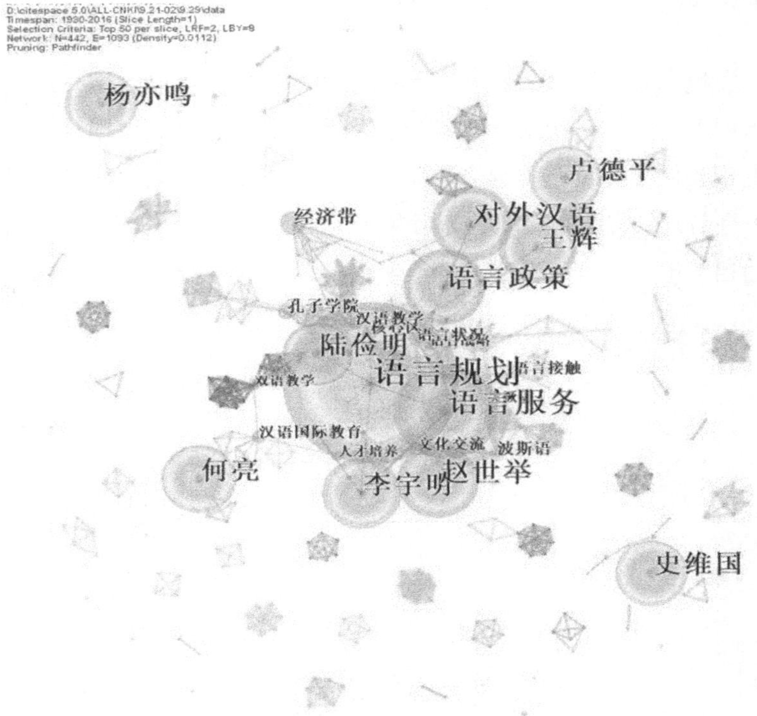

图 4 “一带一路”语言研究领域研究者及其主要研究主题

对这几位学者的研究主题进行进一步分析，我们可以看出（见图 4），李宇明、陆俭明、赵世举三位学者主要研究关注点都是语言规划，并且高度重视语言人才的培养，但研究的侧重点各不相同。陆俭明同样注重国家的语言规划，但他特别强调以世界眼光和国际视野在国家层面树立并增强语言意识，以及商务汉语的教学。李宇明的研究更宏观，他对“一带一路”的语言规划的内容进行了界定，并提出以国际化的视野对“一带一路”的各种术语展开研究。赵世举对语言需求与语言服务的具体内容进行了研究，提出构建以制定语言规划、培养语言人才、开发语言资源为主要内容的语言服务体系。王辉与卢德平两位学者的研究主题侧重于语言政策研究，但研究角度也有所不同。王辉从语言立法、宏观语言、政策和语言教育政策三个维度对“一带一路”沿线国家的语言政策进行了研究，并认为应该开展沿线国家学者之间的研究合作。卢德平主要从汉语国际传播角度研究语言政策问题，认为汉语语言政策应借助推拉两种因素促进汉语传播从“语言扩散”转化为“语言交际”。杨亦鸣认为“一带一路”语言建设中重点是国家语言能力建设，其核心是语言人才培养应急体系。他特别提出采用语言志愿者方式进行语言人才的国家培养与储备。何亮认为汉语国际教育对实施“一带一路”战略极为重要，并且汉语国际教育应着力培养不同层次的汉语人才。史维国对跨境濒危语言进行了研究，发现这些语言都处于“一带一路”沿线国家，认为国家语言规划与语言政策在制定时应该考虑这一特征。这些学者中陆俭明、卢德平与何亮特别对汉语国际教育进行了专门的关注或者从汉语国际教育角度展开研究。无疑，这些学者是该领域的领军者，但这些学者的中介中心度都非常低，离散的数据表明该领域没有形成以这些学者为核心的系统研究团队。

另外，从单纯的发表篇数来讲，共有 16 位学者发表过 2～3 篇相关研究论文，其余 235 人均只发表了 1 篇，可见大部分学者还没有形成关于该主题的系列研究。总体来讲，该主题下的研究无论对于个人还是研究群体都还有待继续与深入。发表 3 篇论文的学者有 5 位，分别为赵世举、王辉、沈骑、宋晓云与邢欣。赵世举与王辉的引证频次如前文所述也比较高，而沈骑（上海外国语大学）、宋晓云（新疆师范大学）与邢欣（中国传媒大学）的引证频次位于领军队列的 8 位学者之后，也值得关注，他们分别研究了国家外语能力的建设、中亚国家语言需求与人才培养、丝路文学等问题。

值得注意的是，早在 20 世纪 90 年代国外的学者丹尼斯·西诺尔、爱德华·特里雅尔斯基、詹姆斯·汉密尔顿、斯蒂芬·A.温棣帆等就对丝绸之路语言进行了系列研究，并刊登在具有很高学术价值的国际顶级学术期刊《第欧根尼》上。1997 年的《第欧根尼》（中文版）上刊发了 4 篇中文译文（见表 1），但可惜的是，这些学者的论著并没有引起国内学者的太多注意，在其后近 20 年的时间内其下载量并不高，被引频次更是非常少。

表 1 刊登于《第欧根尼》中文版的相关论文

篇名	作者及译者	日期	被引频次	下载量
丝绸之路沿线的语言与文化交流	丹尼斯·西诺尔 黄长译	1997.7	4	399
丝绸之路的地理和语言状况	爱德华·特里雅尔斯基；元祯译	1997.7	3	312
东西方通过丝绸之路借用纺织术语	詹姆斯·汉密尔顿；冯晔译	1997.7	0	76
丝绸之路与中国西北部的混合型语言	斯蒂芬·A. 温棣帆；文平译	1997.12	2	152

（四）“一带一路”语言研究的热点

为了追踪“一带一路”汉语或语言研究的主要方向与热点问题，本文运用了 CiteSpace 关键词聚类功能，分别以词频为聚类条件，同时以一年为时间切片，取频次大于 50 次的关键词进行聚类，得到聚类图谱见图 5。由图可以清楚地看出语言规划与人才培养成为“一带一路”语言研究的最大热点，两者的频次都非常高，分别为 101 与 75，遥遥领先于其他关键词。观察前文该领域研究领先的前三位学者“关注点都是语言规划，并且高度重视语言人才的培养”，其他五位学者也不同角度地涉及人才培养或语言规划，此外还有很多学者对这两个主题特别是人才培养问题进行了专门研究。结合当前“一带一路”语言发展与需求现状可以看出人才培养与语言规划成为需要紧迫解决的问题，因此也成为研究热点。列于第三、第四、第五位的是关键语言、汉语教学、外语人才，其频次分别为 29、27、25；位列前十位的还有多语种教学、汉语能力、语言政策、语言服务、非通用语。前十位的关键词聚类频次均在 20 次以上。居于第 11～20 位的关键词聚类频次为 3～6 次，有波斯语、语言接触、双语教学、突厥语、中亚五国、经济带、维吾尔语、蒙古语、中原官话、互联网+。从图 5 中可以看出，目前该领域的研究有三大热点，一是语言政策类，如语言规划、语言政策、语言服务等；二是语言人才培养类，如关键语言、多语种、双语教学、汉语教学、孔子学院、汉语国际教育、商务英语、英语教学等；三是各种语言研究，如突厥语、波斯语、蒙古语、中原语言、吐火罗语等。

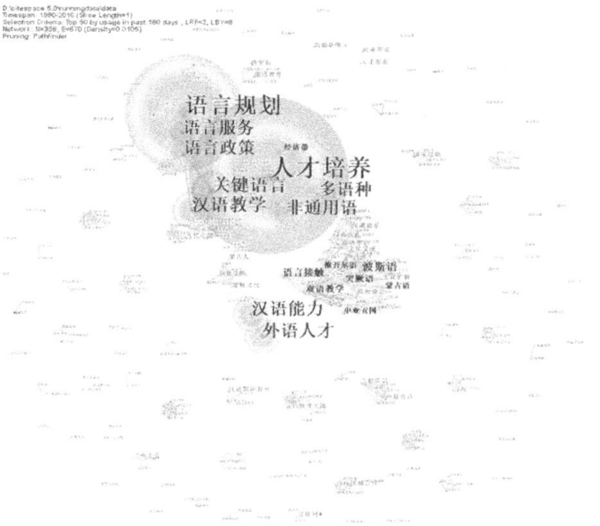

图 5　相关研究的热点知识图谱

（五）“一带一路”语言研究的趋势

在研究热点数据基础上，进一步利用 CiteSpace 软件中的 Timezone 功能可得到本研究的发展趋势（见图 6）。

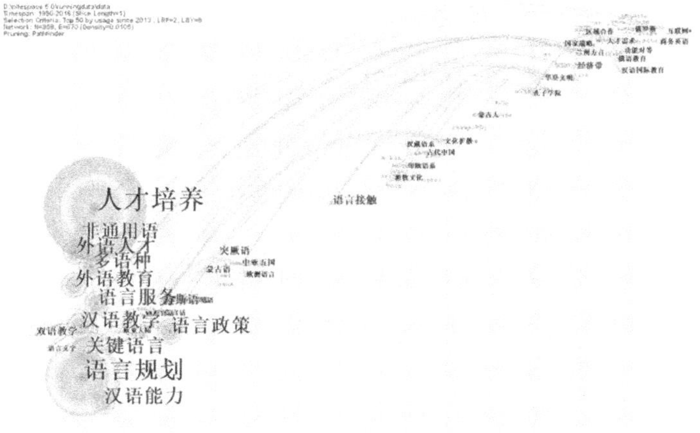

图 6　相关研究的发展趋势图谱

由图 6 可以看到该研究领域随着时间发展的研究脉络、彼此间联系与研究趋势。当前的热点人才培养将深化为产学研基地建设、双翻计划、俄语人才等；语言规划将与关键语言的研究进一步体现为语言政策、外语政策；汉语教学深化为汉语教学理论、教师综合素质、孔子学院、语言要素、语音教学以及东南亚国家研究等；外语教育更趋向研究民族地区或边境地区的外语发展问题等。总的来讲，下一阶段的研究趋势是当前几大研究热点的延续与深化，是在前辈高屋建瓴的理论研究与认识的基础上进一步地深化与具体化研究。本文具体将其总结为五大研究趋势：一是从华夏文明发展轨迹的角度研究语言的相互影响与特征，特别是西北方言在丝绸之路上的传播及其影响；二是从办学角度研究语言的管理与发展，如孔子学院的建设、汉语国际教育、俄语教育、商务英语以及语言需求等。三是从经济角度研究语言需求问题，如通过对区域经济合作与经济带的研究来研究基于需求问题的语言及其人才的供给，以及语言经济规律问题。结合当前我国经济的发展状况以及“一带一路”发展战略，我们有理由相信汉语国际教育与孔子学院将持续成为研究热点。四是语言政策角度，具体表现为研究国家语言战略、功能对等、沿线国家语言状况以及人才需求等。五是语言技术角度，如互联网＋技术、机器翻译等。总之，由于语言特别是汉语在“一带一路”战略的重要作用，未来该领域的研究将持续升温，而且由于语言是为现实服务的，对语言研究必将与我国经济合作领域、合作程度与方式，以及人才培养等实际需要密切结合。

四、讨　　论

本文运用知识图谱可视化应用软件 CiteSpace 对我国“一带一路”语言研究的总体情况、重要作者及主要研究机构、研究热点与趋势等方面进行了定量分析，绘制了该领域的多张知识图谱，客观地呈现出该领域的研究特征。根据数据运行结果，本文得到以下研究结论：①虽然“一带一路”一经提出就受到巨大关注，并成为全国各领域的研究热点，但关于语言的研究还非常缺乏。没有理论指导的行动是盲目的行动，为了促进语言特别是汉语在“一带一路”中的顺利发展，迫切需要引起国内学界对相关理论的广泛关注与研究。②从统计结果来看，相关研究不仅数量上非常缺乏，而且质量上也不容乐观。从目前已经发表的论文来看，无论是核心期刊论文数量，还是发表该领域的核心期刊的数量，都非常少。一个没有优质论文的研究领域很难顺利发展壮大，该领域的各位学者尚需努力，改善论文研究方法，加深论文的研究深度。③在“一带一路”中发展汉语，仅仅汉语或语言研究者加入还不够，还需要有经济背景的学者加入。一方面是语言要服务于企业，就需要了解企业的语言状况与需求，并为他们做好语言服务工作，因此需要广泛地与企业合作，这就需要懂得一定经济知识的工作者的加入。另一方面，语言推广本身，某种意义上也是一种经济行为，也需要追求投入成本与产出效益，也存在着多种语言的竞争，因此，为了提高汉语传播的效率，更需要懂得经济理论与营销知识的汉语营销人才。

总的来说，“一带一路”是我国新的历史发展时期改革的重要内容以及在当今世界政经格局中取得国家竞争优势的重要战略，实现“五通”，语言先行，当前特别需要有志于本领域研究的学者做出艰苦而持久的努力。

参考文献

曹彩虹. 2016. 商务汉语研究现状的可视化分析. 云南师范大学学报(对外汉语版), (4): 40.

陈悦, 陈超美, 胡志刚, 等. 2015. CiteSpace 知识图谱的方法论功能. 科学学研究, (2): 242-254.

何亮. 2016-02-02. “一带一路”需要国际汉语人才. 中国社会科学报, 3.

李武, 周嘉琳. 2012. 中美传播学引用文献比较——基于 2006～2010 年期刊论文的引文分析. 北京联合大学(人文社科版), (4): 121.

李宇明. 2015. “一带一路”需要语言铺路. 中国科技术语, (6): 62.

卢德平. 2016-06-24. 面向“一带一路”汉语国际传播的两种形态. 中国社会科学报, 3.

陆俭明. 2016. “一带一路”建设需要语言铺路搭桥. 文化软实力研究, (2): 31.

史维国. 2015-11-24. “一带一路”带动跨境濒危语言研究. 中国社会科学报, 3.

王辉. 2016. “一带一路”沿线国家语言政策概述. 北华大学学报, (2): 23.

杨亦鸣. 2015-11-24. “一带一路”建设面临语言服务能力不足问题. 人民日报, 7.

赵世举. 2015. 一带一路建设的语言需求及服务对策. 云南师范大学学报(哲学社会科学版), (4): 37.

The knowledge map of the hotspot and trend of language research on the "The Belt and Road"

Abstract The implementation of "The Belt and Road" strategy requires languages to pave the way. As a starting point for research, the research status of the language field on "The Belt and Road" at home has become the primary problem. This paper uses language research literature on the "The Belt and Road", since its reform and opening-up, from the CNKI database as the source of research; using co-citation analysis, cluster analysis and co- word analysis methods, in addition to the use of the visualization software of CiteSpace V on the relevant data quantified analysis. This presents the knowledge map of the research, including the influence mechanism, the author and the research focus on as well as the research trends. The results show, that at present, our country's research characteristics in the relevant fields have three levels of research teams, eight important authors, two research hotspots and five research trends.

Key words Language Research, "The Belt and Road", Hotspot and Trend, Knowledge Map

曹彩虹

北京语言大学，副教授

电子邮箱：caocaihong@blcu.edu.cn

面向“一带一路”汉语学习者的课堂管理方法偏好调查*

赵　果　严　彦　杨　楠

摘　要　本研究是面向“一带一路”沿线国家学生以及中国汉语教师对课堂管理方法的偏好的调查，结果显示：①“一带”沿线国家的学生比“一路”沿线国家的学生更为偏爱由教师推动学生、掌控课堂的管理方法。②而“一路”沿线国家的学生比“一带”沿线国家的学生更为偏爱依据一定顺序、学生较为自主的管理方法。③教师对某些由教师推动学生、掌控课堂的方法的偏好程度明显低于“一带”沿线国家的学生，同时对“老师让学生顺序做练习” 的偏好程度明显低于“一路”学生。④学生对课堂管理方法的偏好往往受母语国教育方法的影响。

关键词　一带一路　汉语学习者　课堂管理　偏好　师生差异

一、前　　言

随着“一带一路”国家战略的提出和实施，中国和“一带一路”国家的人文交流日益扩大，面向这些国家的汉语推广和文化传播也日益加强。如何组织这些来自不同国别和文化背景的学生，进行适当的课堂管理，成为课堂教学中一个非常实际的问题。由于文化背景不同，学生在课堂上的表现差异极大，有些国家的学生需要教师不断地敦促才能按照教学进度学习，有些国家的学生如遇教师稍有严厉就焦虑不安，这些都对汉语教师的

---

*本研究受北京语言大学校级科研项目（中央高校基本科研业务专项资金）资助，项目编号为15ZDY01。

课堂管理艺术提出很高的要求。

课堂管理是教育论中的经典问题之一，进入20世纪以来随着行为主义和人本主义的兴起，心理学对教育学的影响日益显著，对课堂管理的研究得到进一步重视，策略性研究成为各种理论研究的重点。李军靠、李延（2009）提出有效教学理论指导下的课堂管理策略是：正确理解和分析学生问题行为的成因及性质；师生共建积极的课堂环境；构建良好的师生关系；改善教学，增强教学魅力。李森、潘光文（2003）提出根据行为分析理论所揭示的行为原因，人际沟通和操纵强化是进行课堂管理的有效策略。

上述研究成果对国际汉语教学也很有启发。但是，所有策略都是和特定的文化背景相连的，跨文化背景下的课堂管理研究成为国际汉语教学课堂管理研究的必须。已有的研究中有一些是国别研究，如高明明（2013）的《澳大利亚中学汉语课堂管理研究——以凯思博中学为例》，西里（PLAO SIRIGANPHISCHA）（2012）的《泰国初中汉语课堂管理研究——以清迈为例》。有的是冲突研究，如朱焕芝（2012）对课堂冲突从“美德差异、关系差异、活动差异几个方面进行了分析，最后提出了解决问题的策略：保持求同尊异的平和心态；整合冲突，互相借鉴；利用一切时机，创设多元文化”；熊阳浩（2013）在对对外汉语课堂冲突的成因和类型的分析中，提出有“教师不合适的课堂管理模式引发的冲突”“文化引起的冲突”“不同国籍学生之间的冲突”。有的是针对新手和熟手教师的研究，如黎敏（2014）对新手教师的课堂管理实践性知识的研究。

目前尚未见到针对学生对教师课堂管理方法的态度的调查，但是我们看到丁安琪（2006a，2006b，2006c）对教师、欧美学生、日本学生对“课堂活动”有效性的看法做了大规模调查，发现对外汉语教师在这些问题上与国外外语教师及国内英语教师均有所不同，不同组别的学生内部受汉语水平、文化程度和来中国时间长短的影响对有效性的评价也各不相同。这些对我们很有启发。不过“课堂管理”和 “课堂活动”虽略有交叠，但侧重点不同。我们这里所说的“课堂管理”更侧重于教学活动的一般性的组织、安排等，而该系列论文的“课堂活动”更侧重于为具体教学内容设计的活动。

我们认为在国际汉语教学的课堂中同时存在两种矛盾，一种是师生间的，这是任何课堂都存在的；还有一种是文化间的，这是国际汉语教育课堂中独有的。我们的研究要兼顾这两个角度。本文主要考察"一带一路"汉语学习者对汉语课堂管理教学方法的偏好，以及教师和学生之间的差异。对教师和学生在教学方法的匹配和失配问题，陈帆（2010）根据中国学生的学习风格特点，提出在英语教学上教师要改变策略以适应学生。对外汉语教学更应如此，我们面对来自世界各地的学生，分析学生、适应学生、引导学生，使教学更具针对性，乃当务之急。

二、调查问卷的编制及施测

1. 编制

到目前为止，我们还没有见到这一领域的任何调查问卷。课堂教学管理是一个结构比较分散的概念，埃默（E.T.Emmer）指出"课堂管理是一套旨在促进学生合作参与课堂活动的教师行为与活动，其范围包括物理环境的创设、课堂秩序的建立和维持、学生问题行为的处理、学生责任感的培养和学习的指导"（转引自姜丽萍，2008）。姜丽萍（2008）指出课堂管理包括"强制性管理、亲和性管理、操作性管理"，课堂管理的基本原则有"以人为本原则、最小干预原则、多法并举原则、预防在先原则、因人而异原则"。因此我们发现"课堂教学管理方法" 就不会像汉字教学方法那么集中。如何把结构如此分散的概念变成可以操作的问卷是我们面临的一个难题。因此在对大量汉语学习者进行观察和访谈、对大量教师访谈的基础上，考虑到教学方法的普遍性，我们形成了一个有十个项目的问卷。这十个项目都是教师在日常教学中可能经常使用到的方法。涉及教学环节的安排、课堂活动的组织等方面。本研究所列的十个项目是：Q1"老师只让举手的学生回答问题"，Q2"老师让学生单独回答问题"，Q3"老师让学生在课堂上做小组活动"，Q4"老师让学生在课堂上做口头报告"，Q5"老师要求学生上课时一定按老师的教学环节来学习"，Q6"老师追问没交作业的个别学生"，Q7"老师提问后，不留准备时间，请学生快速回答"，Q8"老师让学生们一起回答问题"，Q9"一门课的老师教学环节保持始终"，Q10"老师让学生顺序做练习”。我们的十个项目和丁安琪的十六个项目，完全相同的只有一个项目“在课堂上做口头报告”，而其他项目都不相同。

2. 被试

参与调查的被试属于“丝绸之路经济带”（即“一带”）区域国家的有：沙特阿拉伯（1 人）、叙利亚（2 人）、也门（1 人）、保加利亚（5 人）、塔吉克斯坦（7 人）、伊朗（2 人）、白俄罗斯（1 人）、俄罗斯（30 人）、哈萨克斯坦（22 人）、吉尔吉斯斯坦（1 人）、乌兹别克斯坦（4 人）、格鲁吉亚（1 人）、立陶宛（4 人）、乌克兰（1 人）、亚美尼亚（1 人）、匈牙利（2 人）、蒙古（33 人）、土耳其（25 人）、巴基斯坦（41 人），共 19 国 184 人。属于“二十一世纪海上丝绸之路”（即“一路”）区域国家的有：东帝汶（4 人），柬埔寨（3 人）、老挝（4 人）、马来西亚（47 人）、泰国（59 人）、印度尼西亚（14 人）、菲律宾（3 人）、越南（1 人），共 8 国 135 人。

参与调查的教师分别来自北京语言大学、北京师范大学、中央民族大学、北京大学，共 35 人。

3. 施测

选择北京语言大学、北京大学、北京师范大学和部分海外院校的学生作为施测对象。他们是初级汉语学习者，学生汉语水平有限，因此我们将问卷翻译成英语、俄语、法语、韩语、日语、泰语、西班牙语、蒙古语等 8 种语言，每份问卷都用汉外两种语言呈现。要求学生根据自己的偏好对量表上的每个项目作出 5 个等级的评价（从“非常不喜欢”到“非常喜欢”，其中 1 表示“非常不喜欢”，5 表示“非常喜欢”）。发出问卷 400 份，收回学生有效问卷 319 份，教师有效问卷 35 份。

三、“一带”“一路”汉语学习者对课堂管理方法偏好的统计结果及讨论

我们收回问卷后，面对复杂的国别情况，一时感到无处下手，遂以人数超过 30 的国别为组间变量进行多水平的单因素法方差分析，结果显示东

南亚国家的学生跟中亚、西亚、北亚等国家的学生的差异分别达到显著水平。在此基础上，我们对学生进行访谈，发现由于地理、气候、历史和文化等诸多原因，处于“丝绸之路经济带”国家的汉语学习者和“21 世纪海上丝绸之路”国家的汉语学习者对教师课堂管理方法的态度确实有较为明显的差异。因此，我们按照地缘，将被试分为两组，一组是“丝绸之路经济带”沿线国家，一组是“21 世纪海上丝绸之路”沿线国家，进行对比，然后再分别对比两组学生和教师的偏好的差异。我们分别计算了两组学生在每一项课堂管理方法上的得分，然后用 spss17.0 进行独立样本 T 检验，T 检验的结果显示有 3 个项目,两组学生的偏好差异不显著;有 4 个项目“一带”沿线国家的学生比“一路”沿线国家的学生更为偏爱，且差异达到显著水平;有 3 个项目“一路” 沿线国家的学生比“一带”沿线国家的学生更为偏爱，且差异达到显著水平。下面分别给出这三种情况的统计结果。

1. 两组学生偏好差异不显著的项目

项目 Q1“老师只让举手的学生回答问题”，“一带”沿线国家学生的平均给分为 3.1，标准差为 1.2，“一路”沿线国家的平均给分为 3.2，标准差为 1.2。全体学生的平均给分为 3.16。

项目 Q2“老师让学生单独回答问题”，“一带”沿线国家学生的平均给分为 3.8，标准差为 1.0，“一路”沿线国家的平均给分为 3.9，标准差为 1.0。全体学生的平均给分为 3.88。

项目 Q3“老师让学生在课堂上做小组活动”，“一带”沿线国家学生的平均给分为 4.0，标准差为 0.9，“一路”沿线国家的平均给分为 4.1，标准差为 0.9。全体学生的平均给分为 4.08。

因为量表中最低分为 1，最高分为 5，所以根据给分看，对于“老师只让举手的学生回答问题”学生普遍能接受，对于“老师让学生单独回答问题”学生普遍更为喜欢，对于“老师让学生在课堂上做小组活动”学生普遍比较喜欢。

2. “一带”沿线国家的学生比“一路”沿线国家的学生更为偏爱的课堂管理方法

项目 Q4、Q6、Q7 分别都达到了在 0.01 水平上差异显著。项目 Q5 达到了在 0.05 水平上显著。

项目 Q4“老师让学生在课堂上做口头报告”，“一带”沿线国家学生的平均给分为 4.1，标准差为 0.9，“一路”沿线国家的平均给分为 3.7，标准差为 0.9。T 检验结果显示，二者在 0.01 水平上差异显著（P＝0.004）。

项目 Q6“老师追问没交作业的个别学生”，“一带”沿线国家学生的平均给分为 4.2，标准差为 0.9，“一路”沿线国家的平均给分为 3.8，标准差为 1.0。T 检验结果显示，二者在 0.01 水平上差异显著（P＝0.002）。

项目 Q7“老师提问后，不留准备时间，请学生快速回答”，“一带”沿线国家学生的平均给分为 3.5，标准差为 0.9，“一路”沿线国家的平均给分为 2.8，标准差为 1.2。T 检验结果显示，二者在 0.01 水平上差异显著（P＝0.000）。

项目 Q5“老师要求学生上课时一定按老师的教学环节来学习”，“一带”沿线国家学生的平均给分为 4.2，标准差为 0.8，“一路”沿线国家的平均给分为 4.0，标准差为 0.8。

T 检验结果显示，二者在 0.05 水平上差异显著（P＝0.046）。

项目 Q4、Q6、Q7、Q5 的共同特点是教师要对学生进行强有力的“推动”：“在课堂上做口头报告”“老师追问没交作业的个别学生”“老师提问后，不留准备时间，请学生快速回答”“老师要求学生上课时一定按老师的教学环节来学习”。丁安琪（2006a，2006b，2006c）将“在课堂上做口头报告”归入“自由型”课堂活动。我们认为，“口头报告”的内容是自由的，但是“做口头报告”本身意味着“不得不说”“老师提问后，不留准备时间，请学生快速回答”意味着“不得不快说”，都是较为强制的方法。“追问没交作业的个别学生” 也是教师强制管理的表现，意味着“不得不写”。“老师要求学生上课时一定按老师的教学环节来学习”，也是教师掌控教学的体现。

从分值来看，“老师要求学生上课时一定按老师的教学环节来学习”，两组学生的平均给分都在 4 以上，意味着“比较喜欢”。对于“老师提问后，不留准备时间，请学生快速回答”学生普遍感到有压力，“一带”组给分为 3.5，在可以接受和比较喜欢之间，而“一路” 组的平均给分为 2.8，说明学生较不喜欢这样的方法。

3. “一路”沿线国家的学生比“一带”沿线国家的学生更为偏爱的课堂管理方法

项目 Q8 和 Q10 都分别达到了在 0.01 水平上差异显著。项目 Q9 达到了在 0.05 水平上差异显著。

项目 Q8“老师让学生们一起回答问题”，“一路”沿线国家学生的平均给分为 4.0，标准差为 0.9，“一带”沿线国家的平均给分为 3.6，标准差为 1.0。T 检验结果显示，二者在 0.01 水平上差异显著（P＝0.002）。项目 Q10“老师让学生顺序做练习”，“一路”沿线国家学生的平均给分为 4.2，标准差为 1.1，“一带”沿线国家的平均给分为 3.5，标准差为 0.7。T 检验结果显示，二者在 0.01 水平上差异显著（P＝0.000）。

项目 Q9“一门课的老师教学环节保持始终”“一路”沿线国家学生的平均给分为 3.9，标准差为 1.0，“一带”沿线国家的平均给分为 3.6，标准差为 1.0。T 检验结果显示，二者在 0.05 水平上差异显著（P＝0.046）。

项目 Q9、Q10 的共同特点是“顺序”，这样做对学生而言好处是可以有准备，无论是课后的预习、课上的回答问题都可以有备而来。项目 Q8 的特点是“集体”。丁安琪（2006b）的调查表明，欧美留学生认为依靠个人力量能独立完成的课堂活动项目比大家合作完成的项目更有效，这与“一路”沿线国家学生很不相同。项目 Q8 和 Q10，“一路”国家的学生给分都达到 4，说明学生是比较喜欢的。

4. 小结

根据以上数据统计结果，我们发现，“一带”沿线国家的学生比“一路”沿线国家的学生更为偏爱的课堂管理方法是：“老师让学生在课堂上做口头报告”“老师要求学生上课时一定按老师的教学环节来学习”“老师追问没交作业的个别学生”“老师提问后，不留准备时间，请学生快速回答”等教师推动学生、掌控课堂的管理方法。而“一路”沿线国家的学生比“一带”沿线国家的学生更为偏爱的课堂管理方法是“老师让学生们一起回答问题”“一门课的老师教学环节保持始终”“老师让学生顺序做练习”等依据一定顺序、学生较为自主的管理方法。

四、教师和“一带一路”学生对课堂管理方法偏好的统计结果及讨论

我们非常关心教师和学生对这些管理方法的认知的差异，即匹配和失配的问题。我们以教师、“一带”沿线国家的学生、“一路”沿线国家的学生为组间变量，分别对十个项目进行单因素方差分析，多重比较结果如下：

1. 教师和两组学生的差异都非常显著的项目

在项目 Q1“老师只让举手的学生回答问题”上，教师的平均给分为 1.8，标准差为 0.8，都明显低于两组学生的平均给分，且在 0.01 水平上差异显著（$F_{(2,342)}=17.419$，$P=0.000$）。也就是说，教师不喜欢这样做，而学生基本上认为这种做法可以接受。这是教师和学生不同立场的结果，对学生来说，如果不举手就不必回答问题，也没什么不好的，而对于教师来说，如果只让举手的学生回答问题，另一部分学生就得不到练习的机会，不利于其他学生的学习。因此不论学生认同与否，教师都不会这么做，所以教师的给分在 2 以下，为非常不喜欢。

2. 教师和“一带”沿线国家的学生差异显著的项目

在项目 Q6“老师追问没交作业的个别学生”上，教师的平均给分为 3.6，标准差为 0.9，虽然分别低于两组学生的平均给分，但是与“一带”沿线国家的学生在 0.01 水平上差异显著（$F_{(2,341)}$，$P=0.001$）。也就是说，在追问学生交作业这件事上，教师的偏好没有“一带”沿线国家的学生那么强，还没有达到学生的偏好程度。

在项目 Q7“老师提问后，不留准备时间，请学生快速回答”上，教师的平均给分为 2.8，标准差为 0.9，虽然分别低于两组学生的平均给分，但是只与“一带”沿线国家的学生在 0.01 水平上差异显著（$F_{(2,341)}$，$P=0.000$）。也就是说，在要求学生快速回答问题这件事情上，教师的偏好没有“一带”沿线国家的学生那么强，还没有达到学生的偏好程度。

在这两个问题上，教师的给分都没有学生高，这是教师平衡各种学生的结果。因为我们的调查对象大部分是混合编班，并不是所有学生都接受教师的强势行为，因此教师在这一点上都会对自己有所约束。对项目Q7“老师提问后，不留准备时间，请学生快速回答”，教师的平均给分低于3，表明不太喜欢。这可能跟参与本次调查的教师大部分为初级阶段的授课教师有关，这些教师面对初级阶段的学生时往往相当有耐心，一般不会强求学生快速回答问题。不过就本次调查的结果看来，教师可以对“一带”沿线国家的学生更多采取这两项策略。

3. 教师和“一路”沿线国家的学生的差异达到显著水平的项目

在项目 Q10“老师让学生顺序做练习”上，教师的平均给分为 3.31，标准差为 0.8，虽然分别低于两组学生的平均给分，但是与“一路”沿线国家的学生(平均给分为 4.2)在 0.01 水平上差异显著($F(2, 339)$, $P=0.000$)。也就是说在让学生顺序做练习这件事情上，教师的偏好没有“一路”沿线国家的学生那么强，还没有达到学生的偏好程度。

正如上文所述，目前教学上大多混合编班，考虑到满足不同类型学生的需要，教师不会过于频繁地使用让学生顺序做练习的方法，但是根据本次调查的结果，如果教师在面对“一路” 沿线国家的学生单独编班时，完全可以考虑更多的使用这种方法。

4. 小结

通过以上分析我们看到，十个项目中有六个项目教师和学生的偏好都没有显著差异。在四个项目上差异达到显著水平。其中教师的偏好程度明显低于两组学生的是项目 Q1“老师只让举手的学生回答问题”，这是由于师生的不同角度造成的。教师的偏好程度明显低于“一带” 沿线国家的学生的项目有“老师追问没交作业的个别学生”和“老师提问后，不留准备时间，请学生快速回答”。教师的偏好程度明显低于“一路”沿线国家的学生的项目有“老师让学生顺序做练习”。这是目前混合编班、教师平衡各种学生需要的结果。

五、总　　结

1. 学生对课堂管理方法的偏好往往来自于母语国教学方法的影响

为什么学生的偏好会有这些差异呢？我们分别对部分学生进行了访谈。俄罗斯学生说“老师追问没交作业的个别学生”“老师要求学生上课时一定按老师的教学环节来学习”是俄罗斯的习惯；巴基斯坦学生说“如果谁没交作业，老师会对他生气”；哈萨克斯坦学生说“在哈萨克斯坦，老师当然这么做”。当被问到为什么喜欢“老师提问后，不留准备时间，请学生快速回答”时匈牙利学生说“因为跟中国人说话的时候也没有时间想一想”。

当被问到为什么非常喜欢“一门课的老师教学环节保持始终”时，泰国学生说“上课以前学生可以预习生词和课文”；当被问到为什么非常喜欢“老师让学生顺序做练习”时，泰国学生说“如果老师不这样，学生会不明白让他们做什么”，泰国的习惯是“老师让学生们一起回答问题、练习课文”“让学生顺序做练习”。

当被问到为什么不喜欢“老师提问后，不留准备时间，请学生快速回答”时，泰国学生说“因为学生不能准备或者不能找对的答案”“因为有时候，学生还没看问题，所以不知道怎么回答，然后他回答错了，这让他以后不敢回答老师的问题，害怕说汉语”。

当被问到为什么非常喜欢“老师让学生们一起回答问题”时，泰国学生说“因为老师可以知道哪个学生不懂课文”“老师可以知道学生们的答案对不对，学生们都明白课文吗？如果哪个地方没理解，老师可以再复习那个地方”。由此可见，学生对课堂管理方法偏好的差异来自于母语国的教学方法的影响。

2. “一带”和“一路”汉语学习者对课堂管理方法的偏好有同有异

两组学生相同的地方在于：对于“老师只让举手的学生回答问题”学生普遍能接受，对于“老师让学生单独回答问题”学生普遍更为喜欢，对于“老师让学生在课堂上做小组活动” 学生普遍比较喜欢。

“一带”沿线国家的学生比“一路”沿线国家的学生更为偏爱的课堂管理方法是：“老师让学生在课堂上做口头报告”“老师要求学生上课时一定按老师的教学环节来学习”“老师追问没交作业的个别学生”“老师提问后，不留准备时间，请学生快速回答”等教师推动学生、掌控课堂的管理方法。而“一路”沿线国家的学生比“一带”沿线国家的学生更为偏爱的课堂管理方法是“老师让学生们一起回答问题”“一门课的老师教学环节保持始终”“老师让学生顺序做练习”等依据一定顺序、学生较为自主的管理方法。

3. 教师和“一带一路”汉语学习者对课堂管理方法的偏好有同有异

十个项目中有六个项目教师和学生的偏好都没有显著差异。在四个项目上差异达到显著水平。其中教师的偏好程度明显低于两组学生的是项目Q1“老师只让举手的学生回答问题”，这是由于师生的不同角度造成的。教师的偏好程度明显低于“一带”沿线国家的学生的项目有“老师追问没交作业的个别学生”和“老师提问后，不留准备时间，请学生快速回答”。

教师的偏好程度明显低于“一路”沿线国家的学生的项目有“老师让学生顺序做练习”。这是目前混合编班、教师平衡各种学生需要的结果。在面对单独编班的“一带”“一路”学生时，建议教师可以考虑在一定程度上增加以上方法的使用频率。

随着中国和“一带一路”国家人文交往的加深，将会有越来越多的来自该区域的学生到中国来学习，他们不仅学习汉语，也会学习其他学科，本文对该区域学生对课堂管理方法的偏好的调查，也期望对这些学科的教师有一定借鉴意义。

参考文献

陈帆. 2010. 学习风格与英语教学策略的匹配和失配. 科技信息, (9): 840-841.

丁安琪. 2006a. 关于日本本科留学生对汉语课堂活动有效性评价的分析——对外汉语课堂活动系列调查之四. 世界汉语教学, (1): 124-135.

丁安琪. 2006b. 欧美留学生对课堂活动有效性评价的分析——对外汉语课堂活动系列调查之三. 汉语学习, (15): 60-66.

丁安琪. 2006c. 专职对外汉语教师对课堂活动看法的调查——对外汉语课堂活动系列调查之一. 语言教学与研究, (6): 57-63.

高明明. 2013. 澳大利亚中学汉语课堂管理研究——以凯思博中学为例. 长春: 吉林大学硕士学位论文.

姜丽萍. 2008. 对外汉语教学论. 北京: 北京语言大学出版社.

黎敏. 2014. 对外汉语新手教师课堂管理实践性知识研究. 北京: 北京外国语大学硕士学位论文.

李军靠, 李延. 2009. 基于有效教学理论的课堂管理研究. 教育探索, (2): 54.

李森, 潘光文. 2003. 行为分析理论视角下的课堂管理策略. 课程・教材・教法, (11): 30-33.

西里(PLAO SIRIGANPHISCHA). 2012. 泰国初中汉语课堂管理研究——以清迈为例. 北京: 中央民族大学硕士学位论文.

熊阳浩. 2013. 对外汉语课堂冲突探研. 长沙: 湖南大学硕士学位论文.

朱焕芝. 2012. 对外汉语课堂管理文化冲突及解决策略. 文学教育, (3): 70-72.

Preferences Differences of Chinese Classroom Managements for Students from OBOR Countries and Their Teachers

Abstract Based on culture differences and tensions between teachers and students, a questionnaires was employed to reveal preferences differences of Chinese classroom managements for students from B&R countries and their teachers. We found that(1)One Belt students like the methods that mean "being pushed by teachers" more. (2) One Road students like the methods that mean "practicing in turn or in groups" more. (3)Teachers don't like some of the "being pushed by teachers" methods as much as One Belt students. Teachers don't like some of the "practicing in turn or in groups" methods as much as One Road students. (4)Students' preferences are influenced by their mother countries' classroom managements.

Key words One Belt and Road, Chinese Learners, Classroom Management, Preference, Teachers and Students Differences

赵果
北京语言大学，副教授
电子邮箱：1437010657@qq.com
严彦
北京语言大学，讲师
电子邮箱：grace.yan06@yahoo.com
杨楠
北京语言大学，讲师
电子邮箱：1923570491@qq.com